ルポルタージュ●*REPORTAGE*■「貧困社会」ニッポンの福祉を問う

母さんが死んだ

しあわせ幻想の時代に

水島宏明●*Hiroaki Mizushima*■ひとなる書房

本書は一九九〇年に小社より刊行され、大きな反響をいただきました。
二〇一三年暮れ、生活保護法は戦後初の「抜本改正」がなされました。
新たな制度の危機をむかえ、今回「改正」の問題点を含め、事件後今日
までの生活保護を巡る問題の推移を巻末「復刊にあたって」で書き加え、
再び社会に問うべく、復刊します。

プロローグ●母さんが死んだ

▨ある母親の死

昭和六十二年一月。

三人の子どもたちのお母さんが死んだ。

死因は〝餓死〟――。

「世界一の金持ち国」と称され、「飽食の時代」と呼ばれる現代の日本での出来事だった。

子どもたちは、下から小学四年、小学五年、そして中学二年と、いずれも男の子ばかり。お母さんは離婚したため夫はなく、一人で育ち盛りの子どもを育てていた。

お母さんには、こんな夢があった。

「子どもたちがみんなおとなになったら、親子四人でお酒を飲みにいくの。その日が来るまでは、何がなんでも頑張らなくっちゃね……」

女優の大空真弓に似た美しい女性だった、とお母さんの生前を知る人はいう。

花が好きで、部屋いっぱいに赤や黄の花の鉢で埋めつくした。

お母さんは必死に働いた。

生活保護を打ち切られて五年間。収入の少なさは次第に生活のアチコチに〝無理〟を生じさせた。

借金――それは親しかった友だちとのつながりを断ち切った。そして病気。

疲れ果てて体調を崩したお母さんは、アパートの一室で、身動きひとつできなくなった。そして、とうとう真冬の寒い夜、天井を見つめながら息を引きとった。

お母さんは福祉行政に何度か助けを求めていた。もし受給することができたなら死なずにすんだ生活保護には、けっきょく、冷たく拒絶された。

見せかけの〝豊かさ〟の虚像が、テレビを通じてカラフルに膨らむ時代、ポッカリと口を開けた福祉行政の谷間に転落していったお母さんの死。

痛ましい、孤独な死であった。

▨三人の子を残して

事件が起きたのは、冬の雪深い季節の北海道である。

昭和六十二年一月二十三日の金曜日の早朝。札幌市白石区の市営住宅アパート五階に住む、三十九歳の母子家庭の母親、岡田恭子さんが死亡しているのが見つかった。

近所の人から知らせを受けて白石警察署の署員が駆けつけたとき、岡田さんの部屋のなかは、足の踏み場もなかった。食べ物の残りカス、菓子などの袋、カップラーメンの容器、汚れた衣類、紙屑などが散乱し、幾重にも重なっていた。

ゴミに囲まれ、居間の中央の電気ごたつから上半身を出し、岡田恭子さんは死んでいた。

子どもたちから知らせを受けて、朝八時ごろ部屋に足を踏み入れた、同じ棟の三階に住む主婦、奥

山ヨシ江さんは、

「とにかく〝すさまじい〟の一語に尽きました。部屋に入ったとたん、心臓が止まるかと思うほど驚きました」という。

死体は、こたつのなかから、ワンピース姿の上半身を出して、目はかっと見開いていた。眼窩は落ちくぼみ、頬はこけ、顔は土色に変色していた。手も足も、肉の部分がすっかりなくなって、骨に皮がぺたっとくっついている状態だった。

警察で調べた死因は「栄養失調による衰弱死」、ひらたくいうと〝餓死〟である。推定死亡時刻は、一月二十二日午後十時ごろ――。

「なんていうか……、（死体を）見たときは、『うわっ』と思いました。あの岡田さんには一瞬結びつかなくて……。はっとして、死んでるんだと気がついたら、思わず子どもたちに、『なんでこんなになるまで黙ってたの』と怒鳴ってしまって……」という奥山さん。彼女は、近所では岡田さんと最も親しくつき合っていた間柄で、その前の年の夏にも、岡田さんの一家と家族ぐるみで海へキャンプに行っている。キャンプの後あたりから岡田さんと顔を合わせることがなくなり、電話をかけても出ないので、どうしているのか心配していた、と話す。

岡田恭子さんは、身長百六十センチ、体重六十キロと、大柄でがっしりした女性だった。それが、発見されたときには「まるでミイラのようになっていた」（奥山さん）。

部屋のなかは、ものすごい異臭を放っていた。寝たきりで動けなくなった岡田さんは、嘔吐のあとや排泄物も始末できずに、そのままの状態になっていたのである。

岡田さんが死んでいた電気ごたつのテーブルの上には、千円ばかりの現金と、さまざまな請求書が山のように載っていた。

水道、ガス、電気料金の請求書、電話代、市営住宅の家賃の請求書……何ヵ月分にも渡っていた。石油販売店からの請求書には、「今後、お宅にはいっさいお売りしません」とサインペンで大きく書かれていた。

部屋全体を暖める石油ストーブは北国札幌では、冬の必需品である。とくに一月下旬は、最低気温がマイナス一〇度を下回り、日中もプラスの気温にならない日々が続く。このため、夜眠ってる間もストーブに火をつけておく家も多い。道外の人には実感としてわかりにくいことかも知れないが、冬の北海道では食べ物よりも灯油の有無をまず気にかけながら生活するのが常である。灯油がないということは、それだけで信じられないぐらいの〝ひもじさ〟を象徴している。

警察で調べたところ、石油ストーブにまったく灯油は入っていなかった。ガスは、半年以上前の、前年六月に料金不払いで止められていた。電話も止まっていた。市営住宅の家賃は、一年以上滞納が続いていた。

束になるほどある請求書のなかには、サラ金会社からの督促状もあった。借金の額は、二社からで合計およそ百万円だった。

岡田恭子さんの死を最初に発見したのは、次男の耕次君（小学校五年生）である。この夜、耕次君は三男の明君（小学校四年）と子ども部屋で寝ていた。長男で中学校二年生の貴資君は、友だちの家へ泊まりに行って不在だった。

午前四時ごろ。窓の外はまっ暗。冷えた空気が足もとから凍らせるように入りこんでくる。耕次君は、尿意をもよおして目を醒ました。

子ども部屋のふすまを開いてトイレに行く途中、耕次君は居間のこたつで寝ている母親のことが気になり、ドアを開けてのぞきこんだ。

散らかったゴミ屑に囲まれて、こたつのなかで恭子さんは寝ていた。暗がりのなかで、つけっ放しにされてもう映像のなくなったテレビ画面の光が、恭子さんの顔を青白く照らし出していた。

「なにかヘンだ。いつもとちがう……」

耕次君は直感した。ほの白く浮びあがる母親の顔は、まるで息をしていないようにみえた。

「まさか……」不安に襲われた耕次君は母親の口もとへ手をかざした。しかし空気の冷たさだけが感じられ、手にあたるはずの温かい息はなかった。

耕次君は眠っていた明君を揺り起こすと、こたつのそばでじっと母親の顔を見つめた。

暖房もなく、うす暗い部屋でみじろぎもせず夜が明けるのを待った。二人が、階下の奥山さんの部屋へ「母さんのようすが変だ」と知らせに行ったのは、外がすっかり明るくなった午前八時近くだった。

死を発見してから三時間以上、二人の兄弟は、その間、何を思っていたのだろう?

子どもたちの話によると、恭子さんは、死ぬ一カ月以上も前から寝たきりの状態だった。そうなる一カ月前ぐらいから食事をとろうとせず、水ばかりの生活だった、という。子どもたちが何か食べさせようとしても力なく首を振って拒んだ。子どもたちに食べさせようと我慢していたのか、あるいは体が受けつけなかったのか……。食べ物を口もとまで運んでやって無理に食べさせても、激しく嘔吐して、けっきょく食べられなかった。寝込んでからも、最初のうちは這ってトイレなどへ移動していたが、しまいにはまったく動けなくなった。

目に見えて痩せ細り、弱っていった。

死ぬ四、五日前からは、声も出せなくなった。「母さん、水飲む?」と子どもたちが聞くと、恭子さんは首をかすかに振って意志を伝えた。

一月十九日——恭子さんが息を引きとる三日前、口をパクパク開いて、長男の貴資君の名を呼び、自分のところに招き寄せた。落ちくぼんだ目で貴資君の目をじっと見つめて、恭子さんは首を振ってうなずいた。

何か伝えようとしてるかのように……。

貴資君はたまらず、母親の手を包むように握りしめ、「母さん、具合悪いんだったら、救急車を呼ぼうか？　奥山のおばさんに話してくるよ……」といった。

しかし恭子さんは首を力なく横に振ると、貴資君の目をみつめて何かを訴えるような哀しそうな表情をした。そして貴資君の手を握った両手にほんの少し力を入れた。

貴資君は小さいころから恭子さんに「ここの家では貴資がお父さんがわりだからね……弟たちのめんどうよくみるんだよ」といわれて育った。だから、母親が何をいおうとしているか、なんとなくわかるような気がした、という。

子どもたちに恭子さんのことを尋ねると、「涙が嫌いで、学校で何かいやなことがあっても『頑張らなきゃだめだよ……』といつも励ましてくれた」と回想している。
「母さんてね……やさしくて、よかったよ……」（次男の耕次君）
三人の子どもたちに「思い」を残し、岡田恭子さんは二度と帰らぬ旅へ出た。

▨断わられた生活保護

母子家庭の母親、岡田恭子さんの〃餓死〃は、異常な出来事として、テレビや新聞で報道され、世の中に衝撃を与えた。

しかし、〃餓死〃そのものもさることながら、それ以上にショッキングだったのは、岡田さんが福祉事務所に生活保護を求め、断わられていた事実が明らかになったことである。

「役所の人が殺したんです。私は断言できます！」

岡田さんが勤めていた喫茶店「街角」の主人・黒田政子さん（四十六歳）は、こういい切った。黒田さんは、病気で動けなくなった岡田さんに生活保護を受けるよう、強く勧めた人である。

岡田恭子さんは、九年前、ギャンブル癖のある夫と離婚した。以来、三人の男の子を抱えて働き、子どもたちを女手一つで育ててきた。死ぬ前年（昭和六十一年）の春、彼女は「街角」で働き出した。カウンターのなかに入り、コーヒーをわかして客に出す仕事だった。朝から夕方までの勤務で、時給計算のパートである。この仕事を終えると、今度は自宅近くの居酒屋のカウンターのなかで働いた。ビールや酒を客に出す、これもパート勤務だった。仕事が遅い夜は、午前二時三時を回ることもある過重な労働だった。

十月半ば、風邪をひいてこじらせたのがきっかけで、家で寝こみがちになった。仕事にも出られなくなった。

収入は、すべて途絶えた。

衰弱して痩せていくばかりの岡田さんの身を案じた黒田さんは、十一月半ば、福祉事務所に電話をかけた。「このままではたいへんなことになる」と……。

翌日、地区担当のケースワーカーが岡田さんの部屋にようすを見にきた。このとき、立つことも苦しそうな岡田さんを心配して、黒田さんも同席して事情を話し、「生活保護を受けさせてほしい」と頼んだ。ケースワーカーは、「明日にでも白石区福祉事務所に来るように……」と言い残して帰った。

その次の日（十一月十三日）、岡田さんは一人で白石区福祉事務所の生活保護の窓口へ行った。すでに歩くのも身にこたえるほど弱っていた。

しかし、面接担当のケースワーカーは、

「まだ若いのだから働きなさい」

「別れた夫から子どもの養育費をもらうか、養育できないという証明書をもってきなさい」というばかりで、事情をくわしく聞こうともせず、けっきょく生活保護の受給を認めなかった。

福祉事務所から帰ってきてから、岡田さんは、「死ぬほど恐ろしい目に遭った。福祉事務所へは、もう二度と行きたくない」と、黒田さんに話している。

その日以来、岡田さんは、ますますふさぎ込むようになり、とうとう完全に寝たきりになってしまった。食事もまったく受けつけなくなった。

黒田さんは、そのあとも心配して、三回、福祉事務所に電話した、という。「このままではほんとうに死んでしまう……」と。しかし、福祉事務所側は「この前訪れたときは元気そうだった」「困ってるというなら本人がまた来ればいい」と相手にしなかった。

「あのときなら、まだ間に合っていました。私と話をすることもできましたし……。役所の人たちが、きちんと私の話を聞いていれば岡田さんは死ななくてもよかったんです」

怒りで興奮しながら、黒田さんは明言している。

消し去ることのできない事実として――。

岡田恭子さんは、体調を崩して収入がまったくなくなってしまったときに、福祉事務所を訪れ、生活保護に一縷《る》の望みをかけた。しかし、それは断わられた。その末に、彼女は〝餓死〟をしている。

札幌市は、餓死事件の後、

「福祉事務所の対応に、特別手落ちがあったとは思えない」（桂信雄助役）

として、行政側の責任を否定し続けた。

一方で、彼女の死後、「餓死事件は氷山の一角です」「私も生活保護に助けてもらえず、死ぬか生きるかの思いをしました」という証言が、続々と報道機関に寄せられ、根の深い背景があることを示唆している。

この事件の取材を進めていくと、さらに意外なことがわかった。

彼女と、生活保護との接点は死亡する数カ月前ばかりでなく、遡って、その前にも何度かあったのである。

海で遭難して溺れかけている人間にとって、遠くに見える救命ボートがたった一つの望みであるように、岡田さんも〝生活保護〟という名の救命ボートに必死につかまろうとしていた。貧困という暗い海に沈みかけながら――。それも一度ならず何度か……。

生きていたいと必死にすがろうとする手を、はねのける救助隊員――それが今の福祉行政の姿である。

〝餓死〟の背景には、心を持たぬ、冷たい福祉行政の構図が浮かび上がってくる。

目次

第II部　巨大なカラクリ　175

■装幀／山田道弘

第Ⅰ部　ある母親の人生

［I］誠実なる熱心

春の嵐

▨十人兄弟

岡田恭子さんは、昭和二十二年、北海道日高管内の太平洋に面した小さな町で生まれた。

札幌方面から、海岸沿いの国道237号線を車で三時間ほど——。右手に海を眺めながら進んで行くと、左手に緑色の草原が広がり、赤い屋根のサイロ、牛舎、馬舎が緑のなかにポッポッと見えてくる。明るいイメージの牧場が続くこのあたりは、競争馬の産地として有名な一帯である。

初夏の風が頬をくすぐり、緑色の光が目にしみる。白く塗られた木柵が囲む緑の野を、サラブレッドの細長い脚がゆったりと流れるように駆ける。軽やかに跳ね、首を振る若駒たち——。

観光ポスターのような光景が視野に入ったかと思うと、しばらくして、低い灌木がササやすすきの枯れ草に囲まれたモノトーンの景色も目にとびこんでくる。こちらは不毛の原野といった風景である。目に色鮮やかな牧場と荒涼とした原野——。それがコントラストを見せて交互に入れ替わる。岡田さんの生まれた町の印象である。

さらに南に向って進むと、一時間ほどで、トヨタ、ニッサンなど自動車販売店の大きな看板が立ち並ぶようになり、国道沿いにドライブイン、パチンコ店、カー用品店などがひしめき出す。S町である。

恭子さんは、生まれてから、中学校を卒業して札幌へ出るまでの十五年間、このS町で生活していた。父親の栄次郎さんは、もともと屋根の裏に張るうす皮をつくる木材工場で働いていた。しかしそこが倒産したため、別の木材会社に勤めたり、さらに行商に出たりと一家の生活は経済的に不安定だった。父親が職を替えるたびに一家は引越しを余儀なくされ、S町の周辺を転々とした。

恭子さんは、十人兄弟の六番目（五女）。女の子としては一番下だった。

長男の義昭さんは、「十人も子どもがいるから、親父はたいへんだった。すごく働いた親父でね……。とにかく一生懸命働いていたね」と父親について回想している。生活は苦しかった。だから岡田家の子どもたちは、中学を卒業するとみな、札幌などへ出て働かなければならなかった。

恭子さんも中学校へ通うころには、その下の四人の弟のめんどうをみる〝お姉さん〟役をこなすようになっていた。

サラブレッドで有名なS町だが、町の主要産業は、現在も木材工業である。建築資材や家具、野球のバット、スキーなどのスポーツ用品の製造加工業の生産額が町全体の生産の半分以上を占めている。しかし、それらはしだいに化学樹脂や金属製品にとってかわられ、不振が続いている。

恭子さんが小学生だったころ、父親の栄次郎さんの勤めていたうす皮工場が倒産した。そのあと栄次郎さんは野球のバット工場に職をみつけているが、ここも経営不振で辞めた。栄次郎さんは、けっきょく、S町の中心からかなり山のほうに入った奥地に移り、オートバイに乗って野菜や魚を行商して歩く仕事を始めている。

当時、一家が住んでいたのは、まわりを雑草が囲む、あばら屋だった。寝ると、天井から星空が見える粗雑な造りで、天気の悪い日は雨が入ってきた、という。

昭和三十年代初め——日本全体が裕福とはいえない時代だったとはいえ、岡田さんの一家は「まわりと比べて極端に貧しい、という印象だった」と、当時を知る人たちは口を揃えている。

恭子さんが中学校に入ってから、一家は再び、S町の〃マチなか〃へと引っ越している。あまりの窮状ぶりを見かねて、国道沿いで旅館を営む知り合いが、旅館の裏の家を貸してくれることになったためである。

木造建築の一軒屋だったが、六畳間二つに台所がついているだけの質素なもので、すっかり老朽化していた。そこに両親と、恭子さんと姉、四人の弟たちの家族八人が暮らしたのである。

父親は再び木材関係の工場で働き始め、母親は大家である旅館で賄い婦として働き、食事の仕度や掃除などをした。子どもたちも風呂を借りによく旅館に来ていた。

「仲のいいきょうだいでしたね。すごく小さい子もいたけど、恭子ちゃんがめんどうをみたり、家のなかのことも、よくやっていました……」

二階建ての小さな旅館の女主人に聞くと、よく覚えていた。

恭子さんについては、

「とても明るい女の子でね。挨拶もきちんとするし、おてんばなところもあって、いい子でしたよ。あそこの子どもたちはみんな明るくて辛抱強かったように覚えています」

父親は少し頑固なおじさん。母親はおとなしくてよく働く、屈託のない女性。子どもたちは互いにめんどうを見合う、仲のいいきょうだい。貧しくてもせいいっぱい努力している好感の持てる一家——と近所の人たちの目には映っていた。

恭子さんが、〝餓死〟という痛ましい姿でこの世を去ってから一年以上たった初夏のある日、彼女が中学卒業まで住んでいたS町のマチを歩いた。海岸ぞいのため風が強く吹きつけていた。一家がかつて住んでいた借家はすでになかった。栄次郎さんが勤めていた木材工場は、大型のスーパーマーケットに変わっていた。

マチの中心部には、本州の大手資本が建設した洒落た通りができていた。通りがかった人に聞くと「アーリー・アメリカン・スタイル」といって、アメリカの西部開拓時代を再現したものだと教えてくれた。

国道沿いの歩道を、ランドセルを背にした少女たちが嬌声をあげて駆けていった。

子どものころの恭子さんは、このマチで遊び回ったのだろうか？

恭子さんより八歳年上の長兄義昭さんはこう回想している。

「うちのきょうだいは、親父が一生懸命働いているのを見て育ったから、小さいころからみんな働き者だった。恭子もそうだった。特にあいつは、きょうだいのなかでも、ひときわ明るくてね。弱みとか自分の苦労を人にみせないところが昔からあった。頑張り屋で……一生懸命に働く子だったね」

▨中学時代

恭子さんが在籍していた三年A組の同級生を訪ねてみた。

中学生の母親となっていた元同級生は、「記憶にない」という。

恭子さんが中学三年生だったのは、昭和三十六年度になる。

「たぶん、転校してきたんじゃないかしら」という彼女に当時のクラス写真を見せてもらった。彼女は一人の女の子を指さしてこういった。

「一人だけ、顔を見ても名前の出てこない子がいるんで、きっとこの子だと思うんですけど……」

セピア色に変色した卒業記念写真。大勢の生徒のなかに、カメラをまっすぐに見つめている一人の女生徒がいる。おかっぱ頭で、エラが張り、口もとをきゅっと結んでいる。しっかりした意志の強さを感じさせ、いかにも強情そうな顔つきである。アルバムをめくると、この女生徒は、春に十和田湖へ行った修学旅行や夏の炊事遠足の記念写真には登場していない。途中から転校してきたのであろう。

「あっ、ここにも！」

彼女は突然、小さく叫んで、別の古いアルバムの一ページを指さした。

小学校二年のときのクラス写真である。整列している子どもたちのなかで、おかっぱ頭、やはり下頬がふっくらとして意志の強さを感じさせる少女の顔があった。中学三年生の卒業写真の「恭子さん」と思われる顔とそっくりである。

ダブダブのセーラー服を縮めて着て、しゃがんで写っている少女は、きりっとカメラを見つめていた。

同級生を訪ねていくと、恭子さんを憶えている、という人にも会うことができた。

親しかったという元同級生の主婦は、

「恭子ちゃんとはよく遊んだわ。彼女は当時身長が百五十五センチぐらいあって、大きいほう、骨太でがっちりして色があさ黒かった。明るくてね、昼休みにみんなと体育館でスポーツしたり、放課後にまっすぐ家に帰らずにソフトボールしてみたり……、勉強は嫌いだったみたいだけど、まあ普通の成績でしたね」と話す。

この元同級生は、恭子さんから「家に遊びにおいで」といわれて自宅を訪ねていったことが何度かあるという。

「でも、そういうときはいつも恭子さんのお母さんが勤めていた旅館に行っていたんですけど……。恭子さんの〝家〟に行ったことはなくて、いつも旅館で待ち合わせて、なかで遊んだりしていましたね」

もう一人、旅館に遊びに行ったことがあるという元同級生の女性は恭子さんの印象をこう話している。

「私たちとちがってしっかりしてるなあと思っていました。お母さんも体が丈夫ではなかったし、きょうだいも多かったですからね。私は髪の毛がクセ毛なんですが彼女もクセ毛で、学校では、明るかったんですけど、極端に明るいほうではなく、自分から騒ぐっていうほうでもなかったように思います。しっかりしているというか、醒めているというのか……。弟たちのめんどうをみたり、家のこともよくやってましたから、私も同じ十人きょうだいだったんですがずいぶん違うな、と感心していました」

恭子さんは同じグループの女生徒に「きょうちゃん、きょうちゃん」と呼ばれて可愛がられ、五、六人でよく遊んだという。

今もS町で暮らす元同級生の男性は、小学校と中学校で恭子さんといっしょだったのを覚えていた。

「小学生のころは、髪の毛が縮れててね。マンガの〝クリちゃん〟みたいだった。足の速い子だった、という印象です。私も足には自信があるほうで速い子は気にしていたのでよく覚えています」

そのあと恭子さんは一時期、小学校と中学校がいっしょになった山奥の小さなへき地校に転校して行った。S町全体の競技会となると、中学を代表する選手として出場してきていたのをこの男性は記憶している。

▨『何物も誠実なる熱心が第一』

岡田恭子さんが中学を出た昭和三十七年の中学校卒業文集には、『春嵐』という題がついている。茶色のワラ半紙に活版印刷しただけの文集である。

そこには、何人かの生徒が思い出や先生への感謝の気持ちを綴っているが、全員は書いていない。卒業生一人ひとりの名前は「もう落書きはしません　卒業生全員の寄せ書きコンクール」という一学級二ページのコーナーで、見ることができた。

「光陰矢のごとく、恋人は早く見つけるべき」（男子）
「裕次郎の歌のように自分の選んだ道を、明るく強く美しく、力の限り生きよう」（男子）
「今年はじめて××中から秀才が出た」（男子）

少々、ふざけ気味の男子に比べ、女生徒の寄せ書きには、己れを戒める教訓的な言葉が並ぶ。

「永遠に〝信〟と〝望〟と〝愛〟を」
「今日も清い一日を」
「相互扶助」
「第一の財産は健康なり」
………

岡田恭子、という名前に目を留めると、こう書かれていた。

『何物も誠実なる熱心が第一』

誠実であり、熱心に努力すること――それが何にも優る一番の価値だと、これから社会に出ようとする十五歳の少女は、自分に言い聞かせている。

「誠実なる熱心」……一瞬、頭のなかできりりと口を結んだ意志の強そうな少女の顔が焦点を結んだ。

▨就職組

中学卒業を境に、高校へ進学する者と就職する者と、道は二つに分かれた。就職組は四十数人中五人か六人だった。そのほとんどは札幌へ出て、小売市場の青果店などで働いた。

恭子さんも就職組の一人であった。卒業して半年ぐらいの間は、母親の勤めていた旅館で食事の支度などを手伝った。

このころ、父親の栄次郎さんはS町内では職がなくなり、札幌の木材工場の工場長として出稼ぎに行っていた。旅館での勤めは、昼食の後、夕食の準備に入るまでの数時間が休憩時間で、外出が許された。そこで恭子さんは、中学時代の同級生で、卒業後町内で習い事をしていた女の友人と二人で、映画を見に行ったり、ラーメンを食べに行ったりしていた。

「二人ともラーメンが好きで、よくいっしょに食べました。『給料が出たから、私がおごる』と恭子さんが払ってくれたことが多かったな……。そのころ、〝五十円ラーメン〟というのがあったんですが、それを二人で一つ食べたりね……ラーメン食べながらいろんなことを話しました」

ある日、石原裕次郎の映画を見ようと、二人で町の映画館へ行くと、早すぎて上映まで一時間あった。それでラーメン屋に入ったが、このとき、恭子さんは家族の話をしていて急に寂しそうな表情を見せた。

「父さん、札幌に行ってずっと帰ってこないんだ……。家族ってやっぱり一緒にいなきゃだめね」

恭子さんはそれ以上語らなかったが、この友人は、ふだん陽気な恭子さんが一瞬見せた悲しそうな顔が強く印象に残っているという。

▒菓子工場

昭和三十七年十月、中学を卒業して半年で恭子さんは札幌へ出てきた。札幌市東区の製菓会社の工場に仕事を見つけたためである。恭子さんは父親の勤める木材工場の敷地にある工員寮に同居することになり、そこから菓子工場へ通った。

古い一戸建ての木造住宅が建ち並ぶなかにある、黄土色のモルタル壁に少しヒビが入った二階建ての菓子工場が恭子さんの新しい職場だった。そこではカステラ、サブレー、クッキーなどを生産していた。

従業員は、当時ほとんどが中卒の女子で二十五人ほどいた。恭子さんの仕事は、次つぎと機械から出てくる菓子を袋詰めにする作業だった。ずっと立ちっぱなしだったが恭子さんはいやがらずにこなした。従業員に出す昼食をつくる当番もあった。

昼休みには、工場の空き地で従業員同士がバレーボールをした。まだニキビの目立つ年頃の恭子さんは張り切っていた。

「やさしい感じの人でしたよ。ただ、勝気なところがあってね、仲間とけんかして意地になると、カーッとしてご飯も食べないことがあった。強情っ張りというか……」（製菓工場の同僚）

他の工員たちとちがって自分の家のことは、同僚にあまり話さなかった。それでも製菓工場の工場長の夫人に聞くと、「きょうだい思い」という印象が強い、という。

「恭子さんがうちの工場にいたころ、一番下の弟さんがS町から家出して東京に行った、ということがあったんです。弟さんはまだ中学生だったんですが……。それで恭子さんは主人（工場長）のところへ相談に来たんです。私の弟が東京にいたので警察に連絡するなど力になったんですけど、恭子さんはとても心配していました。弟さんたちのことは可愛いがっていたらしくて、ふだんからよく話していましたから……」

菓子工場に勤め出して一年ほどの間、恭子さんは中学時代の同級生だった友人たちに何通も手紙を出している。恭子さんからの手紙には「早くお父さんのところを出て一人で暮らしたい」と書かれてあった。

十六歳から十七歳にかけてのころ、恭子さんも青春時代を迎えて、早く親の干渉から解放されたかったのだろうか。

彼女も同じ年ごろの高校生たちの多くがそうであるようにこの時期、恋をしていたらしい。恭子さんが「私のたいせつな人……」といって一枚の写真を肌身離さず持ち歩いていたのを菓子工場の同僚たちは、覚えている。

「部屋に遊びに行ってもね、男の人の写真が飾ってあって、照れながらも恭子ちゃん、うれしそうに持ち歩いていたわ」(菓子工場の同僚)

S町で住み込みで働いていた元の同級生の女性は、恭子さんから「お願いだから札幌に遊びに来てほしい」という手紙を受けとり、休日に札幌へ出て恭子さんの部屋に一泊している。

「恭子ちゃんはひどいところに寝とまりしていました。町はずれで、広い部屋に何人もぎゅーぎゅー詰めになって寝るんです。最初その部屋には昼間に行ったんですけど、窓がなくて日が差さない、暗いところでした。夜は畳も何もない板の間で一つの蒲団に入って二人で背中を合わせて寝たことだけ覚えています。きっと恭子ちゃんも寂しかったんでしょうね……だから、来てほしいって手紙を書いたんだと思います」

暗くて、床も堅い部屋で、大勢の女の子がザコ寝していた。そのとき、一つの蒲団に入って背中をくっつけ合った感触が忘れられない、とその女性は話してくれた。

この後、中学時代仲のよかった友人たちとも疎遠になり、手紙のやりとりもほとんどなくなってしまった。

製菓工場を三年勤めて辞めたあと、恭子さんはガソリンスタンドに勤めた。ここも一年ほどで辞め、二十歳から二十四歳ぐらいまでは、S町に戻って家事手伝いをしている。この間の事情ははっきりしないが、父親の勤めていた木材工場が左前になるなど、家庭の事情が絡んでいるようである。

S町へ戻ってからも、かつての友人たちにはほとんど会っていない。

▨結婚、そして離婚

昭和四十六年九月、恭子さんは再び札幌に出て、市内の映画館で働き出した。「切符もぎり」の仕事である。この時期札幌は、翌年に冬期オリンピックを控え、公共事業やホテル建設ラッシュ等再開発が進み、オリンピック景気にわきかえっていた。

そして二カ月後の十一月、彼女は結婚した。当時彼女は二十四歳。夫となったのは五歳年下のラーメン屋の店員である。夫といつどのようにして知り合ったかはわからないが、製菓工場時代に写真を持ち歩いていた男性ではなかった。

夫の給料は、月に手取り六万円。これだけでは生活していけないと、恭子さんは結婚後も映画館の仕事を続けている。

結婚して一年後の昭和四十七年、長男の貴資君が生まれた。しかし、夫の給料が少なく、赤ちゃんだった貴資君を保育所に預けて恭子さんは働いた。

夫は、恭子さんにいわせると「頼りない」男性だった。ギャンブルが好きで、酒を飲んでは子どもに手を上げることが何度かあったらしい。

「子どもみたいな顔、まるで小学生か中学生がそのままおとなになったような可愛い顔をして、家には金を入れない夫」（恭子さんの長兄・義昭さん）だった。

二人めの子ども（次男・耕次君）を出産する直前の昭和五十年の秋、恭子さんは映画館を退職した。しかし、その半年後の五十一年四月には夫がラーメン屋を退職している。夫は、建築現場の日雇いなどを始めたものの、仕事を休みがちになり、麻雀や競馬などのギャンブルにのめり込んだ。収入はなくなってしまい、恭子さんは再びパートで働かねばならなかった。

昭和五十二年、三男の明君が生まれてからも夫のギャンブル癖はいっこうに変わらなかった。

「何を考えてるのかわからない人で、自分が三人の子どもを養わなきゃならないという使命感がまったくない」（義昭さん）という無責任な夫を持って、恭子さんは三人の子どもを抱え働かねばならなかった。夫がつくる借金は増え続け、百万円ほどになった。夫が、恭子さんの父親名義で借金をしたり、無断で「岡田」の判を使って、身内を保証人にしたり、担保をつくるなどの行為をくり返したため、富良野市に住む義昭さんが恭子さんと夫との間に入り話し合った。恭子さんもたびたび子どもたちに暴力をふるう夫に愛想がつき、ついに別れを決意した。

借金は、夫がすべて引き受けて返済し、恭子さんのほうに迷惑はかけないこと。三人の子どもは恭子さんが引き取り育てること。夫が借金の返済を終えて二年後からは養育費を払うこと。

この条件で五十三年二月に協議離婚が成立している。

「私から捨ててやったのよ」

「好きだったけど別れたんだ!」

「金を持ってこないで、ギャンブルに捨てるような男だった……」

離婚については、後で恭子さんは断片的にこんな言葉を漏らしていた。

岡田恭子さん三十歳、下からまもなく誕生日を迎える〇歳児、二歳、五歳の男の子を抱えての再出発であった。

母子家庭としての再出発

▨母子寮

五十三年三月、恭子さんは三人の子どもといっしょに、札幌中央区の藻岩山のふもとにある伏見母子寮に入所している。このとき、すぐに生活保護の手続きもとられ、保護が開始されている。

札幌市の中心部に近く、高台にあり、市街の眺望も楽しめる伏見母子寮のある伏見地区は、市内でも一等地にあたる。山のふもとには、朱色の鳥居が数十に重なり、百段以上の石段が上まで連らなる伏見稲荷がある。そのすぐ近くの傾斜地に立った、古い灰色の四階建ての鉄筋アパートが伏見母子寮である。壁のあちこちはペンキがはげあがっている。隣りにはレンガ色の壁に、青銅のアーチが、洒落た曲線模様を描く超高級マンションが建っていて、駐車場には外国産の高級車が並ぶ。その落差は覆うべくもないが、山の緑が目の前に迫り、付近は木々に囲まれた閑静な一帯である。

十分ほど歩くと札幌でも有数の散歩コースである旭山記念公園や地崎バラ園に着く。四季の変化にも富んでいて、梢を透かして山に落ちる夕陽が美しい。

坂道から続くコンクリートの階段を上っていくと母子寮の玄関に続く。なかへ入ると左側にゲタ箱、右側には管理人室がある。廊下に並ぶ入居者の部屋はそれぞれ、六畳間と居間兼台所の四畳半がタテにつながっている。トイレ、洗濯場、子どもたちのプレイルームが、共同スペースになっている。

こんな環境で、恭子さんは新しい生活に向けて張り切っていたにちがいない。

母子寮は、生活保護と同じく福祉事務所が管轄する児童福祉施設で、入所（措置の開始）退所（措置の廃止）は福祉事務所が行なう。

伏見母子寮入所のときの白石区福祉事務所のケース記録には、恭子さんの離婚までの経緯を大ざっぱに記したあと、次のように書いてある。

「五十三年二月二十二日協議離婚が成立する。昭和五十三年二月二十日から主（注・恭子さんのこと、以下同じ）の弟の住む白石区×××番地に転居したが子供が三人もおり、冬期間は主の父と母も富良野から来ており部屋も狭く、アパートを借りるにも手持ち金がなく、又、別れた夫が子供達に会いたいとの事からアパートに自由に出入りする事も予想されるため、母子寮入寮を申請するに至ったものである。

以上の理由から本世帯を母子寮に入寮措置する事としたい。……費用B階層徴収金0とする。なお本世帯が伏見母子寮に入寮した後、伏見母子寮管轄である中央福祉事務所へケース移管する」

こうして生活保護を受けながら母子寮で生活するようになった恭子さんは、いつもズボンをはいてシャキッと歩き、大きな体が活発そうな印象を与えた。

▨楽しい生活

母子寮では〝正月〟に始まり、二月の〝豆まき〟三月の〝ひな祭り〟から十二月の〝クリスマス〟まで、毎月、子ども中心の行事があった。また、市内の母子寮の対抗運動会や日帰りの旅行、泊まりがけの学芸発表会など楽しい催しもたくさんあった。

働いている母親も多いから、部屋の階がちがうと、ふだんは互いに顔を合わせることはめったにない。しかしこうした催しがきっかけになって仲良くなり、部屋を行き来したり、誰かの部屋に集まってジュースを飲み、お菓子を食べながら世間話をする、ということが多くなってくる。

恭子さんが入所してしばらくすると、恭子さんの部屋でこうした茶話会が開かれることも自然に多くなった。なぜかというと、他の部屋が〝会場〟になっていると、必ずといってよいほど、三人の子どもたちが入れかわり立ちかわり母親の恭子さんを探しに来るからである。

「ママー、お兄ちゃんがいじめる……」などと泣き顔の子どもがバタバタと入ってくる。それで、いつでも目が届くようにと、自然に恭子さんの部屋が会場になった。


「母子寮時代はほんとうに楽しかったわよね」

恭子さんが母子寮にいたころ、いっしょに入所していた二人の主婦に集まってもらい話を聞いたところ、顔を輝かせて思い出を語ってくれた。二人とも離婚したあと母子寮に入り、生活保護を受けていたが、その後、公務員として採用され、今では自分の収入だけで子どもたちを育てている。

「部屋を行き来したり……定山渓温泉にみんなで一泊したりとか楽しいことばかりでね。夜十時の門限を破って、こっそりカギを開けてもらったこともあったわよね……」

「そうそう、きょうは飲むよー、とたまに誰かが号令をかけて、どこかの部屋でビールを飲んだりね……」

離婚という逆境にあって、女性たちが子どもを抱えて張り切り、楽しく生活していた雰囲気が伝わってくる。恭子さんにしても、このころ、家庭生活を破綻させる〝夫〟ともようやく別れ、三人の子どもを一身に背負い、がんばらなきゃ、と充実した気持ちだったのではないだろうか。

「あのころ、母子寮のなかで三人も子どもを連れている人は岡田さんだけでしたから、私たちはたいへんだなー、という目で見ていました。一番下の明君はまだオッパイ飲んでいたなァ……。長男の貴ちゃんが保育園でね。でも、岡田さんはとても朗らかな人でしたよ」と主婦の一人はいう。

「岡田さんの部屋は二段ベッドがあって、狭いところをじょうずに使ってましたね。うちは子どもが二人で、それでさえかなり狭く感じていたのに、あそこは親子四人でしょう? それをうまく使っているのと部屋のなかがいつも綺麗なのには感心させられました。小さい子が三人もいたら、ぐちゃぐちゃに散らかってるのが普通ですが……」

二人は母子寮時代のアルバムを見せてくれた。

末っ子の明君が写ってる一枚があった。胸あてズボンをはき、足は白黒シマシマのソックス。どんぐり眼で口をポカンと開けてあどけない。二、三歳ぐらいだろうか。

次男の耕次君は、黄色いセーターと黒いズボンをはいて、笑いをこらえて、いたずらっぽくカメラのほうを見て直立している。五、六歳ぐらいか。

長男の貴資君は、小学三、四年のころである。大人びて落ちついた表情でクールに写っている。

洞爺湖に母子寮全体で出かけたときの全員の記念写真。恭子さんは一番後ろの列で顔をのぞかせている。ショートカットの髪がパーマをかけたように縮れて、ふっくらした顔つきである。

子どもたちは三人ともおとなしく、ハデなけんかもしなかった。恭子さんは末っ子の明君をとくに可愛がる傾向があったようだ。

「明ちゃんがね、二、三歳になってもう歩ける年齢になっても、こうやってね……」

と主婦の一人は両腕で輪をつくった。

「……抱いてね。オッパイもしゃぶらせていたわね。私たち、『まァだ、オッパイ飲んでるのォ』とよくからかったんですけど。

お母さんが明ちゃん抱いていくと、そのあとをはなたらした耕次君がぺたぺたくっついて歩いていたわ……」

恭子さんは、母子寮にいたころ、生活保護を受けていた。この二人の主婦もほぼ同じころ生活保護を受けていたが、「係の人の厳しさ」ばかりを感じた、と口を揃える。

「こちらは、やっぱり保護してもらっているという意識がありますから、何となく後ろめたいんですが、むこうは『保護してやってるんだ』という姿勢で、きついいい方をしてくるんです。人によってちがうんですが、若い担当者にとてもおっかない人がいましたね。けっしてやさしいいい方をしない……」

「とにかくねちねちイヤミをいわれる。こっちもできることなら福祉事務所なんか行きたくないし、生活保護を受けるのはほんとうに苦痛でした……」

▨友人

伏見母子寮時代、恭子さんにとって〝親友〟と呼べるほどの間柄だったのが、四歳年上の細川久代さんである。細川さんとのつき合いは恭子さんが母子寮を出てもしばらく続く。

道内の地方都市で結婚し、平凡に暮らしていた細川さんは、二十八歳のときに最愛の夫が、突然蒸発してしまった。一歳と三歳の子どもを抱え、生活苦に直面させられた細川さんは、いなくなった夫に腹を立て「こんちくしょう！」と思いながら歯をくいしばって働いた。

三年後、夫は自殺死体で発見された。夫は義母の治療費を捻出するためにほん走しており、それをはたせずに死んだのだった。その後、細川さんは母親が入院する札幌に子どもたちといっしょにやってきた。しかし、母親の病状も悪化し、まもなく死亡した。

失意の細川さんは、追い打ちをかけられるように子宮ガンで入院。絶望のあまり、死ぬことばかりを考えたという。しかし、さいわい健康を回復し、退院後、伏見母子寮に入り、生活保護を受けながら母子家庭としての暮らしを始めていた。しばらくして同じ階に入居してきたのが岡田さん一家だった。

「いっしょの階だったのでよく岡田さんの部屋へコーヒーを飲みに行きました。お酒はあまり飲みませんでした。岡田さんはワインを少し飲むぐらいで弱かったんです。花の好きな人で部屋にゼラニウムの鉢がよく飾ってありました。夕食には天ぷらを揚げたりしてて『きちんとした奥さんだなあ』と思いましたね。子どもにも厳しかったですよ」

現在、札幌市中央区にある大手企業の独身寮の管理人をやっている細川さんは、日中、がらんと人のいなくなった食堂で、岡田さんとの長いつき合いを語ってくれた。小柄で痩せた体に、やや神経質そうな大きな目が印象的な女性である。目尻と額の皺に、深い哀しみと苦労の跡を刻みこんでいた。

「明るい人でね……冗談ばっかりいってました。同じ寮の人で持病のある女性が弱音を吐いたりすると、『どうせあんたなんか棺桶に片足突っこんでるようなもんだもんね』なんていってカラカラ笑って励ますようなところがありました。でも誰とでも仲良くやっていくというタイプではなくて、友だちは選ぶほうでしたね……」

岡田さんも細川さんも、几帳面な性格だったので気が合った、という。二人ともきちっとしていないと気がすまないところがあった。

「同じ母子寮に、よく他人からお金を借り歩いては返さない人がいたんです。その人のことを岡田さんとよく『なぜああなるのかしらね。まわりはもう二度と貸したくなくなっちゃうのに……。やっぱり本人の気持ちの問題かしら。いくらお金に困っても、きちんとするところはしないと……。私たちはああはならないようにしましょうね』と互いにいい合っていました」という。

後に、岡田さんは「ああはなりたくない」といっていた状況に自ら追い込まれていくのだが……。

五十四年十一月、岡田さんが母子寮へ来て一年半以上たったころ、細川さんともう一人の主婦が、伏見母子寮を出て、近くの住宅供給公社の団地に引っ越した。母子寮を出るときには、みんなから

「おめでとう」と祝福される。残される側は、何ともいえぬ寂しさを感じてしまう。自分だけ自立できずに置いてきぼりを食ったような感じで……。

自分も一日も早く母子寮を出たい、という思いが募るという。仲の良かった細川さんが退寮して行ったことで、岡田さんの心のなかでも「早くここを出よう」という気持ちが次第に強くなっていった。

▨生活保護の支え

恭子さんの母子寮時代を担当したケースワーカーの一人は、このようにいっている。

「とにかく、明るくて、真面目な、いいお母さんというほかはありませんね。子どもたちのために一生懸命でしたから……。何人か受け持ちを持ってましたが、あれほど真面目に、自立しようという強い意欲を持っている人は珍しいので、好感を持っていました」

母子寮の措置のケース記録を見てみると、このころの恭子さんの生活の一端がうかがえるが、一方で、行政側も暖かく見守っているのが手にとるようにわかる。

〈ケース記録から〉

「五十三年四月三日　当世帯は離婚後、一時的に弟と同居し生活援助を受けていたが、子供が三人もおり、生活に困窮し母子寮に入寮と同時に生活保護を申請し三月十日付で保護受給となったので階層をA階層に変更する。

身元引受人　白石区××××岡田栄次郎（父）」
（※このころから恭子さんの両親は白石区に居住するようになり、栄次郎さんはパチンコ店の景品引換えの仕事をしていた）

「五十四年二月十日　実態調査
貴資は四月に小学一年になり、耕次（三歳）明（二歳）も保育園に申請中であるが、待機中で早く決まればと心配していた。
耕次と明が二人おたふく風邪になり看病中であった。早く働きに出たいが子供の事で出られず、一番悩んでいる。」

「五十四年四月二日　昭和五十四年度、費用負担額の認定
生活保護法による保護受給中につきA階層費用負担額なしと認定する。
実態調査　母子共に健康。
主、大川病院で、身の回りの世話をして時給五〇〇円、九～五時、月二十二日間、約七万七千円。
生活費の不足分は保護受給。
小一、一人、保育園児二人
二段ベッドで子供三人、男なのでいっしょに寝ている。

再婚してもいい人にあたるとは限らないのでする気なし。

子と父のいききはない。

　身元引受人　父　岡田栄次郎」

（※昭和五十四年五月、恭子さんは中央区内の精神病院・大川病院で、雑役婦のパートの仕事を始めた。中央区福祉事務所が紹介した働き口である）

「五十六年二月二十一日　実態調査
最近子三人がふうしんにかかり、多忙を極めた。子供達には、父親がいない為、ずい分淋しい思いをさせている。

もうすぐ四歳になる三男は大人の男を見ると父親に対する感情のようなものを表す（一歳時、離婚）。母親だけの力ではどうしようもないが、一生懸命頑張っていれば、いつかわかってくれる時がくると思っている。親子四人頑張っていくだけ。

現在、中央区×××の大川病院で臨時で働いている。そろそろ本職になるかも知れない。人間関係のよい職場だが、本俸七万円位になる予定。生活費不足分は保護受給。

親子四人分の生活費を稼ぐのは難しいので当分生保を受給。

子供が病気したときの保育の点で、寮側にもっと期待したいが、今でもみてもらえるのはありがたい。

身元引受人　白石区　岡田栄次郎（父）」
（※五十六年四月、恭子さんは大川病院の正職員として採用されている）
「五十六年四月六日　年度更新
　五十六年度　自己負担額　○円　A階層」
「五十六年八月十二日　廃止
別添退所届の通り、退所したので同日付で措置廃止したい。」
（※この措置廃止＝母子寮退所は、白石区の市営住宅への入居があったためである。この入居も中央区福祉事務所の後押しで、入ることができたものである）

▒病院での仕事

札幌市中央区にある大川病院は比較的大きな精神病院である。岡田さんは長男の貴資君が小学生になったのをきっかけに、この病院でパートの仕事を始めた。

勤務時間は朝九時から夕方五時まで。毎朝、伏見母子寮のすぐ近くの保育所に次男と三男を預けてから徒歩で十五分くらいかけて通勤してきた。

仕事の内容は、雑役婦。院内の掃除や職員の白衣、ベッドのシーツや毛布などの洗濯やアイロンかけ、修繕などが主な業務だった。

恭子さんは、張り切って働いた。

「とてもキビキビしていました。病院のなかでは、岡田さんはいつも駆け足で、パタパタパタパタ走っている姿ばかりが目に焼きついています。普通に歩いてることって珍しかったぐらいです」と看護婦の一人は述懐している。

恭子さんは性格が朗らかで茶目っ気のあるところから、看護婦や事務室の職員、ボイラーのおじさんなどに好かれるようになっていった。

「きょうちゃん」「きょうすけ」と呼ばれ、誰一人「岡田さん」ときちんと名前を呼ぶ人はいなかった。何かが見あたらないということになると必ず頼りにされて呼ばれた。

恭子さんはソロバンもできて字もきれいだったので、事務の仕事もまかされた。患者の入退院の記録である〝寝台帳〟などの帳簿つけは恭子さんの仕事になった。

「中卒のハンディをまったく感じさせない人でした。利口な人なんでしょうね。勘がよくて何かいわれると〝響く〟タイプでした。

まわりに可愛がられて、ズケズケものをいい、陽気でしたね。でも生い立ちとかはいっさい話さなかった。中学しか出てないというのを出さなかったから、人からバカにされたくない、というのがあったんでしょうか……」

事務の責任者で恭子さんの上司であった宮寺事務長の弁である。

保育園から「明君が熱を出した」とか「お腹がいたいといっている」と電話が入ることもよくあった。そんなとき、恭子さんは明君を迎えに行き、病院に連れてきていた。そしてアイロンがけや縫い物をする「寝具室」で明君を遊ばせ、仕事をしたが、幼い明君は「あきらー！」と呼ばれて看護婦たちに可愛がられた。

昼休みは三十分ぐらい、職員同士で卓球をして汗を流した。恭子さんはスマッシュが鋭く、男性と激しいラリーの応酬を演じた。負けるとプッとふくれて口惜しがった。

雑役婦の仕事は、二人体制だった。恭子さんとペアで働いたのが榊原さんという女性である。

恭子さんが大川病院で働き出して数ヵ月後に、同じ仕事をやるようになった榊原さんは、最初のうち、恭子さんのことを「とっつきにくい人」と感じた。「きょうからこちらでお世話になります」と頭を下げても「あ、よろしく」とぶっきら棒な答が返ってきただけだった。

ところが二ヵ月もたつと、恭子さんが気さくで面倒見のよい女性であることがわかった。年齢的には、榊原さんのほうがひとまわりも年上だったが、仕事の上では先輩の恭子さんが、リーダーシップをとった。

「困ったな……」と榊原さんが少しでもいうと、姉御肌のところがあってよく相談にのった。

ある日、仕事の休憩時間に、榊原さんは中学に通う娘さんが、最近、口をきいてくれなくて困ってる、という話をした。すると恭子さんは自分の中学時代の話を始めた。

「中学生のころはいろんなことに興味を持って、いろんなところに行ってみたいものよ」と。そして、中学時代、友だちとの立ち話に夢中になり、あっと気がついて夜十時過ぎに家に帰ったら、父親にものすごい剣幕で怒られたことを話した。家の中に入れてもらえなかった、という。恭子さんにとって、子ども時代の父親像は、頑固で、何よりも「おっかない」存在だった。話を対等にするような相手ではなく「厳しすぎて、自分は何もすることができなかった」という。

「だから……」と、このとき、恭子さんは「娘さんのやりたいことをやらせてやればいいでしょ。そのうちに判断できるようになるんだから、何でもやらせてみたら?」とアドバイスしている。

「困っている人に対しては、自分のできることならしてあげたい、というやさしいところのある女性でした」（榊原さん）

恭子さんは、曲がったことが大嫌いで、ウヤムヤにする、ということができない性格だった。相手が上司であれ、看護婦であれ、自分がこうと思うと納得がいくよう自分の意見を主張した。ボイラーのおじさんはよく冗談まじりにこぼしていた。

「きょうちゃんには、うかつには話できないからなあ。あとでトコトン突っこまれるから、こわくて……」。「アンタ、何さ」と怒鳴られた看護婦もいる。

しかし、それが感情的に後あとまで尾を引く、ということはなかったという。ついさっきまで、激しくやり合った相手にも、しばらくするとケロッとして、「ねえ、うちのクロッカスの花が咲いたから今度見においでー」と相手の懐に飛び込んでいくところがあった。そんなカラッとした人柄がみんなに愛されていた。

仕事中は、よく他の職員たちを冗談でけなし合い、バカふざけをして笑い合った。

大川病院では、レクリエーションとして、年に一度、職員が泊りがけの旅行に行った。しかし、恭子さんは小さな子どもたちがいたため、病院に勤めた七年間に一度しか参加していない。ただ一度参加したときも、仕出し弁当のおかずが残ると、「もったいないから持って帰って子どもたちに食べさせる」と包んで持ち帰った。

仕事中、同僚の榊原さんや上司の宮寺事務長には子どもの話ばかりしていた。

「子どもを頼りにするというのもあったんでしょうけど、可愛いくてしょうがない、という感じでした」（榊原さん）

[II] ほころび

生活保護の打ち切り

▨転居

昭和五十六年四月、恭子さんは大川病院のパートから正職員に採用された。恭子さん三十四歳、子どもたちは上から小三、五歳、三歳になっていた。正職員になったとはいえ、諸経費が引かれて月々の収入はかえって減った。母子寮のケース記録にも「パートの時、月七万七千円の収入↓正職員では七万円」と記載されている。このため引き続き生活費の不足分は、生活保護を支給してもらっていた。

四ヵ月後の八月、恭子さんは福祉事務所の後押しで白石区に新築されたばかりの五階建て鉄筋の市営住宅アパートに入居できることになった。3LDKでもちろん風呂もトイレもついている。母子寮の1DKとは大きな違いである。

すでに長男の貴資君は小学三年生。そろそろ勉強部屋も欲しくなってくる年代である。

恭子さんは手放しで喜んだ。

「新築の市営住宅に入れるなんて、こんなチャンスは二度とないかもしれない。その次、あたっても古い住宅になるかもしれないし……」

迷うことなく母子寮を出て、引っ越した。

「やっと広いところに入れた。子どもたちも足を伸ばせるし、よかったわー」

恭子さんは同僚たちに喜びを語っている。

母子寮からの引っ越しには、病院のボイラーのおじさんや宮寺事務長、友人の細川さんと息子さんが手伝いにいった。

友人の細川さんは、

「大丈夫だろうか？　子どもたちがもう少し大きくなるまで待ってもいいのではないか？」

と内心、不安がよぎったという。

たしかに、後で考えると、白石区の市営住宅への転居が、恭子さんを破滅へと向かわせる大きな転機になってしまった。

▒奥山さんらとの出会い

札幌市の南東部に位置する白石区は、市内七つの区のなかでも最も人口の流出入が激しい地域である。区内を千歳空港や苫小牧方面へ向かう、国道36号線や南郷通りなどの幹線道路が縦断し、大型のダンプカーがひっきりなしに走る。住宅も「南郷ハイツ」「本通りコーポ」といった看板のついた二階建ての木造モルタル造りのアパートが群れをなしている。比較的家賃が安いこともあり、低所得者層が多く住む地域でもある。

南郷通り沿いには、ジンギスカン料理の食べ放題と生ビールの飲み放題で、観光客が貸し切りバスで乗りつける大きなビール園がある。この近くにある五階建て市営アパート十数棟の一角に、恭子さん一家四人が越してきた。五階の501号室。そこで新しい生活が始まった。

白石区の市営住宅から勤め先の大川病院へは地下鉄と電車を乗り継いで一時間弱の通勤時間である。恭子さんはその途中で二人の子どもを保育園に預けなければならず、さらに時間がかかった。朝九時の出勤に間に合わせるには、七時半には家を出なければならなかったが、恭子さんは、いつもズボンをはき白い運動靴姿で、二人の子どもの手をひいて歩いた。

近所の人たちとはすぐに親しくなった。きっかけは、アパートの住人が月に一度、総出で行なう草刈りだった。カマを持って全員がアパートの前の駐車場の芝や植えこみの草を刈った。夏の晴れた日曜日で心地よい汗が流れた。作業を終えると301号室の奥山さんの奥さんと302号室の成瀬さんの奥さんと三人が緑の芝生の上に座り、コーラを飲んだ。成瀬さんが声をかけた。

「これから奥山さんのうちに行こうよ」

奥山さんの家は旦那さんがタクシーの運転手をしているため、日中いることが多く、子どもがすでに独立していることもあって、人がよく集まる家だった。奥山さんの部屋でビール片手に話がはずんだ。話してみると、奥山さんも成瀬さんも恭子さんより、ちょうどひとまわり年上で、三人ともイノシシ年だった。出身地も近いことがわかった。

恭子さんはS町。奥山さんは旦那さんが苫小牧市、成瀬さんは、富川町。

「あれぇ、みんな近いんだね――。太平洋沿岸じゃないの」

笑いがはじけ、いっぺんに心がうちとけた。


それから、恭子さんは、ひんぱんに奥山さんの家を訪れるようになった。

ピンポーン！　奥山家の玄関のチャイムが鳴ったかと思うと、奥さんが出る間もなく、「いたかーい？」とふだんカギをかけていないドアを開けて恭子さんが居間へ入ってくる。

恭子さんは、「指定席」のようになった食卓テーブルの窓側のイスにどかっと腰をおろして、「今、学校の授業参観に行ってきたところなの」などと世間話を始める。

そんな気のおけない近所づき合いになっていった。

「明ったら、テレビゲームばっかりして、ぜんぜん勉強しないからゲームの機械、押し入れに隠してやったのよ」

「耕次と明が、また、けんかしてうるさくってさ……ちょっと避難させて――」

恭子さんは、子どもたちとの楽しいやりとりを奥山さんの家でひとしきり話していった。

奥山さんのご主人が、深夜勤務が明け、早朝帰ってきてソファーで横になっていると、入ってきた恭子さんが、鼻をつまんで起こす。

「恭子ーッ、やりやがったな、てめえ！」

「お父ちゃんもよくそんなアホ面で寝てるわ……」

「なにー！」

はたで見ていると漫才のような冗談のけんかだった。恭子さんは奥山さん夫婦を「お父ちゃん」「お母ちゃん」と呼び、旦那さんは、恭子さんを呼び捨てにしてきょうだいのように親しくなった。

「恭子さんは、ガラガラしててね。明るくっておもしろい人でしたね」と奥山さんの奥さん。

恭子さんの部屋にはガス風呂があったが、奥山さんの部屋はつけてなかった。それで奥山さん夫婦は、恭子さんの家の風呂を借りて入ったこともあったが、そんなとき、旦那さんが三人の子どもたちのからだをかわるがわるこすってやった。

休みの日に、千点十円のレートで麻雀をみんなでやったこともあった。これならどんなに負けても五百円ていどの遊びだったが恭子さんはすぐに熱くなるほうだった、という。

夏には、三年連続で奥山さん一家といっしょに海水浴場に行った。初めの二回は、恭子さんが奥山さんの旦那さんが勤めるタクシー会社の人たちと日帰りで行き、ウニをとって食べた。三回めは昭和六十一年、恭子さんが死ぬ前の夏。子どもたち三人もいっしょに車で、日本海側の厚田村の海へ行き、キャンプをした。

おとなたちはビールを飲んで騒いだ。次男の耕次君は、キャンプに行く何日も前から、「今度、海行くんだー、海行くんだー」と近所の人たちにふれ回るほど、この日を楽しみにしていた。

「子どもたちが喜んでね……。暗くなって海が冷えてきても唇を紫色にして水のなかに入っていっ

て泳いでいました」（奥山さん）

長男で中学二年になっていた貴資君は、ふだんおとなしくて、感情をあまり出さない少年だったが、このときはとてもうれしそうに笑っていた。

採れたてのウニやハマグリなどを焼きながら、奥山さんの旦那さんが、

「なっ、貴ちゃん。母さん、スマートだって自分でいってるけど太ってるよな。それなのによく食べるよなー」とからかった。

貴資君も、「ほんとうにデブだよォ。ぜったい太りすぎだよ」とまぜっ返す。

怒った恭子さんが「貴、このやろー」といって貴資君の頭を笑いながらこづいた。

「楽しくておかしくってね、みんなで笑い転げた。そのときの情景はまぶたに焼きついて離れない」と奥山さんは話す。

恭子さんも、三人の子どもたちも、よく食べて、よく笑った。

「今、思うと、ふだん家族でいっしょに楽しく過ごすことが、あまりなかったですからねー。恭子さんは働き通しだし、生活は苦しいし……。だからあんなに楽しそうだったのかなって……」思い出すと胸が痛くなるという奥山さんの回想である。

こうして気さくな人たちと知り合い、いまどきの都会では珍しい家族ぐるみのつきあいになっていった。その反面で、一家の生活を土台から狂わす事態がジワジワと進んでいた。

▨生活保護の打ち切り

市営アパートに移った昭和五十六年の十二月一日付で、白石区福祉事務所は、岡田恭子さんの生活保護を廃止した。八月に白石区へ転居して所管が中央区福祉事務所から白石区福祉事務所に変わってすぐ、恭子さんは友人の細川さんに「生活保護を切られそうだ、どうしよう」という電話を何回かしている。病院の同僚、榊原さんにも九月ごろ「正職員になったので十月に燃料手当が出ると生活保護を切るっていわれてる」と打ちあけている。けっきょく、十一月に恭子さんが辞退届を書いて、保護は打ち切られた。

四月に正職員になったため、十月に冬の燃料手当が出たことと、さらには十二月にボーナスが出ることが見込まれたため、という理由であった。

ふつう生活保護の要否判定は、六カ月を基準として行なう。

保護が廃止された昭和五十六年十二月から翌五十七年五月までの恭子さんの家の六カ月間の収入見込みは、一カ月平均十五万九千二百円である(図1)。

一方、生活保護基準の六カ月分は一カ月平均およそ二十万七千円ほどで、このほかに収入から控除される分を加えると、基準額は二十三万九千円近くになる(図2)。

つまり、保護基準よりも、まだ八万円近く不足する収入しか見込まれていないのに保護を廃止しているのである。ボーナスが入って、一時的にその月と翌月は保護基準を上回るとして、かりに保護の

図1　56年12月〜57年5月までの6ヵ月の収入見込み

月　　収	76,000円×6ヵ月分＝456,000円
ボーナス（12月支給）	冬分30割＝228,000円
児童扶養手当	38,200円×6ヵ月分＝229,200円
児童手当	7,000円×6ヵ月分＝ 42,000円
合　　計	955,200円
＊1ヵ月平均	159,200円

図2　生活保護の需要額

生活扶助	125,490円×6ヵ月分＝752,940円
母子加算	19,710円×6ヵ月分＝118,260円
多子加算	6,500円×6ヵ月分＝ 39,000円
冬季加算（12月〜3月分）	25,740円×4ヵ月分＝102,960円
住宅扶助	27,000円×6ヵ月分＝162,000円
教育扶助	約26,000円
期末一時扶助（12月）	40,920円
合　　計	約1,242,080円
＊1ヵ月平均	207,013円

実際に支給される上記額に加えて、収入から差し引かれる控除額（便宜上、需要額に加えて計算）

基礎控除	15,960円×6ヵ月分＝95,760円
特別控除	141,570円×2／3＝94,380円（冬分を3分の2として計算）
合　　計	1,432,220円
＊1ヵ月平均	238,703円

一時停止をするにしても、そのあとすぐ保護を再開しなければならないケースである。

白石区福祉事務所では、その後も、薪炭費特別基準だけは、単給（いろいろな〝扶助〟や〝加算〟を「併給」する場合に対して、一つ一つの項目だけを照らして支給すること。この場合、ひと冬に、十万円程度）の保護を冬場だけ行なったとしているが、これではとても月額平均八万円の落差を埋めることはできない。

恭子さんの場合も、保護基準に照らして、収入が下回っていたのであるから、不足分の生活保護費支給をそれまでと同様に継続すべきケースであった。


病院の同僚である榊原さんに恭子さんは、こうこぼしている。

「正職員になったとはいえ、収入はそれほど変わっていないのに、何で切られるのだろう」

恭子さんは辞退届を書いたため、役所の書類上では、自分の意志で自発的にやめたということになっている。しかし、恭子さん自身は、回りの人たちに「切られた」「切られた」と話している。

「これ以上保護できません。もう打ち切りです」そういってケースワーカーが辞退届を書かせたとは考えられないだろうか?

取材の過程で知り合った北海道Q市のケースワーカーは、このケースについて、

「たとえ、ボーナスが出たとしても保護の廃止にはなりません。なぜなら、生活保護の収入は一カ月、二カ月の短い期間でなく、短くても三カ月、ふつうは六カ月単位で、収入をならして（平均化して）判定するんです。二十万円ちょっとのボーナスが出たとしても、収入認定では基礎控除や特別控除が認められますから、それを分割して充当していくと、けっして廃止ということはありません。一時的に保護の停止ということもありうるかどうか……。どちらにしても平均でみて保護基準以下の収入なのに保護を廃止した場合だから、辞退届を書かせているんです。基準以上の収入があるのなら辞

退届など書かさずに要否判定で、『否』とすればいいわけですから。この場合、まちがいなく、生活保護の継続が必要な『要』と判定されるケースです」

榊原さんの記憶では、恭子さんはこのとき、白石区福祉事務所に三回ほど行き、「これではとてもやっていけない、どうして、私が切られなければならないの?」と直談判している。「納得のいかないことはとことん突いていく」という恭子さんの元来の性格で、かなり興奮して大声で抗議をぶつけたらしいが、ほとんど相手にしてもらえなかった。このときのことを恭子さんは「恥ずかしくて人にはとても聞かせられないようなことをいわれた。あんなことをいわれたらもう二度と行きたくない」と、いっている。「何があったの?」と聞いても、「とにかく人にはいえない」ばかり——。

岡田さんの上司であった宮寺事務長も、首をかしげる。

「中央区にいて何でもなかったものが、どうして白石区に行くとダメになるんでしょうか……。現に、そのころ、病院にはあと二人、母子家庭のお母さんが生活保護を受けながら、働いていました。一人は三人の子どもがいて、もう一人は自分の母親と子どもを抱えていました。二人とも中央区に住んでいて、やはり正職員になりましたが、生活保護はずっと継続されていました。

岡田さんも困ったでしょうね。何も貯えがあるわけではなかったみたいですから……。

勤務時間中に何度か深刻な顔で、福祉事務所に行ってくるから時間をください、といってきました。たしか二回は行きましたよ」

けっきょく、生活保護は打ち切られた。

恭子さんは、母子寮からの友人である細川さんにも電話して「どうしよう……もう家賃も払えない」と相談していた。

細川さんは、市営住宅の場合は、低所得世帯に対しては、家賃の減免措置があることを思い出し、「安くなるはずだから」と市の住宅管理課へ電話をするように勧めた。二、三日して恭子さんから「家賃免除してもらったァ、いやあ、よかったァ」という、安堵の電話が入った。

しかし、生活保護の打ち切りによって、恭子さんは、思いもせぬ借金人生へところがり落ちていくことになったのである。

生きがい

▨花好き

恭子さんは、とても花が好きだった。病院に勤めていたころ、屋上に置いてある鉢が病気などで枯れそうになると、家へ持って帰り、肥料をやって見事に蘇生させ、花を咲かせた。

市営住宅の部屋には、棚をつくって花の鉢を飾ったが、「もう七十個になっちゃった」と嬉しそうに話していた。

病院でいっしょに働いていたころ、恭子さんは榊原さんに、「スミレの花が見事に咲いたから見においでー」と電話をしては、家へ招いていた。

榊原さんが遊びに行くと、ベランダから居間から、部屋中の半分ぐらいが、紫や赤や黄などの色鮮やかな花の鉢で埋まっていた。

綺麗好きだったな、と榊原さんは思う。仕事をしていても、散らかしたことはない。毛布やシーツなどもヘリを揃えないと気がすまない人だった。母子寮にいたころ、狭い部屋にいたから片付けるのがじょうずなのだろうか、と思っていた。

人が家へ遊びに来ると、ものすごく喜ぶ恭子さんだった。よく「(明日、誰それが来るから)きょう大掃除しなきゃいけない」と話していた。家を訪ねると、部屋のなかは、チリ一つ落ちてないぐらい綺麗だった。

「そのかわり、突然人が来ると、ものすごく不機嫌になるんです。『散らかってみえる』といって……。連絡しないで訪問されると顔に不快さがどうしても出てしまうとよくいってました」

▨楽しみな子どもの成長

恭子さんがいちばん気にかけていたのは、子どもたちのことだった。

榊原さんはいう。

「私、一番感心したのは、男の子三人もいるでしょ、それだけでもたいへんだと思うのに、恭子さんは『母子家庭の子どもだからって、人から後ろ指さされるようなことは絶対にさせたくない』とはっきり口にしていたことです。強く意識していましたね。

『あの子は、お父さんがいない。母子家庭の子だから、ああいうことになる――』とか、『あの子と、つき合っちゃダメ』とか、世間にはそういう親は多いんですけど、そんなふうにいわれたくないって、常々、口にしていました」

子どもたちが大きくなってくると、恭子さんは、とくに長男の貴資君を頼りにするようになった。

「私の片腕だ」と。

「あの子がいないとほんとうに困るよ――。私が働いて忙しい分、あの子が買い物とかしてくれるし、頼りにしてるんだ」とよく話していた。クラスで一、二番の成績の貴資君が恭子さんの自慢で、いい点数をとってくると照れもせず、「貴資ったらね……」とはしゃいだ。

そして、「貴ちゃん、あんたはうちにお父さんがいないからお父さんがわりなんだよ。だから弟たちのめんどうをきちんとみるんだよ」といつも話していた。家の表札も貴資君の名前が出ていた。

下の子どもたち二人が小学校へ行くようになっても、「勉強しなさいよ」とは恭子さんはあまりいわなかった。そのかわり、長男の貴資君が注意していた。

「おまえ、宿題はないのか?」とか、「勉強はしたのか?」と聞く。

弟たちが「宿題ある」と答えると、貴資君は、「早くすませちゃえよー」とか「そんなんじゃ高校に行けないぞ！」と、ハッパをかけて勉強させていた。

「その光景をみて、三人の気持ちが結ばれているんだなあ、と感じました」（榊原さん）

榊原さんが見るかぎり、恭子さんは子どもたちの自由にさせていた。でも、子どもたちは母親のいうことをいつも素直に聞いていた。それが、ほんとうに不思議だった、という。

「明君が小さいころ、病院に来て騒いでも、岡田さんが『あーちゃん。だめだよ、そういうことしたら』というと、一言で静かになった。みんな素直ですし、のびのびしてて、いいしつけだなって思っていました」

子どもたちは伸び盛りだったので、靴でも服でもすぐ小さくなった。だれか一人分だけ買うと、他の二人が欲しがる、それで三人分買わなきゃいけなくなる——。とくに次男と三男がトシ子だったので、耕次君になにかを新調すると明君が「ぼくもいる……」とけんかになる。一番上の貴資君には「お兄ちゃんだから、我慢して……」というが、おもしろくない顔をする。

恭子さんは少ない収入で子どもたちにどうやってものを買い与えるか、いつも頭を悩ませていた。

子どもたちの誕生日も、末っ子の明君の誕生日に、三人分まとめてクリスマスも兼ねてお祝いをした。子どもたちには、その日だけは自分の好きな物が買ってもらえる、一年で一度の日だった。

恭子さんは子どもたちが近所の人から、お年玉をもらっても、それで好きな物を買うのを許さなかった。

「よく考えてどうしてもってほどじゃなければ我慢しなさい！」

子どもたちが自分でもらったおこづかいだといっても、それがもとで兄弟の間でねたんだりけんかになったりする。だから、我慢しなさいと、とくに貴資君には、ふだんからいい含めていた。

病院の忘年会などがあっても、宴席に出たおかずは「子どもたちにあとで食べさせる」といって包み持って帰った。病院の同僚たちはそんな恭子さんを見て同情していた。「あの給料で、よく三人の子どもを食べさせているよね」とみんなが感心していた。「子どもに着せて」と看護婦たちも、代わるがわるおふるを持ってきてくれた。

「いつも『子どもに頭があがらないような親にはなりたくない』『どんなにお金に困っても、ふしだらなことをして、子どもに意見のいえない母親にはなりたくない』といっていました。お母さんは、こうやって生きてるわって胸張って生きていくんだって」榊原さんは、そんな恭子さんの言葉を何度となく聞いていた。

恭子さんは、本気で怒るとこわい母親で、子どもたちを投げとばすのは日常茶飯事だったが、教育方針は、「悪いことをしたら叱る、いいことをしたらほめる」というものだった。「いいことをしたらほめてやるんだ、そうしたら子どもたちはそれがうれしくって、いいことをするようになる。私の教育はそれだけだァ」というのが恭子さんのログセだった。

「明が成人したら、子どもたちとススキノへお酒を飲みに行くのが夢なの……あと何年かしたらそれがかなう……」「子どもたちが学校を卒業するまでは……みんな働くようになるまでは……ガムシャラに働くしかない……」
恭子さんは自分に言い聞かせるように、何度も呟いていた。

狂い出した歯車

しかし、どんなにつましく、切り詰めて生活をしていても、月々の絶対的な収入の不足は、そんな努力だけでは続かないところまできていた。

既に述べたように生活保護が廃止になってからの収入は、月給が手取り七万円程度。それに月四万円弱の児童扶養手当が加わり、さらに月六千円の児童手当と、年に二回のボーナスがすべてだった。生活費は少しずつ不足していった。

▨自転車通勤

ある時期には、恭子さんは少しでも交通費を浮かせたいといって、白石区の市営住宅から病院まで自転車で通ったこともあった。距離にすると十キロメートル、自転車だと四十五分ぐらいかかる。それまでは地下鉄東西線と市電を使って五十分ぐらいかけて通勤していたが、交通費は月額およそ一万数千円。これを少しでも生活費に回そうと思ったのだろう。恭子さんの自転車通勤は一年近く続いた。札幌では夏は爽快だが、春や秋は朝晩けっこう冷えこむ。五〜八月以外は自転車乗りも手や顔を冷たい空気が切るようにしみたにちがいない。

白石区の市営住宅のあたりから中央区の大川病院へは豊平川をはさんでゆるい傾斜になっている。このため朝は楽だが帰りは〝上り〟のきつい道のりとなった。

「生活、少し苦しいから……。体にもいいしね」同僚の榊原さんに恭子さんはよく笑ってそういっていた。

ある朝半ベソをかきながら病院に来たので「どうしたの?」と聞くと、「朝見たら、自転車盗まれてた……」といってしょんぼりしていた。

▨借金

恭子さんは次第に自分のまわりの人たちから少しずつ借金をするようになっていった。

母子寮時代からの友人細川さんと恭子さんとのつき合いは、恭子さんが病院に勤め出し、さらに白石区の市営住宅から通うようになっても続いた。

細川さんの勤め先が病院の近くであったため、恭子さんは仕事の帰りなどによく寄った。

毎月二十日は細川さんの給料日。それから五日後の二十五日が恭子さんの給料日だった。

このため、月末にお金がなくなってくると、恭子さんは先に給料の出た細川さんから借金をするようになった。

恭子さんは、そんなとき、努めて明るく、借金を申し入れた。

「細川さん、また、ちょっと貸してくれるかい?」

額は一回五千円とかせいぜい多くても二万円程度で、細川さんも快く貸していた。

昭和五十五年に、大手企業の独身寮の管理人になり、いわば大企業の〝正社員〟としての身分が保障された細川さんは、札専カード（札幌専門店会カード）というクレジットカードをつくり、買物に利用した。

このころから恭子さんは、月に数度、細川さんの札専カードを借りて買物をするようになる。支払いは二回払いまで無利子であり、買物した翌月に請求書が細川さんのところへ送られてきて、細川さんの銀行預金口座から請求額が実際に引き落とされるのは、翌々月の初めだった。

恭子さんにしてみると、手持ちの金がないときにはずいぶん助かった。カードを借りて買い物をしたときは、その次の月末までには、返す、という約束が自然にできあがった。

几帳面な恭子さんは、細川さんの家へ借金を返しにくるたびに、「病院でもらったからァー」とセッケンの詰め合わせを持ってきたり、二人が好きだったカーネーションなどの花を二、三本束ねて買ってきたりと、気遣いを見せた。

カードを借りるときは、恭子さんから細川さんのいる独身寮へ電話が入る。

「悪いけど、またカード貸してくれるかい?」

まもなく恭子さんが取りに現われ、買物を終えるとすぐ返しに来た。

細川さんは、自分でも「お金に苦労したから几帳面な性格」というが、人からお金を借りたり、貸したりすると、「きちんと支払をすませないと気がすまない」ところがある。

「困ったときはお互い様だから仕方ないけど、私も、あるだけのお金で生活するしかないんだから、きちんと返してほしいし、もし、その日返せないときは電話一本入れてほしい」

カードを貸すときそういって細川さんはよく念を押した。


昭和五十八年四月、三男の明君が小学校に入学した。これで貴資君が小五、耕次君が小二と、三人の子どもが揃って学校へ通うようになった。明君も新品のランドセルを背負って毎朝お兄ちゃんたちと肩を並べて家をとび出して行った。

このころから、細川さんへの返済が少しずつ遅れるようになった。四月に払うべきものが五月になり、七月に払うべきものが九月になった。五十八年四月〜五十九年四月までの一年間、ほぼ毎月の支払いが一〜二ヵ月遅れている。一ヵ月に払うべき金額は五千円から一万円の間であった。

返すのが遅れるようになっても、初めのうちは恭子さんから電話で「ごめん、ちょっと事情があって……」と連絡が入ったが、そのうちに何の連絡もなく遅れるようになった。支払いも、二、三ヵ月分まとめて、という形が多くなった。たとえば、昭和五十八年十一月七千四百八十円、十二月七千四百八十円、五十九年一月六千三百五十円の支払い請求については五十九年一月にまとめて二万一千三百十円を返済している。返しにくるときに花を持ってくることもなくなり、二人の間に気まずい空気が流れるようになった。

返済の遅れを不快に思うようになった細川さんは、恭子さんに二回手紙を書いている。

二回目の手紙には、

「岡田さん、（几帳面な）私の性格を知ってるでしょう？　知っているなら、きちんと返してほしいし、返せないなら、『返せない』ってきちんと連絡してほしい……」

と細川さんのいらだちが記されていた。

恭子さんがカードを借りに来ても、お金を返しにきても、しだいに気づまりの雰囲気ができて、あまり長居することもなくなっていった。

恭子さんからの電話も「カードを貸して——」というほかは、かかってこなくなった。

すでに生活保護が廃止されて一年近くたっていた。このころ、恭子さんは同じ病院の看護婦からもクレジットカードを借りて買物をしては返済する、という状態だった。

細川さんは、恭子さんの返済が遅れ出したことに腹を立て何度か恭子さんの家へ電話した。五十九年四月のある日、細川さんはやはり電話で催促した。

「先月の分と今月の分、返してほしいんだけど……」

電話の向こうからは「うん……」と力のない、気のりしない返事が返ってきた。

その日、病院の帰りに、恭子さんが細川さんの家へ寄った。五千円ちょっとの借金分を細川さんに支払ったが、視線を合わさず、ようすがおかしい。

「どうしたの？　何かあったの？」と細川さんは聞いたが、

「うん……ちょっと……」と、恭子さんは言葉を濁した。

重ねて細川さんが、「何があったのか、話して……」と恭子さんの目を見つめて迫ったが、「病院の人の車待たせてあるから」と視線をそらす。そして「じゃあね」と軽くいって、恭子さんは手をふって帰っていった。

細川さんも手をふったが、あっけなくかわされたことに腹は立つし、複雑な心境だった。

「そのとき、手を振って寂しそうに笑った岡田さんの顔が、今でもくっきりと目に浮かぶんです。あのとき、きちんと話を聞いていれば……」

その後、恭子さんの家に何度か電話をしたが、細川さんも、直接恭子さんと話して気まずい思いをしたくなくて、日中、耕次君や明君のいそうなころを見計ってかけた。しかし、電話には誰も出なかった。困ればそのうち電話してくるだろう、と思っていた。

細川さんはそのあとも近所で恭子さんによく似た人を見かけるたびに「どうしてるかな……母子会のようなところへ入会させたほうが本人のためでは……」と心を痛めていた。

一方、恭子さんも病院の同僚に「母子寮時代の友だちからカードを借りて助かってるんだあー。ふだん返せないからボーナスのときに払ってるんだ」と話していた。

けっきょく、二人の交友は、その最後の支払いで完全に途切れてしまったのである。

恭子さんが餓死して一年以上たってから、細川さんの家を訪れて話を聞いた。

細川さんは何度も、

「私の人間が未熟なものですから……今でも後悔しているんです」

と震える声でくり返した。

貸したお金が返ってこないことに腹を立てるばかりで、彼女のことをなぜもっと真剣に考えられなかったのだろうか——と。

「この前、自分の家の薬箱のなかを整理していたら、袋に『岡田恭子』と名前が書いてあるシップ薬が出てきたんです。大川病院の白い袋で……。私が昔から足が痛くなることがあったものですから、恭子さんが自分の勤めてた病院から、持ってきてくれたものなんですよ……」

細川さんは、女手一つで男女の子どもたちを育てあげた。以前の職場で男性の同僚から「だんなさんがいないと体が寂しがってるだろう」などとからかわれたことも何度かある。そんななかで生活費をやりくりして暮らしてきた。

「この薬袋を見つけたときは、涙が止まらなくてね……ああ、岡田さんが私のためを思って持ってきてくれたんだなあと思うとね……」

そんな互いに思いやる二人が、〝借金〟がきっかけで疎遠になってしまった。

「私、今でも、岡田さんがもし、お金に困って貸してほしい、といってきたら二百万円ぐらい貸せたかどうか、自問自答するんですよ。……多分、貸せなかったかな……いや、貸したかな……このまじゃ間違いなく死ぬってわかっていたら貸せるでしょうけれど……あのとき……」細川さんはふと遠くを見つめる目になった。

「貸してた、と思いたいんですよね……死んだからってことでなくて……」

▨サラ金

人間関係も断ち切ってしまう、借金苦。昭和五十六年十二月で廃止となった生活保護の抜けた〝穴〟は重い現実となって恭子さんにのしかかった。保護が廃止になってから細川さんとの関係が切れた五十九年四月まで、二年四カ月の間に、生活保護の基準生活費との差は月々約八万円あったから、大ざっぱに計算すると八万円×二十八カ月＝二百二十四万円になる。国の定める「最低基準」よりも、岡田さんの家は、このときまでに、すでにこれほども不足する状態でやり繰りしていたのである。

恭子さんは、この期間、細川さんのカードの借金をどうやって返済したのであろうか。このころ、恭子さんは、奥山さんらにも少しずつ金を借りては返している。細川さんのカードの支払いも、けっきょくは返しているがその金はどこから出ているのだろうか。

実は、恭子さんはこの昭和五十八年ごろ、サラ金から借金していることがあとでわかった。

六十一年十月か十一月、恭子さんが最後に勤めていた喫茶店「街角」に男の声で電話がかかってきた。

すでにそのころ、恭子さんは体調を崩して店を休んでいたので、店主の黒田政子さんが出て尋ねると、男はある大手サラ金会社の名前を名のった。

「実は、岡田さんに三年ほど前、五十万円ほど貸したんですが……」

カチンときた黒田さんは、岡田さんの生活事情を話して相手をなじった。

聞いてみると、五十万円の借金の利息は払っているという。そのときも利息分の支払いが滞ったので電話したのだ、と男は話した。利息分だけをいつまでも払わせて元金の借金を残しておくのがサラ金の常套手段である。

同じような電話は、その後も二回「街角」にかかったが、「岡田さんはいない」というと、その後来なくなった。

「街角」に電話をかけた男が、岡田さんに金を貸したという「三年ほど前」は、昭和五十八年ごろにあたる。ちょうど、細川さんへのカードの支払いが遅れがちになった年である。

このころの恭子さんの生活は、こっちの人から金を借り、あっちの人からも金を借り、その返済のためにまた別の人から借りる……という自転車操業の連続だった。そして友人関係による自転車操業が破綻してしまうと、サラ金に手を染める……当然、法外な利息の支払いに追われる生活は、破滅の度を早める。

この昭和五十八年、全国で、サラ金がらみの悲劇が激増した。

妻が夫と子供二人を刺殺（2／6　神戸市）。排ガスによる親子心中（2／20高松市　2／20鹿児島市）。老夫婦と次男首つり（2／23　狭山市）。ガードマンが妻子を殺害（3／2　尼崎市）。放火による自殺未遂（3／16　横浜市）。親子七人排気ガスによる無理心中で四人の子供が死亡（3／20　中津川市）。

愛知県稲沢市の団地では、サラ金の取り立てに苦しんだ両親が、無理心中を図り、二人の子供を絞殺した（3／22）。

サラ金業者は、殺された子どもの卒業式や通夜の席にまでおしかけ、玄関には「ウソつき女連絡せんか」「〇〇（名前）！　至急事務所に来い!!」などのビラを張って取り立てを行なっていた。

大蔵省の調べでも、サラ金業の開業届は、五十四年五十五年は全国で千件台だったのが、五十六年になって一万四千件を上回った。この結果、全国のサラ金の店舗数は、五十一年末の約一万九千店から五十七年末の四万十四店へと、七年間で二倍以上に激増している（全国サラ金問題対策協議会調べ）。札幌や函館でもこの頃、街のメーンストリートに軒並みサラ金業社が出店、歩けばいやでも看板が目に入るという状況が生まれた。

サラ金苦による悲劇を伝えるニュースを見て、恭子さんは「サラ金は、どんなに困っても行っちゃいけないよね……」と自分にいいきかせるように話していた、と榊原さんは覚えている。すでにこのころ、サラ金からの借金をしていた恭子さん――。誰にも告げずにどうやって苦境を抜け出そうとしたのだろうか？

▨アルバイト

昭和六十年秋ごろ、病院の上司である宮寺事務長は、オヤッと思った。昼休みになっても、卓球台のそばに恭子さんが来なくなったからだ。

「きょうちゃんどうかしたの？　あれだけ好きだったのに」

「最近、疲れちゃって……補修室で昼寝しているんです」

このころ、恭子さんは、「夜、アルバイトしたい」と宮寺さんに相談しているが、宮寺さんは「子どももまだ小学生だし、規則上もだめだよ」と答えている。そのとき恭子さんも「はい」と返事をしていた。

恭子さんが夜、市営住宅の近くの居酒屋「のんべえ」で働きだしたのは六十年の冬からである。もっとも、「働きだした」とはいっても、恭子さんは客として通っているうちに女主人に勧められて、週二回カウンターのなかへ入って手伝うようになったというほうが正確かもしれない。

訪ねてみると、そこは恭子さんの住む市営住宅から歩いて十分ぐらい、住宅街を走るバス通りに面してあった。演歌の歌声が外まで響いている。入り口に小さなちょうちんが六個ほどともり、のれんをくぐると、十人ほど座れるカウンターが逆「L」の字型に伸びていた。店内は薄暗く、裸電球で照らされ、装飾らしいものはほとんどない、地味な店である。木のカウンターを、まん中に穴のあいた丸イスが囲み、カウンター内にはおでんを仕込んだステンレスの鍋がある。棚に並んでいるのはほとんどが焼酎である。簡易石油ストーブ三個、丸イスなどが無雑作に隅に寄せられている。

主人は六十歳の背の低い銀髪の女性だった。二度事業に失敗した、という苦労人であるが、見るからに強気で明るい雰囲気を持った人だ。カウンターのなかには、その主人と中年の女性がいて、おでんの突き出しを皿に盛りつけていた。お客さんは、つなぎの作業服を着た建築関係者風の人、近所の商店を経営する七十五歳の老主人、その奥さん、若いカップル、自営業者らしいポロシャツ姿の中年男性、子づれの主婦などが入れかわりでやってくる。ほとんどが常連客のようで、主人を「ママー」と呼び、女主人も客を「トンボさん」とか「ヨシちゃん」などと愛称で呼ぶ。アットホームな飲み屋さんだ。どの人がお客さんで、どの人が店の人か、一見よくわからない。女主人の気さくな人柄のせいか、店中が明るく盛りあがってる。知らない客同士でも気軽に声をかけあって話をする。料金もビール三〜四杯飲んで一品食べて一人千円〜千五百円と安い。近所の人たちの小さな寄合場とでもいう雰囲気だろうか――。


楽しい店の雰囲気に惹かれて、恭子さんも病院の帰りや、子どもたちに夕食を食べさせてから、この店に来るようになった。

生活保護を廃止になって、四年近く経っていた。貴資君は中学校へ入り、耕次君は小四、明君も小三と、ますますお金がかかるようになり、サラ金など借金の返済に追われていた。

下の子どもたちは貴資君が目を届かせていたのでさほど手がかからなくなっていた。

恭子さんは、職場でも、家庭でもない、自分だけのこの空間をひんぱんに訪れるようになっていった。そして、気さくな女主人に、店の手伝いをやってもいい、と応じたのである。勤務は人手のいる土、日の週末など週二回ほどで、夕方七時ごろから、深夜の一時ごろまで——。時給計算で日払いにしてもらい、一回三千円から四千円ぐらいを店が終わると受け取っていた。

そのうちに店のほうからも、忙しいときや誰かが休んだときに家に電話がかかってくるようになってきた。

店が終わると主人や客に誘われ、「のんべえ」の二階にある主人の家の居間で朝まで麻雀をしたり、近所の別の店へお客さんや同じパートの女性たちと飲みに行くこともあった。

「土曜日とかに麻雀をやったりもしました。あまり恭子ちゃんが負けると、みんなで負担してあげたりした。みんなで飲んだこともあるけど、せいぜい千円、二千円だからね……」

当時を知る客の一人はいう。

お店の人もお客さんも、みんなで遊ぶという雰囲気——、母子家庭ということで、それまでとかく肩肘張って生きてきた恭子さんにとっては、これまでまったくなかった新しい人間関係だった。肩の張らない、庶民的で楽しげなひととき……。サラ金の取り立ても子どもたちを育てる苦労も、一瞬忘れさせてくれる世界だった。

大川病院では、アルバイトは禁じられていたので、恭子さんは病院の人には黙っていた。ただ一人、同僚の榊原さんには打ちあけていた。

「子どもたちにおやつの一つも食べさせたいからさ……おやつ代だけでも出そうと夜働いてるんだけど、そのあとお客さんと飲みに行ったりすると、とんとんなんだ……」

週末、恭子さんの生活ぶりはハードなものだった。朝六時半には起きて朝食をつくり、子どもたちに食べさせる。八時前には家を出て、九時から夕方五時まで病院勤め。それから家に戻って夕食の仕度をして、夜七時ごろから居酒屋へ出勤。夜中の一時二時まで客の相手をする。

このころ、病院で帳簿つけをしながら、恭子さんが「なんだか眠くて……どうしても合わないわー」と呟いていた、と同僚たちは話している。

〔III〕赤信号

登校拒否

次第に重くのしかかってくる借金の苦悩。あちこちから借りては返す自転車操業、友人との断絶、夜の仕事にまで出るようになる生活の変化——そんなときに三男の〝登校拒否〟が起きた。

「辞退届」から四年半、月々の絶対的な生活費不足を穴埋めできずにきていた無理が、いよいよ高じ、このままでは一家の生活が破たんするという、〝赤信号〟だったのかもしれない。

子どものためにも一時休職して生活保護を受け、今のつなわたりの状態に一時終止符を打ち、再度、あの母子寮時代のように、精神的にも経済的にも最低限安定した形で生活を立て直さなければならない事態だった。

が、しかし、生活保護を受けることはできなかった。

二月に病院を休職、翌月から喫茶店と居酒屋づとめで〝その日暮らし〟ともいえる生活の、これ以降の時期、生活のたて直しのチャンスを失った恭子さんの暮らし振りは急速に変わっていく。

明るく勝ち気で、だれからも好かれ、子どもの成長を楽しみに一生懸命働く頑張り屋——そんな姿がみるみる失われていき、はた目には投げやりとも見える姿をみせることになる。

十月、からだをこわし、仕事をつづけられなくなるまでの半年間のことである――。

昭和六十一年一月、ちょうど恭子さんが亡くなる一年前、冬休みが終わったころから、恭子さんの勤める病院に、小学校の先生から何度か電話がかかってくるようになった。

「明君、きょう風邪ですか？　学校お休みしてるようですが……」

慌てて家へ帰ると、明君はうちでテレビをみていた。「どうして学校へ行かないの？」と聞くと、「ちょっとお腹が痛かったから」とケロッとしていう。「今はもう治った」と続けていう。

恭子さんは病院に通うため朝八時少し前には家を出ていたが、子どもたちはそのあと家を出る。明君がいったんは学校へ行ったものの、「頭が痛い」「お腹が痛い」と早退して、担任の先生から、「頭が痛いというので早退させました」などという連絡が、病院に入るようになった。また驚いて家へ帰ると、明君は外で遊んでいる。そんなことが重なるようになった。

朝、学校へ行く前にお腹が痛くなる、吐いてしまう、頭が痛くなる……、仮病というよりも、ほんとうにそんな症状が襲う。恭子さんが、「じゃあ、きょうは家で寝てなさい」といって仕事へ出ていくと、そのうちに気分も良くなり遊んでいる。そんな状態だった。いわゆる〝登校拒否〟である。

（恭子さんの死後、明君の通っていた小学校に問い合わせると、「登校拒否はなかった」という答が返ってきた。この点についてあるベテラン小学校教師は「学校は、〝病的な登校拒否〟と断定できるものじゃないと、〝登校拒否があった〟とは認めない。学校や担任の指導力に至らないところがあったと評価されるからだ。だから、担任もウスウス、登校拒否かな、と思っても、なかなか学校にも報告しないのが実態だ」と話している）

下の階の奥山さんのところで、恭子さんはよくこぼしていた。

「明がね学校いかなくてねえ……。朝になったら『腹痛い』、学校に行っても『具合悪い』っていって、勤め先に先生からよく電話がくるの……」

学校の参観日は必ず病院を休んで出席し、父母遠足などの行事もほとんどに参加していた恭子さんだが、明君の問題には頭を悩ませた。

病院の同僚、榊原さんにも、「私が家を出る時はとても元気なのに……。やはり私の方が先に家を出てしまうから、ダメなのかしらね……」と悩みを話している。

「自分が、子どもたちを見送ってから、出勤できれば一番いいんだけど、それじゃあ、毎朝遅刻することになるし……」

▨休職

恭子さんは病院の上司である宮寺事務長や病院長に明君のことを相談した。このとき恭子さんは「子どもが心配なので少し休ませてほしい。時間をください」と申し入れている。

大川病院は、精神病院であり、外来患者のなかには、心を病んだ子どもたちが大勢いる。病院長は、登校拒否などのケースは、母親のスキンシップがいちばん必要だと判断して、恭子さんに、〝休職〟

することを勧めた。心の問題だから二、三ヵ月では治らないかもしれない。いっそのこと一年ぐらい休職ということにして、じっくり親子関係を強くしていけばいい、と。病院側は、恭子さんが七年近く働いた勤務ぶりを高く評価し、あえて〝休職〟扱いにした、という。雑役の仕事が榊原さん一人にかぶさってしまうが、新しい人を補充せず、現在の人員をやり繰りして、いつでも恭子さんが戻ってこれるようにと配慮したのだった。

宮寺事務長は、この休職は恭子さんが生活保護を受けることを前提としていた、と話す。

「だって、収入がなくなってしまうわけですからね……、当然、生活保護を受けて、子どもたちの面倒をみることを前提にしていました。病院としても生活保護を受けやすいようにと、休職にしたわけですし」

けっきょく二月の初め、恭子さんは大川病院を休職した。その十日ぐらいあとも、事務の引き継ぎで、入退院の寝台帳など帳簿のつけ方を看護婦に教えるため病院に顔を出した。そのとき恭子さんは冗談で生活保護を受けるといくらになるか計算して、「生活保護をもらったほうが収入ふえるのよ」と笑っていたという。

このときのことを宮寺事務長はこう話す。

「『なかなか、(生活保護を)もらえないんだ、福祉事務所は厳しくて』とは、話してました。だから、学校に頼んで〝子どもの登校拒否で働きたくとも働けない状態である〟と証明書を書いてもらってはどうか、と勧めたのを覚えています」

歯車のきしみ

▨受けてなかった生活保護

しかし、このとき恭子さんは、けっきょく生活保護を受けていない。生活保護を求めに福祉事務所に相談に行ったのかどうか、白石区福祉事務所に問い合せると、「相談に来た、という記録はない」という。

札幌市では、生活保護の場合、申請にいたらない〝相談〟についても、すべて記録に残すことになっている。それなのに恭子さんの相談記録はない。しかし、ワーカーたちに聞くと、「繁忙期に忙しくて面接相談員が応対できないときに地区担当者が話を聞くことがあるが、そういう場合は記録に残らないし、面接担当者が応対しても、たんに制度はこうですよ、と説明する場合はいちいち記録しない」という。だから記録に残っていないとはいえ恭子さんは六十一年の二月ごろにも福祉事務所に行っている可能性は残る。

「このころ、福祉事務所に申請に行って断られたのは確かだと思いますよ。病院の事務室からも生活保護のことで福祉事務所に電話していましたし、私も心配になって、会うたびに『生活保護はどうだった?』とたずねてましたから……。彼女は『行ってきたんだけど、〃働け〃といわれ、厳しい』と話していましたけど……」宮寺事務長の話である。

恭子さんは「三カ月ぐらいで復職したかった」とも、親しい看護婦に漏らしている。「子どもといっしょにいさせたい」という病院の配慮も、生活保護の受給が事実上難しくなっている現状ではアダになってしまった。

その後も、榊原さんは、恭子さんの生活を案じて、たびたび家へ電話しては、生活保護を受けられたか、と聞いている。

「退職してからも何度か福祉事務所へ行ってると思います。『恥ずかしくて人には聞かせられないようなことといわれた。あんなことといわれたら、もう二度と行きたくない』って何度も話していましたから」と榊原さんは確信している。

事実だとすると恭子さんが生活保護を申請しようとして断られたのは亡くなる前年の十一月だけでなかったことになる。

こんな恭子さんが、五月の連休すぎあたりに、宮寺事務長や榊原さんにたずねられると「生活保護をもらえた」というようになった。

実際には保護は受けていなかったのにもかかわらず——。

榊原さんは、休職後恭子さんが喫茶店に勤めていることは打ち明けられていたが、「一日三千円」

というパート収入では、一ヵ月休まず働いて、さらに児童扶養手当や、週一、二回という夜の居酒屋のパート収入があっても、とてもやっていけない、と思っていた。

そこで恭子さんに、「市のほうから、もらってるのかい？」と生活保護の受給について何度も尋ねている。

恭子さんは、「よかったァ、やっと出るようになったんだ」などと答えていたが、わざと安心させてるみたいで、いい方がぎこちなかった。

「なんとなく、引っかかっていたんですが……」

恭子さんは、病院を休職した直後、居酒屋で一緒に働いていた女性かなちゃんにも、生活保護については、「一度、切られているから難しいんだ……」と不安を漏らしていた。

かなちゃんは、「とりあえずやってみたら？」と勧め、恭子さんも「うん」と答えていた。

このとき、かなちゃんは、恭子さんに三万円貸しているが、しばらくしてから恭子さんが返してくれた。

「まだいいのに……」というと、恭子さんは、「ようやく生活保護をもらえたから大丈夫よ」と明るくいって返したという。

このころ、市営アパートの奥山さん夫婦からも三万円借りて、しばらくしてから返しているが、借金であちこちほころびはじめた生活を何事もないように繕うのに必死だった。

▨喫茶店「街角」

六十一年三月、恭子さんは、豊平区の喫茶店「街角」で働き出した。日曜日が定休日で勤務時間は午前九時から午後五時まで、昼食付きで日給三千円。本人の希望で日払いにしていた。夜も週一、二回居酒屋で働き、こちらも一晩三千円程度。合わせても手取り十万円に満たない。このほか月平均四万円弱の児童扶養手当を四月に三ヵ月分まとめてもらっている。この収入でサラ金の返済もしながら、一家四人が生活していかねばならなかった。

「街角」は札幌の中心部・繁華街ススキノから南下し、豊平川を渡ってすぐの国道沿いにあった。恭子さんの市営住宅からは、地下鉄と徒歩三十分くらいである。店内はカウンター席にイスが五つ、テレビゲームを置いたボックス席が四つの、ごくありふれた飾り気のない店である。

恭子さんは、コーヒーの入れ方をすぐに覚え、定休日以外は休むことなく働いた。経営者の黒田政子さんが障害児を抱える母子家庭だったので、子どもの学校への送り迎えなどで忙しく、店のほうは、ほとんど恭子さん一人にまかせきりだった。

常連客に聞くと、店での恭子さんは暗い印象だったという。

なじみのお客さんたちとあまり話をかわさなかったが、ただ、子どものことだけは、店主の黒田さんなどに話し「うちのお兄ちゃん、新聞配達しているんだよー、月七千円足らずだけど、助かるんだー」とか「お兄ちゃん、この前、大きくなったら母さんを楽させてやるからねーっていってくれた」とうれしそうに自慢していた。

黒田さんの家へ子どもを泊まらせたり、黒田さんが恭子さんの部屋を訪れることもよくあった。

小学校の春の運動会には、黒田さんも応援に行き、子どもたちに声援を送った。黒田さんは、昼も夜も働く恭子さんに「あまり無理をしないで」といっていた。やりくりに困っていたのはわかってたので、月末には、「あんた、お金あるの?・」とさりげなく聞き、「米代貸そうか?・」「子どもたちにジャージ買ってやりなさい」といって少しずつ金を握らせた。

「岡田さんは、自分から積極的にそういうことをいう人でなかったから、そうでもしないことには、困ったままだったでしょうね」と黒田さんはいう。

退職

六月に入り、大川病院は休職中の恭子さんにボーナスを支給している。支給額は通常の半分だったが、病院側が恭子さんの生活を案じて出したものだった。

このころから、宮寺事務長が恭子さんの自宅に電話しても、恭子さんが出ないことが多くなった。昼も夜も明君が出て、「あっ、宮寺のおじさーん。母さんね、今働きに行ってていないョー」という返事。

七月のある日、朝ならいると思い、宮寺さんは、午前八時に市営住宅を訪れた。

恭子さんは「今から勤めに出るんだけど」といいながらも、宮寺事務長を居間に通してお茶を出した。

このときの恭子さんは、宮寺さんから見て「決して明るくはなかった」。少し疲れがたまって気分が落ち込んでいるように見えた。

そのとき宮寺さんは、座りゴタツのテーブルの上でオヤッと思うようなものを見つけた。電気、ガス、石油などの督促状みたいなものが束になって載せてあった。なかには、○○信販など、サラ金業者からの請求書もあった。すでにガスは、料金未納で六月に止められていた。市営住宅の減免手続の更新も前の年の十二月からしておらず、家賃もたまっていた。

それを横目で見ながら宮寺さんは「きょうちゃん、……生活保護、受けてるんでしょう？」と聞いてみた。

「うん、やっと受けられたの。でも厳しいんですよ。福祉事務所で一時間でも二時間でも働けっていわれるし、同じ団地に民生委員がいて、あることないこと福祉事務所に通報するんですよ」

宮寺さんを安心させようと思ってなのか、恭子さんは、そんなうそをついた。

だが何度も「生活保護」を口に出しているところから、生活保護をかなり意識して暮らしていたことは容易に想像できる。

「自分も、あれさえもらえばこんなにつらい思いをしなくていいのに……」と。

内心、そんなふうに思っていたのではないだろうか？

宮寺事務長が市営住宅を訪問して十日後、恭子さんは、「このままでは病院に申し訳ないから、正式に退職します」と大川病院に退職を申し出ている。

宮寺事務長は引き止めようとしたが、「雑役の仕事も、榊原さん一人ではたいへんだし、代わりの人を探すのも私がいては簡単にはいかないだろうから……」といってきかない。〃退職〃となると、退職金が十万円ほどあったが、恭子さんは、「現金でほしいんです」と宮寺さんに頼んだ。

「生活保護を受けていると、退職金が出ても生活保護費から引かれてしまうので、銀行振込だと困るんです」

けっきょく宮寺さんは現金で手渡したが、生活保護を受けていない恭子さんはなぜうそをついてまで「現金」にこだわったのだろう？　いずれ生活保護を申請するときに受けやすいように、と考えたのかもしれない。

さらに考えられるのは、預金通帳と印鑑をサラ金業者にもっていかれたのではないか、ということである。預金口座に振り込まれる収入は、すべてサラ金の利息の返済に充てられてしまう。それであえて、「現金払い」を求めたのではないだろうか。

このころ、喫茶店も居酒屋も、すべて日当で、その日払いにしてもらっている。サラ金の手が伸びないように、そして万が一の時にはいつ店を辞めてもいいように、という「知恵」であったのだろうか。

▨切れた糸

病院を休職したあとの恭子さんは、一日仕事を休むと、とたんに収入がなくなってしまうパート労働の不安を感じながら、働かねばならなかった。サラ金からの取り立てや家の郵便受けに入ってくるさまざまな請求書、となり近所や友人からの借金、そのなかでの子育てというめまぐるしい渦のなかで、それまでの人生で張りつめていた糸がぷつんと切れたように居酒屋に入り浸るようになった。

喫茶店と居酒屋に勤めていたころ、もっとも親しくしていたのが、かなちゃんである。年齢もほぼ同じ、二人の子どもがいて、旦那さんが単身赴任をしているかなちゃんも、白石区の居酒屋「のんべえ」の近くに住み、客として通いながら、お店を手伝っていた。太っ腹な男勝りのところがあるかなちゃんに、恭子さんは、よく電話をかけては誘った。

「ねぇ、きょう、飲みに行こうよ……」

喫茶店「街角」からも、恭子さんはかなちゃんに電話をかけた。

「ちょっと、〝街角〟に来てー」

極端なときは、朝電話がきたかと思うと、昼も夜もかかってくる。そんな恭子さんは「すごい寂しがり屋だった」とかなちゃんは回想する。電話で話をし、「街角」や他の喫茶店でおしゃべりをし、夜は夜で、「のんべえ」か、その近くの居酒屋「長州」(後に恭子さんは、この「長州」で働くようになる)で、いっしょに飲む。

どちらかが、店の出番のときは、片方は客としてつきあう——ほんとうに毎日のように会っていた。

「極端な強さと、極端な弱さを合わせ持つ人」というのがかなちゃんの印象である。

「自分の弱みは見せない人だったわね、そりゃあ、給料日前に『お金がないわー』という話はするけれど、でも、弱音はぜったい吐かなかった」

一方で、恭子さんは「悩みごとがあると、ものが食べられなくなるの」と打ち明け、繊細な面もみせていた。

居酒屋での恭子さんは、あまり大声で話すというほうではなかったが、酔えば陽気になった。カラオケは、吉幾三の『雪国』が大好きで、男の客に歌ってくれるようせがんでいたが、自分ではけっしてマイクを握ることはなかった。人が歌うとそれに合わせて、口ずさんだりする。それを聞くとけっしてへたではなく、いい声をしていた、とみんないうのだが……。

字がきれいで、ボトルキープの客の名を瓶に白いマジックでじょうずに書いた。料金の明細書にも整った字を書いた。昔スポーツをやってたから足が太い、というのがコンプレックスで、最初のうちはズボンしかはかなかったのが、居酒屋の仕事で、ワンピースを着るようになった。「病院に勤めていた」とはいっても何の仕事かは知らせず、しかも「精神病院というのは黙っててね」とかなちゃんにいっていた。

「とにかく、美人だったから、お客さんとかで恭子さんに熱を上げる人は多かったわ。アクセサリーやバックなどのプレゼントは、けっこう多かった。露骨にワイ談とかしてモーションかける人もいたけど、そんなのにはけっしてのらなかった。恭子さんが酔ったときに聞いたけど『俺の二号にならないか』という申し出をする客もいたようよ」

恭子さんは、家にいたくなかったのか、しだいに毎晩外で酒を飲むようになっていた。店の常連客に「仕事がないときは、子どものために家へ帰ったら?」といわれて「うん」とはいっていたが、実際には、かなちゃんと飲み歩いていた。かなちゃんは、このころ恭子さんの家のガスが止められていた、ということを死後知り、とてもショックを受けたそうだ。

夢

▨「彼」との再婚話

恭子さんは自分の生い立ちや離婚の経緯についてあまり話さなかった。病院時代の同僚の榊原さんにだけは、離婚について、「夫に縁がないというか……とても苦労した」と話している。

再婚するつもりはないのか、と榊原さんが尋ねると、恭子さんは、「私は一回、そういう失敗しているから、少なくとも子どもたちが成人するまでは、再婚するつもりはないわ」ときっぱりといっていた。

恭子さんは、気が強いため男の人をちょっと寄せつけないところがあった。病院の職員の宴会で飲み屋に入ると、声をかけてくる男性の酔客もいたが、恭子さんはまったく相手にしなかった。

そんな恭子さんにも好きな男性がいた、とかなちゃんから聞いた。

その「彼」は、恭子さんより五歳年下で、「のんべえ」の常連客だった。ハンサムで年よりもかなり若くみえる「彼」は、たいてい、「先輩」と呼ばれる中年男性と一緒に店に来ていた。

「先輩」の方は、恭子さんよりも少し年上。離婚歴があり、仕事で韓国へよく行く、といっていた。

当初はこの「先輩」が、恭子さんのことを気に入り、「彼」をともなって熱心に店に通い、アプローチしていたという。自然に「先輩」「彼」、恭子さん、という組み合わせで飲むことが多くなっていった。

かなちゃんにいわせると、「先輩」はやさしい男性で、頼りがいがありそうにみえた。

「でも恭子さんは、私と二人で話すときは、『先輩』のこと、いやだっていっていたわ。旦那さんにするんだったら、こういう人がいいよ、と私はいっていたんだけどね……。なんだかんだいっても、きちんと給料持って帰ってくるのが最低条件でしょう？　でも恭子さんは、そういうの、見る目がなかったみたい」（かなちゃん）

「先輩」に比べ「彼」は仕事も不安定で頼りなくみえた、というが、恭子さんはしだいに「彼」に惹かれていったようだ。

ある夜、「彼」と恭子さん、それにかなちゃんの三人が居酒屋で酒を飲んでいた。恭子さんがトイレへ立ち、いなくなったほんのちょっとの間に、「彼」はかなちゃんに「俺たち、結婚しようと思ってるんだ」と、打ち明けた。

六十一年の春ごろのことである。かなちゃんはそのあと恭子さんの口から「『彼』の実家へ行って両親に紹介された」とか「『彼』がうちへ遊びに来て、子どもをかわいがってくれるの」とか聞かされている。

「彼」には、市営住宅の階下に住む奥山さん夫婦も会ったことがある。

日曜日の昼すぎ、奥さんが世間話でもしようと、恭子さんの家へ行くと、玄関におとなの男物の靴が揃えてある。アレ？　と思っていつものように居間に入ると、ロひげをはやした細面の男性がいた。礼儀正しく、感じのよい男性だった、という。

「お客さんなら、後にするわ」というと、恭子さんは、「いいよ、いいよ、入んなさーい」と、招き入れた。

このとき子どもたちは三人とも家にいて、「彼」のそばに、耕次君と明君がよりそっていっしょにコーヒーを入れたり、トーストを焼いたりしていた。奥山さんもコーヒーをいっしょに飲んで世間話をした。そのあと「彼」は日曜日などにやって来るようになり、奥山さんの家で、いっしょに麻雀卓を囲んだこともあった。

「岡田さん、なんかこう嬉しそうで……夫婦気取りっていうか、世話をやいていましたね」

奥山さんは、なつかしそうに目を細める。

六月の運動会に、「彼」は、耕次君、明君の応援にも来ている。昼には、いっしょにお弁当をつっつきあったという。

その後、「彼」は肝臓を悪くして病院に入院した。恭子さんは何度も花を持って病室を見舞った。はた目にはかいがいしいほどの献身ぶりだった。

しかし、「彼」の肉親に聞くと、

「岡田さんが一方的に惚れてましてね……。『彼』のほうは全然でした。いろいろ、お金の相談とかにはのって上げて援助もしてやったことがあるみたいですけど……。結婚対象というより『彼』は逃げ回っていたんですよ」という。

この肉親の人は、二人のことを、あまり歓迎していなかった印象で、微妙な食いちがいをみせている。

かなちゃんの話では、「彼」は退院後しばらくすると仕事で東京へ行った。それっきり恭子さんのもとへ電話もほとんどよこさず、恭子さんは、「連絡がないの……」と寂しそうにしていたという。

▨「お店がもてるかも」

かなちゃんから、恭子さんがこの年（昭和六十一年）の春から秋にかけていっときやけに張り切っていた、と聞かされた。喫茶店「街角」の経営者である黒田さんが、「居酒屋を持たせてくれる」というのである。

「いい場所探しているんだわー。どこかいいとこないかな?-」

よほど嬉しかったのか、行く先々で吹聴して歩いた。

「恭子さんは「のんべえ」のあと勤めた居酒屋「長州」のご主人にもたずねている。

「恭子さんは、本気で店を持つことを考えていたみたい。〝店持たせてもらえる〟という一心で働いていましたから——。その希望と、『彼』との未来に、〝夢〟を抱いていたのかも——」(かなちゃん)

榊原さんも十月ごろ、恭子さんと最後に会っているが、このとき「ひょっとしたら、お店が持てるかもしれない」と話していたと記憶している。

「お店が持てれば、一家四人で生活できるだけの収入は入る……と考えていたんだと思います。生きる望みをそこにかけていたのではないでしょうか……」

この点について喫茶店経営者である黒田政子さんは次のように話している。

「岡田さんは、『私、昼(の仕事)は恥ずかしい』とよくいっていました。喫茶店にいるとカウンター越しにお客さんと話もできない人でしたから。少しお酒が入ると陽気になってふつうにしゃべれるようになったんで、私が、『そのうち居酒屋とかも経営するようになるから、そのときは、お店をまかせるわね』とはいったんですが……」

意外だ、という受け止め方をしている。

「彼」との結婚のことも「お店を持つこと」も、恭子さんがどれだけ現実的なものとして、期待を寄せていたのかはわからない。しかし、そのどちらもが、実際の生活苦のなかで身動きがとれなくなった恭子さんにとって、精神的な支えになっていたにちがいない。しかし、それはかなわぬ夢に終わった。

借金苦

▨居酒屋への電話

恭子さんが夜、働いていた「のんべえ」にも何度か、不審な電話がかかってきた。

「岡田恭子さん、いらっしゃいますか?」ときわめて事務的な男の声。「お客さんなら声を聞いたらすぐわかるけど、聞き覚えがなくて……たぶんサラ金だったのでは……」と女主人は、話している。サラ金からららしい電話が来た八月ごろ、恭子さんは、「のんべえ」の常連客の一人から十万円借りている。しかしなかなか返せなくて、恭子さんは気まずい思いをするようになったらしい。九月になると、恭子さんは、ぷっつりと「のんべえ」に姿を見せなくなってしまった。土、日は恭子さんの出番だから、来ないと店は困る。金を貸した客も不安になって女主人に、恭子さんの消息をたずねた。

いろいろ聞いて回ると、恭子さんは、「のんべえ」から、徒歩で二十分ほどのところにある「長州」という居酒屋で働いていることがわかった。「長州」は「のんべえ」のお客さんたちが、よく飲みに行く店で、恭子さんもかなちゃんと飲みに行き、なじみになっている店であり、かなちゃんも働いていたことがあった。

「のんべえ」と同様、木のカウンター中心の居酒屋で、カラオケがあり、ホッケやカレイなど焼魚を出す縄のれんの店である。二十人も客が入れば満席で、雑居ビルの地下にある。月曜から土曜まで働くことにして勤務時間は午後七時から、深夜一時ごろまで、やはり日払いにしてもらっていた。

恭子さんが無断で店を辞め、「長州」に勤めてるのを知った「のんべえ」の女主人は激怒して、「長州」に血相を変えて怒鳴りこんだ。

「ちょっと、岡田さん、話がちがうでしょ！」

こうして、「長州」には、土、日になると「のんべえ」の女主人から電話が入るようになった。

「岡田さん、行ってない？」

かなちゃんもある日「長州」に行くと、連絡がなくて心配していた恭子さんが中にいたので腹が立ったという。それから二人の関係もなんとなく途切れてしまった。

「長州」の主人も、トラブルは嫌だったので恭子さんに、「土、日は、あっちの店へ行きなさい」といったが、恭子さんは行かなかった。

額の禿げ上がった、小柄な主人は、「岡田さんは、明るい人だったよ。ハキハキしてお客さんへの愛想もよくてね……」という。

店と市営住宅の距離が少しあったので、毎晩午後六時五十分ころ、市営住宅の前に車で迎えに行き、恭子さんが階段を降りてくるのを待った。帰りも、深夜の一時すぎに車で送った。

「店には『彼』も来ていましたよ……。恭子さんは『彼』と結婚するってはしゃいでいたね」

恭子さんは〝雪国〟が好きだった、という話をここでも聞いた。「長州」のカラオケは、テレビ画面に歌詞が出る仕組みになっている。カラオケ歌集を見せてもらうと、〝雪国〟は印刷されてなくて、「ゆ」の欄外にボールペンで「吉幾三　雪国」と書いてあった。ひょっとしたら恭子さんが記入したものかもしれない。自分ではけっして歌わなかったというが……。

「逢いたくて恋しくて　泣きたくなる夜
そばにいて少しでも　話を聞いて
追いかけて　追いかけて………」（「雪国」より）

はかない夢と募る不安の交錯するなかで、くり返し、くり返し、恭子さんはどんな思いでこのうたを聞いていたのだろうか……。

▨寝込み、医者にもかからず

この「長州」にも、サラ金らしい男の電話は数回かかってきた。

「もしもし、そちらに岡田恭子さんという方勤めていますね。今、いますか?」

この電話が来てしばらくして、恭子さんは、「長州」にもぱったりと来なくなった。最初は「風邪をひいた」といって休み、その後も来ないので主人が何度も電話したが、応答がなかったという。はた目にも明らかに過重に見える「長州」での勤務はけっきょく、三週間ほどで終わったのである。

このころ、「街角」のほうも、「風邪をひいて」休むようになって、来なくなっているが、十月中旬でほぼその時期は重なっている。

「のんべえ」の女主人によると、当時、恭子さんは落ち込みやすく、何か心配ごとがあると、よく吐いていた、という。

気になること、不安なことがあると、ごはんが食べられない。食べてもゲーゲー吐き出してしまい、何日も食べられなくなってしまう。

もともと病院に勤めていたころから恭子さんはちょっと風邪をひいても吐いたり、下痢したりが続き、一週間ぐらい寝込むことがよくあった。血圧が低かったが、健康診断で異常はなかった。

そんな体質にくわえ、朝から深夜遅くまでの無理な労働が恭子さんの身体を限界まで疲弊させていた。さらにサラ金からの督促や、まわりの人たちからの借金などで恭子さんは精神的に極度に追いつめられていったにちがいない。死後、子どもたちが明らかにしたところによると、このころ恭子さんは、寝こんで動けなくなり、吐いてばかりいたという。

体調をくずした恭子さんには、病院で診察を受けるお金もなかった。病院を退職してからは健康保険証もなくなった。保険料の高い国民健康保険に入る経済的な余裕もなかった。

風邪を悪化させた恭子さんは、全額自己負担となる病院へは、行きたくても行けなかったに違いない。本来ならば注射一本で治るはずの風邪も、ますます長びき、こじらせてしまって寝込んだ。精神的不安も募って、食事をまったく受け付けない状態で衰弱していった。

近所づきあいも避けて

このころには、親しかった同じ市営アパートの奥山さん夫婦や成瀬さん、病院時代の同僚榊原さんらともほとんど交流がなくなっていた。

奥山さん夫婦は、九月頃から、恭子さんと連絡をとろうと電話をかけていたが、恭子さんは出なくなっていた。

最後に、恭子さんが奥山家へ来たのは、八月の第一日曜日の団地恒例の草刈りの後だった。それが恭子さんを見た最後となってしまった。

恭子さんは病院をやめたことを奥山さんには知らせず、近所の人から、恭子さんが毎朝、地下鉄の豊平駅で降りてる、という話を電話で聞いた奥山さんのご主人が、「仕事かわったのか?」と聞いても「ううん、なんにもかわってないよ」と答えていた。

榊原さんは、恭子さんが病院を正式に退職した七月以降も二度会っている。最後に会ったのは、秋ごろ、十月に入っていたかもしれないという。昼間の勤めのあと喫茶店で待ち合わせてお茶を飲み、食事をした。

「子どもは大丈夫？」と聞くと、「きょうは榊原のおばさんとお茶飲んでくるから、といってご飯の仕度してきた」と恭子さんは笑って答えた。

そのときもとくに変わったようすはなく、ただ「将来、お店をもてるかもしれない」という話を目を輝かせてしていたという。

榊原さんは十一月初めに恭子さんと電話で話している。「元気かい？」と聞くと「うん、元気よ……」とはいうものの声に張りがない。いつもなら受話器をとるなり「もしもし岡田です！」と明るいこたえが返ってくるのに、

「あんた、具合悪いんじゃないの？」とさらに尋ねたが「いいやー」という。榊原さんは、お金がないのかな、と思ったそうだ。

十一月末に電話すると、すでに電話は通じなかった。

お金のことでいえば、恭子さんはそれまで、千円、二千円を「ちょっと給料でるまでの間貸してー」と奥山さんらに借りたことはあるが、けっして「生活が苦しいから」といったことはない。ましてサラ金に借りていたことなど自分のまわりのだれにも話したことはなかった。

五月に、「小樽に住む姉が倒れたから、付添いでちょっと行ってこなくちゃならない」と奥山さんから三万円を借りた。しかし、この借金はすぐに返しており、それ以降、奥山さんに借金は頼んでいない。

かわりに恭子さんの日当が途絶えた十月半ばころから、子どもたちが、お金を借りに来たり、近所のなじみの商店で食べ物などをツケ買いすることが目立ってきている。また、「のんべえ」の常連客の商店主のところへ、子どもたちが母親の指示で金を借りに来ていたこともあった。

子どもたちは「母さんいないのでご飯食べられない」と、奥山さんの家に千円、二千円を借りに来たり、夕食を食べさせてもらったりしているほか、耕次君がふだんあまり行き来のない家へ突然行って「お風呂入りたいから、お風呂代かして」と頼んで断わられている。

市営住宅の真向いにある小さな食料品店は、耕次君の同級生のうちでもある。昔から、恭子さんは給料日間際になると、店に電話してきて「あとで子どもたちがいくけどツケで何か買わせてやって」と頼んでいた。店の奥さんはツケ買いを認めたくなかったが、恭子さんは事情が事情だし、支払いもいつも給料日にきちんと済ませていたので、ずっとツケで買い物が行なわれてきた。

しかし、しだいに母親からとくに連絡がなく子どもだけが店にやってきてはツケで買うようになってきた。たいてい耕次君と明君の二人組である。アイスクリームやポテトチップス、ジュース、カップラーメンなどを買っていく――。母親の顔も見ないし連絡もないので、「母さんは?」と聞くと「母さん、北見の親戚のとこに行ってる」とか「富良野のおばあちゃんのところへ行ってる」という答——。

お店の奥さんも、同じ年の子を持つ母親として「貸してはいけないのでは……」と不安に思いつつも、食べ盛りであることを承知していたので、ずっとツケを認めていた。

店からは、市営住宅の恭子さんの住んでいた棟がまっすぐに見渡せる。奥さんはこのころ暗くなるまで、雪のなかを遊び回る耕次君と明君をよく見かけた。夕食時がすぎても外にいるので、なんだか家に帰りたくないのかな、と思っていたという。

［Ⅳ］最後の望み

拒まれた生活保護

近所の人たちと交流が途絶えてしまったこの時期、仕事を辞め寝込んでいる恭子さん一家の窮状をわかっていたのは、「街角」の経営者黒田さんだけだった。

黒田さんは十月半ばから店を休み、家で寝こんでいる恭子さんのことを心配して、何度か部屋を訪ねている。

「具合悪いんです……」と衰弱しているのに収入がなくなったため病院に行く費用もない。黒田さんは部屋に来るたび、いささかの金を置いては、「市のほうに相談して、生活保護を受けたら……」と勧めた。

しかし、恭子さんは「絶対に福祉事務所には行きたくない」といっていたという。

黒田さんの目から見て、恭子さんの体はどんどん痩せていった。元気なころは六十キロあった体重も四十キロくらいに減っているようにみえた。

恭子さんの目はすべての気力がなくなったように、虚ろだった。みるみる痩せていくばかり……

「このままではたいへんなことになる」黒田さんは直感した。

十一月十一日、黒田さんは白石福祉事務所に電話を入れた。知っている人でこんな人がいるのだがなんとかならないだろうか、と。電話に出た保護課のケースワーカーの名前を聞くと、翌日、恭子さんの部屋にいっしょに来てもらうよう頼んだ。

翌十二日、約束してあった午後二時に、恭子さんの住む市営アパートの地区の生活保護世帯を受け持つSケースワーカーが恭子さんの部屋を訪れた。

恭子さんは立っているのさえもつらそうな状態で、玄関先に膝を折り、Sケースワーカーと黒田さんも上がりかまちに腰をかけて話をした。恭子さんはほとんど口を開かず、黒田さんが代わって、「このまま収入のない状態が続くとこの人はとても生きていけない」と窮状を説明し、「生活保護を受けられるようお願いします」とSケースワーカーに頭を下げた。

五十歳ぐらいのおとなしそうな印象のSケースワーカーはうなずいて話を聞き、「あしたにでも白石区福祉事務所の保護課に来てください。ぼくのほうから係のほうに頼んでおきますよ」といって帰った。

翌十一月十三日、恭子さんは福祉事務所の保護課を訪れた。

前日、黒田さんが「いっしょについていこうか」といったとき、恭子さんは「一人で行ける」と断り、たった一人でやってきた。黒田さんは一人で行かせるかわりに、「帰ってきたらかならず電話ちょうだい」と恭子さんに約束させた。

「もし電話くれなかったら、友だちの縁を切るからね」といったのも、落ち込み気味の恭子さんを励まそうという一心からだ。

白石区福祉事務所は白石区役所の建物の中にある。恭子さんの住む市営住宅から歩いて、十二、三分ほどの距離である。前の日、玄関先で立っているのも身にこたえそうだった恭子さんは、この道のりをどんなふうに歩いたのだろうか。十一月中旬といえば、札幌ではもう雪が積もり、健康な体であっても空気の冷たさが身にしみるころだが……。

福祉事務所の保護課は、区役所の建物の地下一階の一番奥にある。同じ建物にあっても住民票や戸籍、税といった、市民がよく行く行政の窓口のようにカウンターをはさんで応対するといった形式ではない。地下一階の廊下の先へ進むと、一番奥に、保護課へのドアがある。ここを開くのが勇気がいる。「生活保護相談」という赤い矢印にしたがって入り口のドアを抜けると、事務机が数十並び、職員たちが電話したり、せわしなく動き回っていた。上に保護課、そして保護一係、保護二係といった吊しの看板がぶらさがっている。保護課の事務机の近くには茶色の長いすが一つ置いてあり、保護を求めるなどの相談に来た人は、ここで順番を待つ。そのあとで片隅にある二つの面接室の一つへ通される。面接室は曇りガラスでなかが見えないようになり、カーテンで外と仕切られていた。中は机をはさんでいすが二つ置いてある二畳ほどの密室である。

恭子さんは、十一月十三日、このカーテンで閉ざされた部屋の中で、面接担当のケースワーカーF氏に、身の上を話し、保護を求めた。

F氏と恭子さんとの間でどんなやりとりがあったのか——、結果として、恭子さんはその日、生活保護を受けられるような手続きはいっさいさせてもらえなかった。

黒田さんとの約束どおり、保護課から帰ってから、恭子さんは黒田さんに電話した。

「どうだった？　もらえるようになった？」と黒田さんが尋ねると、
消え入りそうな声で、

「だめだった……あそこは前からいやだって思ってたけど、やっぱり恐ろしい目にあった。あんなところは、もう二度と行きたくない」という。

「何ていわれたのさ？」

「若いんだから働きなさいって。それと九年前に別れた夫から養育費をもらえって……。もし、もらえないなら、養育費を払えないという夫からの証明書を持って来なさいって……」

とにかく、恐《こわ》いめにあった、と恭子さんはくり返した。何が恐ろしかったのかは詳しく話してはくれなかったが……。

黒田さんは、このあとも福祉事務所に電話している。一週間後のことである。面接したというFケースワーカーを名指しで電話口に呼んだ。

「岡田さんはね、ほんとは行きたくないっていうのを、やっとの思いで行ったんですよ。それを何てこといったんですか。このままではほんとうに死んでしまいますよ。ますます痩せていってるし……」

「そうですかね……一週間ほど前に会ったときは本人は元気でしたけどね……」

「そんないい方ってあるんですか。あなた、岡田さんの体重が六十キロもあったときと比べて、元気だっていうのならわかりますが、前を知っているわけでないでしょう?」

「そんなにいうなら、おたくのほうで保護課へ来てくださいよ」

木で鼻をくくったようないい方だ。黒田さんは腹が立った。自分は一市民である、これは彼らの〝仕事〟じゃないのか、と。

「あなた、誰にたいしていってるの? 私は本人ではないのよ、本人が死にそうで動けないっていっているのに、そっちで来るのがあなたがたの義務じゃないの!」

黒田さんの声がだんだん大きくなる。

F氏はクールに、「誰か身内はいないんですか?」といったという、

「それを調べるのがあなた方の仕事でしょう?」

「とりあえず、本人か誰かがまず来てください」

黒田さんは、このとき、このケースワーカーは人間ではないと思った。声を聞いただけで冷たい、嫌なタイプだってわかる。こんな人に面接させられたのでは恭子さんも嫌だったろうな、と思った。

そのあとも黒田さんは福祉事務所に二回電話をかけた、といっている。F氏とS氏が出た。一度、恭子さんの家を訪れたことがあったS氏は、「面接担当のF氏にはいってありますから」とだけ答えたという。

ところで、これにたいして福祉事務所側は十二月十日に一回だけ電話を受けたとしており、両者の

間ではくいちがいをみせている。

「あのときだったら間違いなく間に合っていたのに……」と黒田さんは悔やしがる。ちょうど同じころ、黒田さんのお父さんがガンで入院したこともあって、そのあとはだんだん忙しくなった。最後はクリスマスのころ、恭子さんの家に電話をかけ、恭子さんの声を聞いたきりとなった。

「年越しは、実家に行けばいいじゃない」というと、「そうしようかな」といってた。最後は長男の貴資君に電話に出てもらい、「母さんに何かあったら必ず私に電話するように」と念を押しておいたが、けっきょくそれっきりになってしまった。


恭子さんが、福祉事務所に行って帰ったであろう、その道のりを、一年後の同じ十一月半ば、私は一人で歩いてみた。

幹線道路の南郷通りでは、長距離トラックがゴォッという地響きをたて、雪煙りを巻きあげながら次つぎに走っていく。歩道は、除雪でできた、幅三十センチほどのスペースが先まで伸びているだけだが、ひどく狭く感じる。油断すると、雪の積もったところに足を踏み入れてしまうが、体調が悪くて、おぼつかない足どりだった恭子さんは、まっすぐに歩けたのだろうか。風が刺すように痛い。頬を容赦なく叩くように吹きつける。

区役所からの道は、空地が多く、日中でも人の影はまばらである。たまに集団でやってくるのは小、中学生の下校組ぐらいである。市営住宅が近づいてくると、道路沿いにクリーニング店、米屋などが並び出し、防寒シャッターを締めきった暖房のなかで、人が働いているのが見える。店員が客に笑顔をみせる。

ふとした拍子に、周りに存在する人間たちや風景が、突然、自分とはまったく無関係に、自分のことにまったく関心を寄せず、楽しそうに、それぞれのとりでを守っているように見えるときがある。世間からの疎外感——。冷たい風が強く吹くその日、私は、恭子さんが見たにちがいない、そんな風景が見えたような気がした。

恭子さんは生活保護を断わられた帰り道に、「のんべえ」の常連客である商店主のところへ立ち寄り、「どこにいるかもわからない別れた夫から証明書をもらえって……」と嘆いている。「夕食をおごろうか」と商店主は声をかけたが、恭子さんは「きょうは何も食べる気がしない」と寂しそうにいって断った。前日の担当者の訪問で、生活保護をもらえるものと、期待していたようだった。少なくともパートで働いていて、基準費に達しない不足分については、「補助してもらえるのでは」と思っていたようだったという。それだけに、冷たい応対にはその場で言葉が出ないほどショックを受けたらしい。

かつて、生活保護を廃止になったときのことを、恭子さんはかなちゃんに、「病院の石炭手当（＝冬期間支給される暖房用の燃料手当のこと）がまとまって入ったために保護基準を超えてしまったんだけど、切られたときは、相手にどなってやったの」と話している。

このとき、恭子さんは「ほんの少しでもいいから生活保護をつないでおきたかったんだよ。いざというとき、また一からやり直すのはたいへんだから――」といっていた。

「むかし、どなってやったといっていた人が、このときはおとなしく帰ったのは腑に落ちないけど」とかなちゃんはいう。しかし、「どなって」もけっきょくは、辞退させられてしまった生活保護である。恭子さんにとっては、生活保護には「人にはいえない」ぐらい忌まわしい記憶しかなかった。

疲労の蓄積で体調が思わしくないうえに人から金を借りて歩く自転車操業にも疲れ、望みをたくした生活保護でも事実上無理な条件をいわれて、あるいは精神的にすっかり弱っていた心が、福祉事務所でまるで犯罪者の取調べのようにプライバシーを探られることで傷ついたのか――。なにかあきらめるような心境になったのか――。

いずれにせよ、恭子さんの心のなかにかろうじて残っていた気力の糸が、このとき、ぷつんと切れた。

衰弱

一縷《る》の望みをたくした生活保護もまたけっきょくダメだった。完全に無収入の状態が続いていた。

市営住宅の家賃は一年分がたまっていた。電話は十一月下旬に一度料金未払いで止められたが、

「のんべえ」のお客さんが払ってくれてまた通話できるようになった（翌一月再び止められる）。電気はまだ動いていたが、料金滞納が続き、本来なら送電停止になるはずが、たまたま集金係の人が、近所から「あそこは母子家庭」と知らされ、供給ストップはもう少し待ってみようと判断していた。

かなちゃんも、十二月に入って恭子さんの家の電話番号を回したが、誰も出てこなかった。

奥山さんと成瀬さんは、顔を合わせることもなくなった。完全に寝たきりになる十二月中旬からは、誰がたずねていっても、子どもたちが「母さんは働きに出ていない」などうそをついて大人たちを中に入れないようにしていた。

まだどうにか動くことのできた十二月の初めごろ、恭子さんは同じ棟の一階の奥さんに一万円の借金をしている。奥山さんのようにふだんから親しくしていた人と比べると、どちらかというとめったに口も聞かない間柄の奥さんである。借りにきたのは夕方で、恭子さんは化粧をし、ワンピースを着て、これから外出するところだといったという。

あまり、そういう貸し借りをした間柄ではなかったので少し不安だったというが、二、三日後恭子さんがやはりきちんとした外出着すがたで来て返している。

十二月中旬、病院時代の元同僚、榊原さんは恭子さんが次第に電話に出なくなってしまったのを心配して、朝早く出勤前に市営住宅に行った。子どもたちはちょうど学校へ出かけようとしているところで、鉄製の重たい扉の外に次男の耕次君が出てきた。「お母さんいる?」と聞くと、「いない」という。

そのとき、耕次君はなんだかモジモジして何かを隠しているような感じがした。それで榊原さんはもう一度、「いるんでしょう」と耕次君の目をまっすぐに見つめて問いかけた。

耕次君はしかたなく、「お母さんね……風邪ひいて、具合悪くて寝てるんだ……」と答えた。

「おばさん、お母さんのこと心配で来たの。上にあげてちょうだいね」といって、たたきに靴を脱いで中へ入ろうとしたときだ。

「だめっ！」と叫んで、末っ子の明君が居間の前のドアに両手を広げて立ちはだかった。小学四年生の男の子が、真剣な顔でにらむように手を広げて一歩も通さない構えを見せたことに、榊原さんは少しひるんだ。

「小学四年で分別もある程度はある年ごろの子が、必死の形相で『ダメ！』というものを押しのけて入るのも……」と思いとどまり、後ろ髪をひかれる思いで帰ったが、榊原さんは今でも強く後悔している。

「あのとき、強引にでも入っていれば、恭子さんが、どんな状態かがわかったのに――」

あそこで、もう一歩前へ出られなかったために恭子さんは死んでしまったのではないか、と。

いま思うと子どもたちに、「母さんはいない、といいなさい」「家の中に人を入れては絶対だめ」といっていた恭子さんの気持ちも榊原さんにはわかるような気がする。

「あの人は、私生活もふくめて、ふしだらなところのなかった人でしたから」

榊原さんには「居酒屋で勤めてると、体に触ってきたり、生活するだけの金を出してやるから俺の二号になれ、という人もいるんだ。人をバカにして……」と悔しさを話してた。

どんなに困っても、だらしのない生活だけはしたくない。子どもに意見のいえない母親にはなりたくない、という強い気持ちが恭子さんにはあった。衰弱して別人のように痩せ細り、部屋の中も汚れていく……人生の歯車が狂い始めたとき、それをけっして人には見せたくない——、恭子さんはそういう人だった。

子の思い、母の思い

暮れも近づいたころ、こんなことがあった。

市営アパートのそれぞれの一階入り口にはその階段を利用する家の郵便受けが並んでいる。アルミ製の箱型でカギがかかるようになっていて、101、102、201、202……と部屋番号が書いてあり、それぞれに名札が貼ってあるが、突然その名札がなくなった。

「誰がこういうイタズラをするんだろうね」アパートの人たちは腹を立てていたが、名札は何回もなくなった。

このころ、耕次君と明君が細い棒で、他の家の郵便受けをつついているのを住人に見つかり、「何やってるのー!」と叱られ、逃げている。また、恭子さんの家にあてた水道料金などの請求書が別の階の家の玄関脇にあるガスの元栓ボックスにまるめられて入っていたこともあった。住人たちは首をかしげた。「誰が何のためにこんなことをするのだろう?」と。

奥山さんの旦那さんは、「あとで考えると、子どもたちがいろいろな請求書が自分のところへ来ないようにしたのではないか」と推測している。

「とくにサラ金からの請求書が来ないようにと、名札をはがしたんじゃないだろうか……」

他の家の郵便受けをつついたのも、サラ金の請求書が間違って入っていないかどうか調べていたのかもしれない。小学四年と五年の子どもたちが、家に次つぎに舞い込む請求書の数々をなんとかしたい、と子ども心にも思ったのだろうか。請求書を見て母親がまた悲しむ……お母さんを悲しませたくないという気持ちでそんな「イタズラ」をしたのだろうか。

同じころ、恭子さんは、子どもたちにクリスマスプレゼントを贈っている。五千円近くする最新のファミコンカセットである。もちろんこのころはもう収入がまったく途絶えてからしばらくたっており、恭子さん自身、起き上がることもできないぐらいの状態だった。おそらくどこからか借りたお金で「好きなカセットを買いなさい」と子どもたちに手渡したのだろうが、恭子さんはそこにどんな思いを込めたのだろうか。

これが子どもたちへの最後のプレゼントになってしまった。

きょうだい

恭子さんには九人のきょうだいがいた。しかし、比較的安定した仕事をしていたのは、富良野でサラリーマンをしていた長兄ぐらいで、あとのきょうだいたちは、病気などの問題を抱え生活が不安定な状態だった。長兄の義昭さんは、正月や盆、子どもの入学時になると恭子さんに、十万円ぐらい送っていた。恭子さんのほうもこまったときは、「貴資が中学へ入ってお金がかかってね……」というように婉曲に送金の催促をしていた。しばらく連絡がこなかったため、義昭さんは六十一年十二月ごろ恭子さんの家に電話を入れている。子どもが出た。「母さんは?」「いま、いない。働いている……」義昭さんは妹のことが気にかかっていたものの、働いているならひと安心と、その後電話をしなかった。そのころ義昭さん夫婦は、高齢になった両親を引きとって面倒をみていたが、父親・栄次郎さんの体が弱り老人性痴呆症状がひどくなったため、その介護に四苦八苦していた。精神的経済的にも、余裕のない時期だったのである。

晩年の恭子さんがきょうだいのなかでもっとも頻繁に会っていたのは、札幌市内に住む七つ年下の弟さんである。離婚したばかりのころ、よく弟さんが母子寮へ迎えに来て、子どもたちを動物園や映画に連れていってくれた。恭子さんも、この弟さんのことは日ごろから気にしていて、仲がよかった。

この弟さんが結婚してからも、「子どもが三人いて頑張ってるお姉さん」である恭子さんを、そのうちなんとか援助しようと夫婦で話し合っていた。

六十年ごろ、弟さん夫婦が市営住宅を訪ねたとき、別れ際、弟さんの奥さんが、恭子さんを励まそうと、「今、ご苦労でしょうけど、きっと苦労して子どもを育てあげた喜びは何倍もあるはず……」と、言葉をかけた。すると恭子さんは、「うちはアンタの親のとこのようなサラリーマン家庭とはちがうから」と暗い表情になった。「そんな甘いもんじゃないわよ」といいたげだった。その後、何度か電話したが、連絡がつかず、夫婦で「そのうち、行かなきゃねー」と話していた矢先にだった。

餓死

▨口止め

昭和六十二年の元旦。亡くなる二十日ほど前である。奥山ヨシ江さんが年賀状を取りにアパートの下の郵便受けに行くと耕次君がいた。

「おばさん、あけましておめでとう」とくったくなくあいさつしてきたので、奥山さんは新年のあいさつもそこそこに、「母さん、元気かい?」とたずねた。

「お母さんね、具合悪くて寝てる。ゲーゲー吐いてちょっとふらふらなんだけど……」

「あらァ、ちゃんと病院行ってるのかい?」

「う……ん　風邪だっていってたけど……」

一月三日午前十時半ごろ、奥山さんは心配になり、恭子さんの家へ電話した。やはり耕次君が出て、「母さん具合悪くて寝てる」という。「おばさん、これからそっち行くわー」というと、恭子さん本人が弱々しい声で出た。

しばらく顔を見ていないこともあり、奥山さんは見舞いに行くことにした。電話でその旨伝えると、「今すぐかい？　ちらかってるから……」とあまり来てほしくないような口振りだった。それでも恭子さんの体が気にかかり、どうしても行くというと、「じゃあ、十二時ごろに来て」という。

ほっとひと安心して奥山さんは十二時になるのを待っていた。十一時半ごろ、電話が鳴り、出てみると恭子さんからだった。

「いま、お客さんが来てるから、帰ったらそっちへいくから」

「来るったって、あんたの調子いいの？」と聞き返すと、

「もうだいぶよくなった」といって、さっさと電話を切った。

午後三時半ごろ、待てども連絡が来ないので電話する。

「お客さん帰ったの？」と聞くと、

「いやあ、まだ……。もう少ししたら行くから待っててー」

それから一時間もたたないうちに耕次君が奥山家へ入ってきた。

「おばさーん。お母さん来てるかい？」

「えっ、おばさん、お母さん来るのを待ってるんだけど、お客さんはもうかえったの？」

「いや、わかんない、ぼく、外で遊んでたから……。家にはいないよ」

けっきょくその夜、遅くまでずっと待っていたがとうとう連絡は来なかった。

このときすでに恭子さんは部屋の電気ごたつの中でほとんど動けない状態だった。奥山さんが何度も足を運ぼうとしたのに、母親を人目につかせないために巧妙すぎるほどの耕次君の芝居にだまされたのだった。

「あれは、恭子さんがそうしろといったんでしょうね……。いくらなんでも子どもが考えつくことじゃない……。耕《こう》の芝居にすっかりだまされたものね……」今でも悔しい、という。あれさえなければ、恭子さんの顔をみて何か手を打つことができたはずなのに、と。


翌日、奥山さんが電話をかけると、耕次君が出た。

「お母さん、仕事に行った」という。

「じゃ、風邪治ったの?」

「知らない。もう外へ行ったもの」

電話はこの日を最後に通じなくなった。次の日、奥山さんの家へ耕次君と明君が二千円借りにきた。

「いったい、どうなってるんだろう……?」いつもいつも子どもだけ来て、親からは連絡がない。

不安にかられた奥山さんは、

「あんたたち、おばさん、お金貸すのいやじゃないけど、お母さんに『連絡して』っていってよ。

あんたがたもお金借りるのいやでしょう。おばさんもうお母さんに何カ月も会ってないんだから……。このままだとおばさんだってお金を貸してあげられなくなるわよ」

まさか母親の知らないところで、子どもがお金を借りてるのではないだろうか、と思って念を押した。

翌六日、やはり連絡のないまま、長男の貴資君がめずらしくやってきた。やはり、「お金を貸して」という。前日、耕次君たちに、お母さんからまず連絡してといったが、というと、「一応、母さんにはそういっておいた」という。

一月十四日、深夜に札幌地方に震度三（北海道を中心にマグニチュード六・九で、札幌震度三、釧路震度五、帯広・根室・苫小牧で震度四）の地震があった。そのちょっと前、耕次君が奥山さんの家へ来て、「お金貸して」という。お母さんはいないし、おにいちゃんは友だちのところへ行ったというので、「ご飯は食べた？」と聞くと、まだだという。

「おばちゃんのところでご飯食べたら？」

そういって明君を呼びに行かせ、二人を食卓に座らせた。夫婦二人の奥山さんのご飯が足りなくなり、むかいの成瀬さんの家からご飯を分けてもらっておにぎりをつくって食べさせた。二人の子どもが着ていたジャージがうす汚れているのに気がついた奥山さんは、「お母さんどうしたの？」とたずねたが、「富良野のおじさんの家へいって、いない」という。旦那さんもなにか変だと思って、「耕、母さん、ほんとうに富良野にいったのか？」と念を押した。しかし、子どもたちは、おにぎりをモグモグほおばりながら「うん」といったきりだった。奥山さん夫婦はなんとなく変だと思いながらも「実家へ行ってお金を借りているのかな……」と思って納得していた。

奥山さんは、それ以前にも気になって501号室の恭子さんの部屋へ何度か行ったが、子どもたちは玄関のドアを開けてくれなかった。ドアにカギをかけ、ドア越しに「母さん、今いない」とくり返していた。

一月十七日、電話が通じなくなったので、むかいの成瀬さんの奥さんと相談して、部屋を訪ねてみた。玄関のチャイムを鳴らしてもなんの応答もなかったが玄関脇の電気メーターは動いていた。

「電気さえ動いていれば、なんとかなるわね」と、二人で安心して帰ったがけっきょく、それっきりになってしまった。

「子どもたちがね……口止めされていたっていうんですよ……。で、『お母さん、具合悪かったらね、おばさんにいうかい？』って、何回か子どもたち、勧めたらしいんですけどね……『いい』って、『誰にもいわないで』って、いってね。仕事行ってるとか、そーゆーふうに、ウソついていたんですよね……何があったんでしょう？」と、奥山さんはその後も不思議に思っている。

恭子さんの家庭とつき合いのあった多くの人たちが、その死後、不思議がり残念がったのは、なぜ子どもたちが近所の人や病院の友人などに助けを求めなかったのか、ということである。一言いえば、すぐに駆けつけてくれるような人はたくさんいた。病院の宮寺事務長、榊原さん、「のんべえ」の女主人、かなちゃん、下の階の奥山さん夫婦や成瀬さん、母子寮時代の友人の細川さん……たしかに〝借金〟などがもとで人間関係が切れてしまった人たちもいる。しかし、そうではない人も多い。恭子さんが最後まで、「知らせるな」と子どもたちに口止めしたとしても、中二、小五、小四という子どもたちの年齢を考えると、親が死ぬかどうかはわかりそうなものではないか、というのである。

母子寮時代の友人で女手一つで二人の子どもを社会に出した細川さんは、こういう。

「同じ母子家庭でも、途中からの母子家庭と、初めからの母子家庭では子どもの育ち方がちがうんです。岡田さんの場合、離婚したとき貴資君が五歳だったほか、下は二歳と〇歳ですから、初めからの母子家庭に近いと思いますが……。最初から母子家庭に育つと、母親のいうことをよく聞くんです。うちもそうです。白いものを黒って母親にいわれれば、黒だ、と子どももいってしまうところがあるんです。素直というのか、反抗も目立ってはしない。母子家庭じゃない人にいっても、ちょっとわかってもらえないかもしれないけど、子どもたちは母親の働きをみているから、いうことを聞くんです」

×　　×　　×

そして、一月二十三日――。恭子さんはあまりにも変わり果てた姿で人びとの目に触れることになる。

死を知らされ、まっさきに駆けつけた弟さんは、姉の悲惨な姿を見るなり、「貴資ー、お前がついてて、どうしてこんなになるまで放っておいたんだー!」と思わず怒鳴った。「電話代ぐらいあったろう?」「中学生だろう、お前……」やり場のないなげきの声を聞きながら、貴資君は顔を毛布に埋ずめつくしたままだった。

母さんが死んだ……。三人の子どもたちだけを遺して、一人の母親がこの世から消えていった。

遺児の話

▨葬式

恭子さんの告別式は、昭和六十二年一月二十五日、市営住宅群の一角にある会館でとり行なわれた。和服を着て大きな目で頬にエクボをつくって微笑む恭子さんの写真の前で、子どもたちが肩を並べ手を合わせる光景が印象的だった。

告別式には恭子さんの兄弟姉妹や母親、母子寮時代の友人、病院の上司や同僚、子どもたちの同級生のお母さんたち、「街角」のママ黒田政子さん、居酒屋の店主やお客さんたちなど総勢百五十人が、早すぎる死を悼んだ。

細川さんは、

「とにかく顔が小さくなっちゃって……かつての半分くらい……ふっくらした顔が、骨に皮がついただけになって、まるで面影がありませんでした」と語る。

榊原さんは、棺に納められている恭子さんの顔があまりに変わっていたので「マネキン人形を入れてるのでは……」と思ったという。

中学二年の貴資君は、学生服姿で参列し、耕次君と明君はセーター姿。耕次君は野球の軟式ボールを握りしめて、ポーンポーンとはね上げていた。同級生が来ると、Vサインを出すなど茶目っ気もみせた。


恭子さんの死は、周りにいた多くの人たちにさまざまな思いを残した。その一人、階下に住んでいた成瀬さんの奥さんはこう語っている。

「私、一生、悔いが残る気がします」泣き出しそうな震える声で話してくれた。病院に連れていけば死ぬことはなかったかもしれない、と。

「草刈りのあと、ビールを飲んだり、買物をいっしょに行ったり……ほんとうに、いい人でした。いい人だったのに、どうして？　というのが一番心に引っ掛かることですが、今は、生活に疲れたのかなあ——、と思っています」

成瀬さんの家庭は、旦那さんが体に障害があるため、奥さんが運送の仕事をやって家計を支えている。

「恭子さんは、弱味を人に見せない人だったらしいですね」と質問すると、

「みんな、そうじゃないですか。誰も見せたくないですよ。うちだって、主人が体弱いですからね。でも、生活を守っていかなきゃいけないんですから……、弱みを見せると人につけこまれますから。どんなに今、現実に困っていても、他人が千円、二千円くれるっていうなら、『困ってる』といいますけど、そうじゃないでしょう? うちみたいに夫に障害があるとか、母子家庭だとかで働かなきゃいけないと、どうしても女の人は強くなりますよ。強くないと三人の子どもを育てられませんよ……」

餓死事件の直後、女性週刊誌や写真雑誌に、恭子さんは「見栄っぱり」とか「強がり」と書かれている。成瀬さんは、それが口惜しかった。

「みんながみんな裕福な家庭ばかりじゃありませんから……。私も、実際そういう境遇ですから、やっぱり気が強いというふうになってしまいますよ。強気だ、男勝りだっていわれても、ちょっと気をゆるめると世間にだらしないといわれる。気を強くしていかなきゃ生きていけませんよ。あの人だって女手一つで三人の子どもを養ってたわけですから……。どうしたって肩肘張ってしまう。男勝りみたいになってしまいますよ」

世間もマスコミも、なかなかわかってくれないのが悲しい、という。

「母子家庭だということで世間にいろいろいわれる。いくら仕事しても役所勤めというのでもなければ女は女なりの給料しかもらえませんし……。

私、やっぱり、あの方を好きでしたから、それでも、なぜ一言話してくれなかったのかなあ……とずっと心残りです」

▨引越し

恭子さんが死んで一週間後、四人の家族が住んでいた市営住宅の一室から、すべての家具が運び出された。

その日、白いコンクリート壁の五階建てのアパート群が地面に降り積もった雪と重なって、一面眩しいくらいに日を照り返していた。

共同の玄関の脇にはトラックが横付けされていた。グレーの作業着姿の作業員数人が五階の窓から荷物を搬出している。

青空が目にしみた。私は、カメラのスタッフたちと、そのようすを撮影していた。

「どけー！　どかねぇと、ケガするぞー。おまえ」

突然、一人が私たちに向って怒鳴った。

「おらー！　聞いてんのかよ、おい？」

見ていると、それは引越しといえるものではなく、小さなものは窓から下へほうり投げるという乱暴さだった。

背もたれの部分にマンガのキャラクターの可愛い顔が貼ってある子ども用の座り椅子がヒモで吊し落とされ、ドスン、と雪の上で音をたてる。茶色の勉強机、食器棚、石油ストーブ、緑色の電気炊飯器などが次つぎと、荷台に載せられていった。その一つひとつが、家族の生活の歴史そのものだった。四人家族が使っていた物が、今は、捨てられるために、荷台にほうり投げられるのを見て、胸が締めつけられた。

ガシャン、ガシャーン！　すべてが音をたてて、こわれていった。割れるガラス、五階から落とされメキメキいってこわれる家具……。それは母一人子ども三人の、一つの家族が壊されていく光景だった。

この日、三人の遺児たちは、この部屋を去り、札幌市内の養護施設にひきとられて行った。

▨遺児の話

恭子さんの〝餓死事件〟、そして、その背後に見え隠れする生活保護行政について、取材を進めながら、私が自問自答していたことがある。

何のためにこの問題を追うのだろうか？

何故、このことを世に伝えようと思うのだろうかと。

考えた末、どうしても、会っておきたい、会わなければならないと思ったのが、遺された子どもたちである。いろんな子どもたちのことが頭に浮かんだ。小学校で〝家族〟について尋ねていて「離婚きらーい」と叫び出した子どもたち、養護施設で、〝親恋しさ〟を我慢しながら、仲間たちと生活する子どもたち、「私のお母さんも生活保護を受けられなかった」と、テレビ局に電話をかけてきた子どもたち、手紙をくれた子どもたち……。

どの子も「家族といっしょに幸せに暮らしていきたい！」と切実に願っていた。

恭子さんの死から数ヵ月後、次男の耕次君の話を聞く機会を得た。

六年生になったばかりの耕次君は少し小太りで、半ソデと半ズボンからむき出しになっている腕と足が健康的に日灼けしていた。目も大きく、端正な顔立ちで、明るい感じの笑顔が実に印象的な少年である。お母さんの血を継いでいるのか、耕次君には、実に親しみやすい雰囲気があった。

耕次君に、「おじさんは、実はＳＴＶの記者なんだけど、お母さんのことで話を聞いてもいいかな？」と尋ねた。

すると「いいよ。別に！」という。

つらい話を尋ねた。

耕次君は、淡々と答えてくれた。私が質問しても、ポッッと一言返してくるだけで、感情を抑えて冷静でさえあった。

「お母さんを見つけたときの話、聞かせてくれるかな？」　私は恐る恐る尋ねた。

「朝、四時ぐらいに起きたんだ。変だと思ったけど。朝起きてトイレ行こうとしたら、母さん息してないような気がした。それで、下のおばさん呼んで、おばさんが救急車呼んできて、誰かが『死んだ』っていいってるのを聞いた。最初、信じられなかったけど……」

公園で小さな子どもたちが、シーソーのまわりでワーワーいって遊んでいるのを見ながら、耕次君は、表情を変えずにしゃべった。

（お母さん、ご飯とか食べなかったの？）

「ちゃんと、ご飯とかあげていたけど、だんだん食べなくなった」

（我慢して食べなかったのかな？）

「ちゃんとお母さんの前に置いて用意してた……はしでちゃんと食べさせようとしたけど食べなかった……。

最初、救急車呼ぼうとしたけど。……、首振ってダメっていうから……お兄ちゃんも（お母さんにいわれていて）ダメっていうから……」

（どんどんやせていくお母さん見て、どう思ってたのかな？）

「かわいそうだった……」

（どうして近所の人にいわなかったの？）

「お母さん、つらそうに首振ってた……」

（どうして餓死しちゃったんだろう？）

「……（餓死ということは）誰にも聞いたことない」

（生活保護のことって、お母さんか誰かから、聞いてる？）

「……何も聞いてない」

（どうして亡くなったんだろう？）

「考えつかない……。何か困ってたような感じする。お金か……やっぱお金かナンかだと思う。お母さんは話をしてくれなかったけど……」

（離婚してからたいへんだったのかな？）

「お母さん死ぬまで、離婚したって知らなかった……」

（働いてたころは？）

「ふつうどおり、母さん六時ごろ帰って来て、ご飯つくって、みんなで遊んだりしていた……。仕事場かわってから、ご飯つくって、また仕事に出かけていくようになった」

（たいへんだね……）

「うん、母さん、たいへんそうだった。体疲れてたようで、帰ってくるの夜遅くて……僕たち寝てたころだったたから。疲れてるから、一日ぐらい休養とって、ちゃんと休んだほうがいいのではってて……」

（君たちは心配してそういってたんだ……）

「何回かいったけど、まだ大丈夫だから気にしなくていいよって……」

（お母さんって、どんなお母さんだった？）

尋ねている私の声が少し震えてくるのがよくわかった。耕次君のほうは、相変わらず淡々と、一言ずつ答えた。そのあとはすぐ沈黙が広がり、また私が質問する、という形の会話だった。質問しても、何も返ってこないことも数度あった。そんなとき、彼はまるで質問を聞いていなかったかのように、無表情で遠くで遊ぶ子どもたちを見ていた。

朗らかな彼の気性には、こんな形の対話は意にそぐわないはずだった。その雰囲気はよくわかったが、私はかまわず、質問を変えていった。

（お母さんは、どんな人だったのかなあ？）

「お母さんてね、やさしくて……よかったよ。……（衰弱して）寝てたときも、お母さんのほうが声かけてくれて、ぼくたちをなぐさめてくれた……。寂しがるんじゃないよ、とかいってくれて……。だから、寂しくない」

（君は強いんだね……）

「みんな強いっていってる……。泣きたかったけどね……母さん、泣くの嫌いだから泣かないようにしようと思って我慢してた……」

（母さん、泣くの嫌いだったのか？）

「泣く人って嫌いだった……。いつも、泣くんじゃないよってなぐさめてくれた……」

（我慢強い人だったんだね。お腹すいていたときも我慢してたんだろうね……）

「我慢したと思う……。苦しそうだった……」

（今でも、ご飯食べながら、そんなこと思い出すことがあるかい？）

「たまに思う。……他の国とかで、ご飯、食べられない人たちのこと思う……」

（お母さん、死ぬかもしれないって思ってなかったの？）

「はい……」

（餓死って聞いて、どう思った？）

「別に……」

（おとなたちに対して思うことはないかい？）

「母さんのまわりにいた人は、やさしくしてくれていたから、いうことはないョ……」

（お通夜とかお葬式とか……、どんなこと思ってた？）

「やな気持ちとかたくさんあったけど……我慢してました……泣きたいのをこらえて、ちゃんとお葬式に来た人とか見送ってました」

（やな気持ちって？）

「お母さんが寝てて、苦しんでいるときの気持ちとか……。やな気持ちだけ残して、死んでいったのかなって……苦しみながら死んでいったような気がする」

（何を我慢してたのかな……？）

「…………」

私はいたたまれなくなり、養護施設での生活に話題を変えた。

（今、どんな生活？）

「朝、起きたら、掃除して、ご飯食べて、学校行って……という生活」

(つらいことは?)

「あまりない」

(友だちできた?)

「いっぱいできた……。みんな同じ寮の人たちもお母さんとかいないし、みんなといっしょだから別に寂しくないい。今、寝るときは一人だけど、四人いっしょの部屋で、弟がいっしょ……」

(学校ちゃんと行ってる?)

「はい。弟が行かなくなったってことだけ……」

三男の明君は、施設へ入ってから、一時期登校拒否をしていた。

「(明君の登校拒否について)あそこの施設行ってから、だんだん、なくなった」

(今、楽しいことある?)

「もうすぐ運動会だからね、練習とかがんばってる。あと一年たったら中学生だなあと思っては、勉強がんばっている。友だちも優しくて」

(うれしかったことは?)

「みんなで遊園地とか山に遊びに行ったこと、きょうも友だちが久しぶりに来て、会ったからうれしい」

(学校も転校したものね……)

「学校かわるのイヤだったけど……。そのことで文句いわないでちゃんと学校かわったけど……」

（生活はだいぶ変わった？）

「うーん」といって息をふっとはき出してから耕次君はいった。

「前はね……あまり勉強とかしなかったんだけど、こっち（施設）へ来て、勉強するようになった。むこうにいたときは、一学年小さかったから、何も思わなかったけど、こっち来たら、ちゃんと小学生のときの思い出とかつくろうと思って努力してる……」

（お母さんのことも関係があるのかな？）

「関係ある……。前は、……お母さん寝てたときは心配して特別……なんかしたいこともしないで母さんのところへちゃんと行って面倒みてたけど。弟とかもいるから。お兄ちゃん遅いし……。こっちへ来てからは、母さんとかもういないから、面倒とかそういう心配なくて、このごろなんか勉強とかちゃんとするようになった。弟とか、小さい人とかたくさんいるから、ちゃんと面倒みなきゃいけないなあ、と思ってる」

言葉は少ないものの、母親が寝こんでいたために心配で勉強どころではなかった、という彼の気持ちがよくわかる……。

（こんな世の中だったらいいなって思うことある？）

「今までどおりでいい」

（どんなおとなになりたい？）

「ふつうに働いて、ちゃんとしたおとなになりたい」

（お母さんが君たちにきっとこういいたかったんじゃないかなーって思うことある？）

「なんか『お母さんが死んでもね、ちゃんとがんばっていくんだよ』っていってる気がする」

（耕次君が、ふだんこうやって生きていこうと思ってることはどんなこと？）

「元気に、カゼをひかないで、明るく暮らそうってことです」

（元気だね）

「うん、『やっぱり元気だ』って友だちにいわれる」

（元気の〝もと〟って何？）

「ご飯をたくさん食べたり、運動したりすること！」

（天国にいるお母さんに、君のほうからいいたいことはどんなこと？）

「ぼくのほうからは、今は考えつかないな……」

（何かいうとしたら……。）

「ぼくたち兄弟は元気で暮らしているので母さんも元気で暮らしてください……」

耕次君は最後まで淡々と話してくれた。それは意外なほどだった。逆に、私のほうが、彼にすまない気持ちになって、「ごめんね……つらい話を聞いてしまって」と何度もくり返していた。インタビューが終わると、彼は再び友だちの輪へ入って笑顔を見せていた。

［V］波紋

殺到する告発

恭子さんの死は、生活保護行政との関わりのなかで、大きな波紋を広げた。

新聞、テレビのニュースで大きくとりあげられたほか、ワイドショーや女性週刊誌から写真雑誌にまで話題を提供した。

私の勤務するＳＴＶ（札幌テレビ放送）では、北海道内のローカルワイドニュースで、〝餓死〟をきっかけに、生活保護行政の問題点を取材し、放送した。

すごい反響だった。

▨鳴り止まない電話

ジリリ……ジリリ……

報道部のフロアじゅうの電話が鳴り続けたのである。記者たち全員が受話器を握りしめて、話を聞いた。自分も、生活保護ではひどい思いをした、亡くなった母親の気持ちが痛いほどわかる、というものがほとんどだった。

涙まじりの、か細い声が途切れがちな電話もあった。ほとんどが匿名の、名もなき人びとから寄せられたものだった。私たちは必死にメモをとった。長年積もり積もった不満を吐き出すように一時間も二時間も一人で喋り続ける人もいた。

電話で寄せられた、生活保護行政や福祉のあり方に対する怒りの声・悲しみの声を背景に、私たちは、ニュースのなかで生活保護のキャンペーンを張った。『これでよいのか！　お役所福祉』というシリーズで、三週間に渡って続けられた。

視聴者から寄せられた声を、後で実状を確めて取材、放送すると、またさらに視聴者から反応が来る。それをまた取材していく……。そのくり返しだった。

キャンペーンの間、かかってきた電話は、生活保護行政の現場での実態をえぐり出していて、岡田恭子さんの死に到る背景を、雄弁に物語っていた。

◉札幌市中央区に住む二十四歳、女性（離婚し、三歳と四歳の子どもがいる）

「以前、豊平区に住んでいました。離婚して、豊平区福祉事務所へ生活保護の相談に行きましたが、面接担当のケースワーカーに『テレビを売りなさい』『洗濯機を売りなさい』といわれました。『そういうもの売ってでも誠意を示しなさい』というんです。でも、洗濯機を売ったら、明日から、どうすればいいか不安で、売るのは勇気いりますよね。でも、こちらがそういっても『家財道具売ってから相談に来なさい』というんです。（売れない）家財道具を売れ。電話も売れって。

でも、一番ひどいなって思ったのが、『夜働いてはどうか』っていうんです。そして『体を売ることもできる』ってその人はいいました。そんなことをしたら法律に触れるじゃないですか、と私がいったら、ケースワーカーは、『体を売れ、と強制しているわけではない。それほどの意気込みを買いたい』というんです。こんなひどいことをいわれるなんて思いませんでした。相談に行くだけでも必死の覚悟で行ってるんですよね。それで、とてもショックでした」

この女性はその後、中央区へ移り生活保護を一部受けることができた。子ども二人を昼間、保育所に預けながら働いた。しかし、ケースワーカーが仕事熱心なのか、しょっちゅうちゃんと仕事をしているかどうかと仕事場をのぞきにきたり、電話をかけてきたりした。職場の人に「あのガラの悪いおやじは何?」って聞かれても答えられなかった。生活保護を受けていることは誰にもいっていなかったから……。ひどいのは申請のときだけでなく、保護を受けていても自分の成績を上げたいためなのか、こうしたいやがらせをしてすぐにでも働かせて保護を切ろうとする。「私も辞退届を書かされてしまいました。あんな精神的屈辱を受けるぐらいなら、辞退したほうがましだと思って……」

◉札幌市中央区の母子家庭(五十六歳。障害のある子どもが二人いて、夫と死別。以前、豊平区に住んでいて、夫と死別後、寝たきりの障害児の介護のため働きにも行けず、豊平区福祉事務所に生活保護を求めに行った)

「半年間、ほったらかしにされた。あっち行ったら『働かないとダメだ』こっち行ったら『○○しないとダメだ』とたらい回しの連続で……。それぞれ担当者が出てくるたび昔からの話をさせられる。十年も二十年も前の話からいちいち……関係のない話を根ほり葉ほり聞く。余裕がないから行った。ほんとうに十円の金も貸して欲しいから（福祉事務所に）行ったのに。帰りのバス賃もないから座り込んだこともありました。とにかく必死で……。

豊平区福祉事務所で『いつになったら保護をもらえるんだろう』って尋ねたら、『調べがすまないうちはお金は出せない』っていうんですよ。『それじゃあ、明日から子どもを殺しちゃうんですけど』って言うと、私、今でも忘れられないですけど課長さんが、『それだったら、泥棒寸前のようなことをして食べなさい』と言ったんです。『それじゃ、法にひっかかるじゃありませんか?』と聞き返すと、『そのときはアンタ責任負いなさい』という返事。さすがに私も、『それなら死んだほうがましです』というと、『じゃあ、そうしなさい』。はっきりいわれたんですよ。福祉って何だろうって思いました」

◉二十代の母子家庭の母親（札幌市中央区、母が離婚してこの人を育てたが、自分も離婚した。子どもは一歳半と四歳。パートで働いているが月収は五万円程度）

「中央区福祉事務所の窓口に相談に行った。担当者は、まず『生活保護は恥ずかしいことだ』といった。『別れた夫に土下座して復縁して生きていけ』『働け』と一点張りで、とても冷たかった。もう二度とあんなところへは行きたくない」

私たちは電話を受けながら、『名前』『住所』『電話番号』『年齢』『性別』『内容』『見出し』『日付』などを記した、かんたんな〝電話カルテ〟のような用紙に〝告発〟の記録をとり続けた。「けっして、他には漏らしませんから」と前置きしても、「名前」や「電話番号」などを教えてくれた人は少なく、多くが匿名の電話だった。

『見出し』のところに、「泣きながら」という電話カルテがある。私が受けた電話だ。三十一歳の未婚の母子家庭の母親からのものである。この女性は、二十九歳のときに子宮ガンで入院した。三、四歳の子どもが一人いて、手術して退院直後、しばらく働けないので札幌市中央区の福祉事務所に行き、生活保護を申請しようとした。しかし係の人は「実家があるんだろう」と拒み、さらに「働きなさい」といった。病気をした直後だと主張しても「元気そうじゃないか」といってとりあってくれなかった。保育所も福祉事務所の担当だが、空きがない、と子どもを預けることもできなかった。けっきょくは夜づとめ（水商売）をする。しかし、水商売も、服、化粧代、タクシー代など自分で出さねばならない経費が多く、実収入はわずか。

「私は……それでも足りなくて、けっきょく、売春もして、子育てをしました。亡くなった人はほんとうに可哀そう。役所の人は苦しさをわかってはくれない……」

最後は涙声で、消え入りそうな声であった。こういう電話をかけてくる人たちは、きっとこちらの言葉遣い一つ、声色一つで電話を切ってしまうにちがいない、と私は思った。それほど深刻で、今まで誰にも話さずに胸の奥底にしまっていた体験談だった。

◉札幌市中央区の母子家庭の母親（年齢不詳）

「私も亡くなったお母さんと同じ。主人がサラ金に手を出して離婚し、中一の子どもを抱え生活に困った。昼も夜も働いたが生活に困り、中央区福祉事務所へ相談に行ったが、係員の態度が悪く、困っている人の相談にのっているとは思えなかった」

◉札幌市東区の三十二歳の独身女性。母親と二人暮らしで家計を一人で支えている。

「五年前、体をこわし入退院をくり返しました。このとき収入は五～六万円。しかも原因不明の病気だったので病院代が月十五万円近くかかり、当時住んでいた白石区の福祉事務所に『一時期でも助けてほしい』と頼みました。しかし、係員は『三部屋、風呂付きのアパートはぜいたく。家を出なければダメ』といって断わりました。そのとき、『治療費二万円のお金にも困っている』と言うと、その係員は『たった二万円ぐらいすぐ払えるでしょう』といって、フフンと鼻で笑ったんです。そのことがずっと忘れられなくて、この人たちにはいくらいっても無駄だと思いました。とにかく、日に日にやせていく母がかわいそうで……一日一食ぐらいでしたから。餓死事件は、ほんとうに氷山の一角じゃないかなーって思います」

（この女性は、けっきょく、友人に百万円借りてその場をしのいでいるが、五年後の今も病弱な体

で時々入院しながらも働き、返済している）

なかにはノイローゼ気味の人からの電話もあった。

自律神経失調症で、「死ぬことばかり考えている」という三十歳の母子家庭の母親は、数年前に離婚、三歳の子どもがいる。

「餓死した人のことは、とても人ごととは思えません。私は白石区で生活保護を受けていますが、他の区に比べてとくに白石区は対応が冷たいように思います。私の場合も担当者が替わってもめました。きついんです。なにかというと『働け』といい、『ぜいたくはしてはならない』というんです。実家が農家をやってるものですから、たまに米を送ってくるんですが、そのことを正直にいうと、その米代を保護費から引くんです。うちにいたら、暗いことばかり考えて……具合も悪くなるし、子どもが大きくなるとどうなるのか……たくわえなきゃいけないと思うんですが、不安だらけで死を選ぶ寸前まで行ってしまうんです」

この人などホントにちょっとした言葉で突ついただけで、二、三週間寝こんでしまいそうな、弱々しい人だった。恭子さんの追込まれた精神状態はこの人に似ていないだろうか。

◉函館市　六十五歳の男性

「事故で下半身不自由になって医師の証明を持って生活保護を受けに行った。しかし職員は『金を貰うことをどう思っているのか。医者がどういっても、認めるかどうかは俺が決めることだ』と高圧的な態度。抗議すると『労働組合がバックについているから強いんだ』という」

◉羽幌町　二十九歳の母子家庭の母親（二歳と九歳の子どもがいる。夫とは離別）

「去年、病気になって、収入がなくなり、留萌の福祉事務所に相談に行った。『冷蔵庫はぜいたく。灯油なんてぜいたく。そんなものを持っている人間には受給資格はない』など、さんざんひどいことをいわれた」

生活保護を受けている人は、医療扶助といって医療費は無料になる。病気になったらまず福祉事務所に行って、ケースワーカーから「医療券」を発行してもらい、それを使って診療を受ける仕組みだが、「医療券」の発行についても福祉事務所の横柄ぶりが目につくという。

札幌市東区のある病院の女性事務員がいう。

「病院の事務をやっていると、本来なら持参しなければならない医療券を持たずに診療を受けにくる生活保護受給者が多いんです。病院としても困るので、理由を聞くと、『福祉事務所の職員が横柄で行きたくない』というんです。『仮病じゃないのか？』など、医療券発行にあたって、人格を傷つけるようなことをいわれるっていうんですね。かわりに私のような病院事務の者が、福祉事務所に電話して医療券の発行を求めても、『なにー！』って面倒くさそうな声なんです。それも毎回といっていいくらい……。これじゃあ、患者が行きたがらないわけだ、と思います」

◉札幌市白石区・母子家庭の母親

「病気で働けなくなって福祉事務所へ行ったら、『働けるだろう。甘えるのもいい加減にしろ！』などといわれた。けっきょく、病気が重くなり、入院して初めて『病気だ』と認めてもらえた」

◉釧路市の女性（六十二歳。八年前に夫が急逝）

「夫が死んだとき、福祉事務所に生活保護の申請に行った。『働きなさい』といわれ、『四回も手術して働けない』という実状を説明した。しかし『貯金が全部なくなったら来なさい』と断わられた。三回ほど行ったが同じだった。今は貯えもなく国鉄の年金五万円で細々と暮らしている。パートで勤めていたマッチ工場も（月二万円の収入になったが）倒産してしまった。隣の町内会の老人も去年、餓死してしまったが福祉は私たちにとって無縁なのだろうか」

◉四十七歳・男性・難病患者

「生活保護を受けている。しかし、受けるまでたいへんだった。十年間も難病で苦しみ、『働けない』という医師の診断書を持っていったが、『仕事できるでしょう』といって信じてくれない。そこで、市議会議員に頼んでみると、かんたんに受けられるようになった。窓口には人生経験豊富な人を置いてほしい」

◉札幌市東区の三十二歳の男性。身体に障害がある

「四年前、生活保護の窓口に相談に行った。妻が妊娠中だったが、保護受給条件として『子どもを堕ろせ』といわれ、病院まで紹介された。けっきょく子どもを堕ろして保護をもらった」

ケースワーカーが、堕胎まで指導する権利があるのだろうか？　耳を疑うケースである。

◉三十九歳の女性（結婚し小六と中二の二人の子どもがいる。夫が仕事中の事故で身体障害者になった。札幌市白石区在住）

「労災が打ち切られ、障害年金だけで生活している。生活保護を求めに白石区福祉事務所へ行ったが『夜働いて、場合によっては、体でも売ればよい』といわれた。そのとき、『きょうは帰れ、食うに困ったらまた来い』といわれ帰った。夫とは二人で一つのラーメンを食べている。私は気が弱いので自殺未遂をしたこともある」

◉札幌市白石区の三十代の母子家庭の母親（離婚し子どもは三歳）

「働く意志はあったが子どもが小さいので生活保護を求めに行った。『擬装離婚（離婚を装うこと

＝不正受給）ではないか』と何度も中年の担当者にしつこくいわれた。『おい、おまえ』とか、『働け』とか乱暴な言葉遣いで、申請させてくれなかった。今でも口惜しくてならない」

◉札幌市東区　双子を抱える母子家庭の母親、三十二歳

「子どもが三歳のとき、生活保護の申請に行ったが受け入れてもらえず、『親・兄弟に面倒みてもらえ』といわれた。働こうにも幼い子どもがいて働けない。やはり福祉事務所へ行き保育所の相談に行ったが、『現在、仕事をもっていないと受けつけない』という。逆ではないだろうか」

◉札幌市白石区の二十三歳の母子家庭の母親（二歳の男児一人がいる）

「腰が悪く働けない。現在、姉夫婦のアパートに居候をしている。生活保護を求めたが『働けるはず』といって受けつけてもらえなかった。保護をもらっている人のなかには、パチンコしたり、車に乗ったりしている人が近所にはいる。おめかけさんがいる人だっている。そういう人がもらえて、働けない私がどうしてもらえないのだろうか。現在一ヵ月三万五千円程度の児童扶養手当だけで生活している。二歳の子どもだから服とかおやつとかがいる。役所にいわれなくても早く自立したいが、生活保護も出ないので、どうやって自立していいかわからない」

この人は最後に、子どもに着るものも着せてやれなくて申し訳ないと涙声になった。

◉札幌市白石区の五十歳の母子家庭の母親（中三の息子がいるが夫は蒸発した）

「洋裁のパートをやって、月七万二千円の収入で子どもを育てている（時給四百三十円）。二年前低血圧で倒れ働けなくなって、生活保護を求めたが、『兄弟の援助を求めるように』とはねつけられた。二カ月間まったく収入が途絶え、何度か福祉事務所に行ったが、『兄弟の住所を教えろ』『親類に手紙を出す』などプライドを傷つけられるようなことを言われ、あきらめた。中学生を抱え、出費の多い時期だったが、病気の体を押して働き続けた。血の出るような苦労だった。今もギリギリの生活だが、二度と福祉事務所に行く気はしない」

◉札幌市白石区の男性（五十代）

「近所に住む女性がてんかんの子どもを抱えて、夜の仕事へ行っていた。それでも収入が少なく、生活保護を求めたが断わられた。しばらくして十二月ごろようすを見にいくと灯油もなく、てんかんの子どもはふとんにくるまって寒さをしのいでいた。見かねて福祉事務所へ行った。保護課長に会い、課長の指示で、その女性の家へケースワーカーが来て、二万円を手渡した。しかし、そのときケースワーカーがこの女性に対して、いやみの連続だった」

◉札幌市西区の三十五歳の女性（離婚後、B型肝炎で入退院をくり返す）

「福祉事務所では犯罪者扱いされた。行くと〝怒られる〟感じ。受けさせたくないみたい。私は二十回ぐらい通ってようやく認めてもらった。しかし『冷蔵庫を買っていいですか』と聞くと『ダメだ』という。『役所は役所のしきたりがある』と叫び、自分のことをオニの○○だ、と誇らしげにいう。人間扱いしてない。病気が治らないので、病院を医大病院に変えようとしても、なかなか認めてくれない。医療券という紙一枚もらうのもいや。人間扱いしてくれない。この冬も何度も通わされた。すごく丁寧にいうケースワーカーもいる一方で、ひどい人もいる。あれだけいわれたら、もう、どうでもよくなっちゃいます……」

（声が細く、うわずってノイローゼ気味の印象を受けた）

◉札幌市白石区の主婦（三十三歳。夫はうつ病で寝たきり。二人の子どもがいる）

「主人が精神病になってから私が一人で働いてきた。生活保護を求めに行くと一回めは『まず働け』『親はどうなのか』『兄弟は……』『子どもは保育所に入れろ』などいろいろいわれ断わられた。二回めに行くと『生命保険を解約しなさい。それで当面生活できるだろう』。いわれたとおりにしていくと、『手持ちの金が四、五万になったら来なさい』。いい方がとにかくきつくて『なんでそんな人（精神病の夫）と結婚したんだ。選ぶ人を間違ったな。男をみる眼がないよ』といわれた。心がどん底になった。実家にお金をもらうことに抵抗がある。カマドを別に持ったら別々だと思いそのときはとても泣きつけなかった。寒い雪の時期で、自分でも頭がおかしくなるんじゃないかという寸前までいった。相談にのってくれる人もなく、心がどんどんみじめになっていった」

◉札幌市白石区の母子家庭の母親（離婚。四歳と五歳の子どもがいる）
「病気になって白石区福祉事務所へ行くと、係の人は『二週間で認定できる』という。しかしそれから、何カ月も引きのばして『働け』などといい、あげくに『近くにお兄さんがいるじゃないか』という。その窓口で同じ相談員が、ヤクザ風の男に笑顔で応対しているのを見た。弱い者に強く、強い者に弱い行政に怒りを感じる」

生活保護を受けている人にとって生殺与奪の権利を握っているケースワーカーとしての職権を利用した、許せない輩もいた。

◉札幌市白石区の母子家庭の母親三十歳（小一と小三の子どもがいる）
「白石区の保護課の××（実名）が、自宅を訪問するたび何回も食事に誘ってくる。私の友人（女性）は、食事や飲酒に誘われ、つき合ったら体の関係を求められた」

◉札幌市白石区の母子家庭（二十代後半、子ども二人）
「生活保護を受けているが、三年前に担当だったケースワーカー△△（実名）が何度も訪れ、体を求められた。このケースワーカーは三十歳すぎで、子ども二人がいないころを見計らって電話をかけてきて『一人でいるように』といっては頻繁に訪れていた。仕事中に二〜三時間も、何だかんだと理由をつけて訪れていた」

◉札幌市の母子家庭の母親

「ケースワーカーが自宅に訪れ、『たまには外に出て羽根を伸ばそう。お茶でも飲みに行こう』などと誘うようになった。断わると、急に態度が変わり、『自立しろ！　そんな事でやっていけるのか！』という。まるで自分たちのお金で生活保護を賄っているような口ぶりで圧力をかけてきた」

◉道内の郡部に住む母子家庭の母親（四十六歳、二人の子はすでに成人）

「十二年前、田舎で水商売をしながら、一部生活保護を受けていた。福祉の人に『店を持つときは力になるから……』と何度もいい寄られたので、我慢できず、辞退届を書いた。二年前、店を持ったとき、別の福祉の人が来て『未亡人をずいぶんごちそうになった』と自慢していた。職を利用した行為で、ずっと許せないと思っていた。すっきりしたくて電話した」

民生委員からも告発が寄せられた。

◉札幌市中央区で二十年間民生委員をやっている女性

「福祉事務所の対応は異常なほど冷たい。生活保護者を減らそう、減らそうとしている。窓口の対応は『働け』が合言葉。二回、三回と来所させ、受給させせたときは身も心もボロボロになっているのが普通だ」

◉札幌市内の民生委員をしている男性（六十代）

「福祉事務所や係員は、保護の支給額を減らせば業務成績が上がる。仕事に忠実になると今回のケースが生まれる。民生委員会で市の理事者は『地区の民生委員は貧困者の発掘を……』と呼びかけたが、矛盾だらけ。末端の係員は可哀そうだ」

電話は子どもたちからも寄せられた。

◉札幌市北区に住む中学二年の女の子はこんな電話を寄こした。

「私の家は七年前に交通事故で父が死んで、母子家庭になりました。母子家庭の人は一食半ぐらいしか食べてないのが現状です。相談員も母子家庭のような経験をした人がやるべきじゃないでしょうか。私の母は以前、白石区福祉事務所に生活保護をお願いに行きました。狭い個室（面接室）に入って相談しましたが、係員はイスに座った母の回りを立ってコッコッと歩き、『うちの区から生活保護が出るのは不名誉なことだ』とか『なぜマスクをかけているのか？（たまたま風邪をひいていたそうです）』など、取調べのようだったそうです。まるで犯罪者扱い。『ひどいじゃないですか』と母が福祉事務所長にいったら、所長は『よその区へ引っ越しなさい』といったそうです。今も母は、『福祉事務所には行きたくない』と話しています」

◉母子家庭の一人娘として育ち、十八歳のとき母親が病気で倒れたが、なかなか生活保護を受けつけてもらえなかった経験を持つ二十三歳の主婦は、涙ながらに話してくれた。

「私が専門学校一年のときに、母が血清肝炎で倒れ、入院しました。そのとき札幌市豊平区の福祉事務所に行き、母の代わりに生活保護を頼みました。係の人は『あなたが学校を辞めて働きなさい。福祉の法律ではあなたも扶養義務がある』『家財道具を売って食いつなぎなさい』といって、とりあってくれませんでした。けっきょく、何回も通って医療扶助を受けられるようになりましたが、生活扶助は出ませんでした」

母一人娘一人の家庭で、母親が昔から何度か生活保護を求めていた。まだ小学生のころ、黒いアタッシュケースを下げて、ネクタイを締めた「恐いおじさん」が家へやって来て、押入れから何からすべて開けてみて、〝審査〟した、という。子ども心にも「ひどい！」と思うようなことをした〝審査〟は何度もあった。人間としての扱いではなかった。「お前たちに与えてやる」というバカにした態度で接してるという記憶が今でも残っているという。

現在は、結婚して一児の母になっているこの主婦に会いに行った。二階建ての木造モルタルアパートが建ち並ぶ豊平区の一角のアパートを訪ねていくと、この人はショートカットしたヘアスタイルにジーパンにトレーナー姿という若々しい服装で迎えてくれた。

居間の床では幼児用の積み木、スポンジボール、絵本などが散らばり、そのまん中で女の子が足を広げオルゴールを開け閉めして遊んでいる。

「今回の事件で亡くなった方が、母に重なって……。ほんとうにお母さんが子どものためにご飯を我慢したんだと思います。一歩誤まれば、うちの母もそうなったのかなって思うと……」

伏し目がちに一言一言、ゆっくりゆっくり言葉を吐き、片方の手の指をもう一方の手で握ったり、離したりの動作をくりかえす。

「あれは経験してみないとわかりません。ギリギリのところで、米つきバッタみたいにお願いしてるのに。窓口で『そんなのは申請を受けられない。十八になったんだから働け』と高校を出たての私がいわれたこと、『家財道具を売って食いつないでいけ』っていわれたことが口惜しくって……。なんとか世間の人に訴える手はなかったのかって自分なりには考えたんですよ。新聞に投書しようとか……。でも……ね、たったひとりの声なんてまずとり上げてもらえないでしょう? それが、こんな悲しい事件になってやっととりあげてもらったって……やっと弱者に対してね、世間が、ふり向いてくれるようになったって……そんな気がします」

報道部に寄せられた電話の数は、三百本を超えた。そのうち七割が、福祉事務所の冷たい対応を告発する憤りの声だった。

こうして明らかになった生活保護行政の実態。背景は何なのだろうか? この問題にメスを入れるため、私たちは本腰を入れることになった。

行政は責任を否定

「市に手落ちはない」

恭子さんの〝死〟について、行政側はどうとらえているのだろうか?

札幌市民生局社会部の松崎誠部長(当時)に尋ねた。

「恭子さんが白石区福祉事務所で生活保護を断わられたことに対し、行政に手落ちはなかったんでしょうか?」

松崎部長は、「面接員の話を聞くと、(恭子さんは)非常に元気そうで、まさかそういうことになるとは素振りも見えないということで、深刻には受けとめていなかった……」という。

「お役所が殺した、という声もありますが……」

「そういうことはなかったと思う。ただ、あとで電話をかけるなどの配慮をすればどうだったかな、という気はしますが、子どもさんも大きいし、まさかそういうことが、すぐ市の責任でどうのこうのというふうには結びつかないんではないかと思います」

恭子さんの死は福祉事務所が生活保護を断わったことが原因ではないし、行政には責任はない、という見解である。

恭子さんの〝餓死〟が発見されてから、五日後の一月二十八日、札幌市議会の厚生委員会で、この問題が取り上げられ、行政の責任が追及された。

このときも札幌市当局は、責任を否定している。

冒頭で、稲船初三民生局長は、「同じような事件が再度起きないよう、真剣に対応したい」と述べた。しかし、恭子さんが十一月に白石区福祉事務所を訪れたときの対応については、菜原睦人福祉事務所長はこう述べている。

「亡くなった母親が福祉事務所を訪れたときは、子どもの登校拒否など、生活をどうしたらよいかという一般的な生活相談ということで、また相談に来たときは元気そうで、差し迫った困窮の実態はないものと判断されました。したがって……むしろA子さんの個人的な特別な事情で亡くなったものと思われます」

恭子さんが白石区福祉事務所を訪れたのは「生活保護を申請するため」ではなく、たんなるふつうの相談のためだった、というのである。

これにたいし、山根泰子委員（共産）は、

「面接に来たときはそういうようすはなかったって、あなた方は外見だけで判断するんですか？その人がもうヨレヨレになってもう死にそうだっていうんじゃないと保護しないっていうんですか？

何を根拠にそう判断するんですか？」

と声を荒らげて質問した。

恭子さんは収入の少ない母子世帯であれば当然もらえることになっている児童扶養手当（月あたり四万円弱＝当時）をもらっていなかった。以前はもらっていたのだが、毎年八月福祉事務所に出さねばならない〝現況届〟を提出していなかったからである（四ヵ月分まとめて十二月に支給されるはずだった）。低所得世帯に認められる市営住宅の減免手続きもしていなかったため、家賃も滞納が続いていた。健康を害した際に病院にかかるため必要な健康保険証を持っていなかった。高い保険料をとられる国民健康保険に加入していなかったからである。

山根委員はこの点について、面接担当者がたずねたのかどうかをただした。

「児童扶養手当も十二月に支給されるであろうって推定でいってるでしょう？　今お金がいくらあるか聞きましたか？　国民健康保険に入っているか、家賃の減免をしているか、聞きましたか？　所持金については聞きました？　いくら持っているか？　どうなんです」

一回一回、隣りに座る札幌市社会部長や保護指導課長と相談して答弁していた菜原所長は、神経質そうに目をパチパチまばたきさせて声を震わせた。

「聞いておりません。差し迫った困窮の実態にあるとは判断できなかったわけです。働けるであろうという判断から、そういう努力をしてみてはどうかと申し上げた」

「けっきょくは追い返したことになりませんか？　緊急だという市民の通報もあり、前の日に（地区）担当者が見に行っている……。これはたいへんだなと思うから『明日、おいで』といって、来た人を外見だけで判断して、ろくに事情も聞かないで帰すってことがありえますか？　けっきょくああだこうだといって帰してるじゃありませんか？　それでも責任ないっていいますか！」

しかし、この日も、札幌市当局は「行政上の責任」を最後まで認めず、「健康そうだった」「本人も働いてみたい、といっていた」という答弁に終始した。

▨チャリティー

市民の間でも、亡くなった恭子さんの死を悼み、あるいは福祉行政のあり方を問う動きが、いくつかあった。

生活保護などの苦情相談に応じている市民団体「北海道生活と健康を守る会」（略称・道生連）は、札幌市の幹部に対して、〝餓死〟についての抗議を行なった（一月二十六日）。

また、道生連は、二月十四日に白石区で餓死事件の真相究明集会を開いて、恭子さんの勤めていた喫茶店経営者・黒田政子さんが事情を話している。

〝餓死〟から一週間後の一月三十日から数日間、恭子さんが勤めていた喫茶店「街角」でチャリティー営業を始めた。お客さんにコーヒーを無料で出すかわりに、遺された子どもたちの育英資金にしようと、いくらかの志を貯金箱にいれてもらう、というものである。

大型のバスやトラックが走る国道沿いに立っている喫茶店の窓には、経営者の黒田さんが、亡くなった恭子さんの気持ちを代弁して書いたという『遺書』が大きく貼りつけてあった。

「遺言

母さんは負けました…………（略）

お前たち　空腹だろう　許しておくれ

母さんを

」

店内に入ると、カウンターに「チャリティー募金」と書いた貯金箱やウイスキーの空きビンが置かれ、二十人も入れば満席となる店内の席の半分以上が埋まる盛況ぶりだった。

客がコーヒーをすすり終えて立ち上がると黒田さんが、「お代はどうぞこちらへ」と募金を促し、お金を入れ終わると、表紙に「善意の輪」と書いたノートに住所と名前などを書いてもらっていた。

新聞記事でチャリティーを知ったという人たちが次から次と入ってくる。

「きょうからススキノ行って酒飲むのやめた」

といって背広姿の中年の男性は、二万円を置いていった。

「お子さんに会う機会があったら、気おとさずにがんばって、といってください」そういってガッツポーズを見せて店外へ消えていった。

乗用車で乗りつけたベレー帽の男性は、「たぶん着れると思うけど……子どもたちに合うのがあればと思って……」といいながら両手に持ちきれないほどの衣類やふとんなどを抱えて、体で扉を押しのけて入ってきた。

「うちの子のお下がりなんだけど、あまり手をつけてないの選んできたので汚れたものはないですから」

ダンボール箱から黄色やピンクのセーターやズボンが出てくる。

取材に来た新聞記者なども集まり、店内は一種の〝賑い〟をみせていた。恭子さんがアパートでひっそりと息をひきとったことを思うと、この「チャリティー」はどこか違和感を感じさせた。

しかし、見たところけっして裕福とは思えない人たちまでもが、なにがしかのお金を持って次つぎと訪れる光景をみて、人びとの気持ちのやさしさを私は感じた。

一見して、身なりのみすぼらしい老人男性が何人かいた。喫茶店なんてふだん来ることがあるのだろうか、と思えるような人たちが一人で入ってきては「コーヒー」といって席に着く。黒田さんが私たちマスコミ関係者や他の客と餓死事件のことを声高に話しているのをじっと聞きながら、まるでチャリティーだなんて知らなかったように黙ってコーヒーをすすっていた。

そんな老人たちが何人か来ては硬貨を貯金箱に落として店を出ていったので、気になって何人か追いかけ、話を聞いた。

外では小雨が降っていた。八十歳で、白石区内で一人暮らしをしてるという男性は、「俺らも役所にはいろいろといじめられてるからさー」と言葉少なに話して去って行った。

六十三歳の、やはり白石区で一人暮らしをしている男性は、解体作業員として働いているが、冬場は仕事がなくアパートの家賃がたまる一方だという。福祉事務所に相談に行き「働きに行け！」と何度もいわれていた。

「応対の仕方がひどいんだよ、わしらのようなおとなしい人間には、ホント人間扱いしないからね。『アンタ、隠して貯金してるんじゃないか』とか刑事の取り調べと同じ……。今、職業安定所に通ってるけどね、六十五歳以上になると仕事なくなるし、どうしたらいいかね……」

見てはいけない現実を垣間見てしまったような気がした。

福祉の貧しさ、これが日本の現実なのか……高齢化社会を迎えようとしているのに……。その男性のシワが深く刻み込まれた目尻と、白いものが半分くらい混じる頬やあごに伸びた無精ひげを眺めた。悲しみに満ちた気力のない目をしていた。

これという収入はなさそうな人たちが、「子どもたちのために」とささやかなお金を貯金箱に入れるためにやってくる。その百円、二百円の重さを私は想像しようとした……。

▨福祉を考える市民と職員の会

二月上旬、札幌は、国際的な観光行事、さっぽろ雪まつり一色で賑う。戦後四十三年間で、人口は七倍以上も増え、昭和六十二年に百六十万人を突破した札幌。道内各地域からの流入が多く、昭和六十二年の人口増加率は横浜市に次いで全国二位。「好きですサッポロ」と歌謡曲ではないが、都市への好感度も、全国のトップで群を抜いている。

札幌市民としては、外人観光客もどっと増え国際都市という雰囲気に包まれてなんだか誇らしい気分になる雪まつり期間中だが、同じころシンボルともいえる札幌テレビ塔の会議室で、ささやかな市民の集会が行なわれた。

〝札幌市の福祉について考える市民と職員の集い〟という集会で、呼びかけ人は元ケースワーカーら現役の札幌市の職員数名。母親餓死事件について、職員の側からもなぜこうなるのかを市民に説明し、市民からは、体験談や意見を話してもらうという画期的な試みだった。組合とか政党とか組織の枠を越えてみんなで率直に話し合おうという発想である。五十名ほどが会場に集まった。

「餓死事件は起こるべくして起こった事件だと言えます。この時期をのがしては、生活保護行政のことも忘れられてしまうので何か言わなきゃいけないんじゃないかと思うんです」

司会役の大槻俊明氏（元ケースワーカー　三十三歳）。氏がマイクを持ってケースワーカーの側を代弁して話をする。

「誰だってきたならしいものや暗い話というのは好きではないのです。福祉事務所のように、市民の生活苦とか病気・離婚・障害といった〝暗い話〟を扱っている職場は、役所のなかでもさげすまれている。同じ役所でも、雪まつりのように派手なイベントや華かな仕事をするセクションはもてはやされる。そうしたなかで、福祉事務所で暗い仕事をやってると思ってる職員は、仕事にも力が入らないし、意欲もなくなってくる。いわゆる〝三流意識〟を持っている人のほうが多いんです。いきおい、相談などにやってくる人たちの、暗い、長々した話をきかされるとその人たちをさげすんでしまう。

言葉も威圧的になる。これに加えて、市の本庁や上司からは『安易に受けさせるな』という指導がくるわけです」

未婚の母親だという、母子家庭の母親が立ち上がった。一時期生活保護を受けていたが、〃辞退届〃を書かされて廃止になったと話した。

「なんだか、生活保護を受けているそれぞれの家庭が分断されているって感じがします。保護を受けていると、担当のケースワーカーが精神的な圧迫を加えてくるというか、とにかく会うたびに泣かされて帰って来なきゃいけない。とくに私みたいに、未婚で子どもを生んだ人間に対しては、他の母子家庭と比べても人間の屑だ、というようないい方をしてくるんです。しかも、心身症で、少し調子が悪くなってそのことを話しても、ハナっから仮病ぐらいにしか考えようとしない。そもそも心身症とか自律神経失調症とか、不安の多い母子家庭がかかりやすい病気に対してまったく無知なんです。私が『眠れない』って相談しても、仮病だろうといって疑う。思わず『こんなふうに何から何まで疑われてまで生活保護を受けたくない』っていうと、待ってましたとばかりにカバンから辞退届を出すんですよ。けっきょく、それにサインさせられて保護は廃止になりましたけどね……。今、生活はやっぱり苦しくて、新聞もとっていません」

豊平区内で生活保護を受けながらアパートを借り、ボランティアに介助をしてもらって自立生活をしている重度脳性マヒの男性は、電動車イスの上から訴えた。

「自分が、施設を出て地域で暮らそうと生活保護の申請をしたときもたいへんだった。ケースワーカーや係長が部屋に来てはなかの家具などをいちいち見て回り、『ステレオはぜいたくすぎる。売り払わなければ保護は出せない。だいたい、障害があるなら障害者らしく施設にいるべきだ。親が泣くぞ!』といわれた」と不自由な言葉で一言一言しぼり出すように話した。この男性が施設から出てきたころ、「地域で自立をめざす障害者」として私も取材したことがあったが、ジャズの音楽を聴くのが唯一の趣味で、施設でも小金をコツコツためてようやくステレオを買っていた。

いろいろな立場の人たちが生活保護について語った。必ずしも議論がかみ合ってるわけではなく、それぞれが、その思いを一気にまくしたてるという感もあったが、市民と職員をつなぐ新しい形の運動の可能性を感じさせた。ただ、参加した職員がけっきょく十名足らずの〝有志〟にしかならなかったのは残念な気がしたが……。

第II部　巨大なカラクリ

［I］生活保護の実状

起こるべくして……

▨門前払い

多くの人びとにとって「生活保護」というのは、縁のないものかもしれない。私自身、報道記者をやっていながら、この〝餓死事件〟が起きるまで、制度についてほとんど何も知らなかった。

いったい、「生活保護」は今、どうなっているのか。

ケースワーカー、福祉事務所、市当局と、取材を広げていった。

「餓死事件は、今の福祉事務所の体制のなかで起こるべくして起こった事件ですよ」

キャンペーン初日、市の福祉事務所で働く若いケースワーカーからこんな電話があった。

「今の生活保護は、申請をさせないで保護を受けさせないようにと、相談制度という形をとっていますから、今後も同じような事件は起こると思います」という。

〝相談制度〟という聞きなれない言葉を詳しく説明してもらった。

「生活保護法では、『保護は……申請に基いて開始する』(七条)とあり、本来〝申請〟を受けつけて、調査したあと却下するか開始するかを決めなきゃいけないんです。その場合、福祉事務所は

〝申請〟から二週間以内に決定しなきゃいけない。しかし、法律にはない〝相談〟という段階が、その前にあって、そこで、ふるいにかけているのが現状なんです。しかも、そこではできるだけ受けさせないようにしようという考えが強いですから、要件を整えさせて何回も帰す。そのうちに、相手が諦めてしまうのを待っているわけです」

生活保護法第七条には、「申請保護の原則」として、
「保護は、要保護者、その扶養義務者又はその他の同居の親族の申請に基いて開始するものとする。但し、要保護者が急迫した状況にあるときは、保護の申請がなくても、必要な保護を行うことができる。」

と規定されている。

そして、二十四条一項は
「保護の実施機関は、保護の開始の申請があったときは、保護の要否、種類、程度及び方法を決定し、申請者に対して書面をもって、これを通知しなければならない。」
同条第三項「第一項の通知は、申請のあった日から十四日以内にしなければならない。但し、扶養義務者の資産状況の調査に日時を要する等特別な理由がある場合には、これを三十日まで延ばすことができる。この場合には、同項の書面にその理由を明示しなければならない」
第四項「保護の申請をしてから三十日以内に第一項の通知がないときは、申請者は、保護の実施機

関が申請を却下したものとみなすことができる。」
図解すると、図1のようになる。
二十四条二項に「前項の書面には、決定の理由を附さなければならない。」とあるが、申請者は、決定に不服がある場合には、上級官庁に対して、審査請求、再審査請求などの「不服申立て」ができる。（生活保護法六十四条、六十五条、六十六条）
さらに、それでも不服がある場合は、行政訴訟を提起することを法は保障している。（法六十九条）
〝申請〟によって、福祉事務所は一定期間内に、保護するかどうかの決定をすることを義務づけられており、一方、申請した側にとっては、不服がある場合の〝手続き的な保障〟がなされている。

図1

〈「生活保護法」に定められた手続き〉

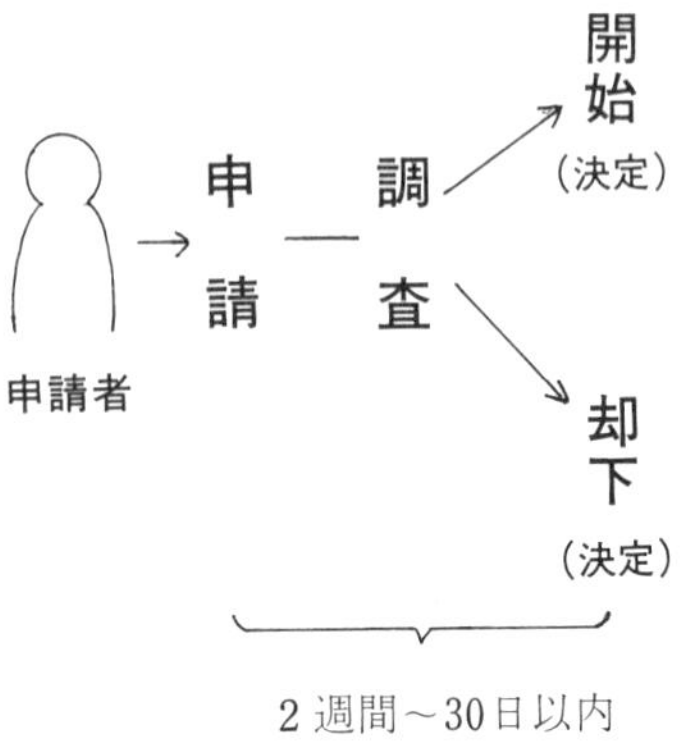

図2

〈実際に行なわれている手続き〉

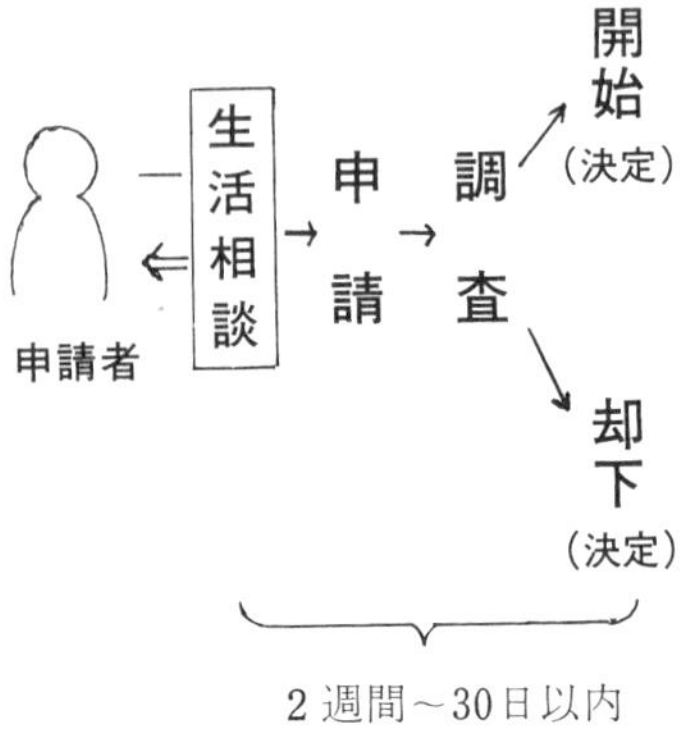

ところが、私たちに告発の電話を寄せてくれたケースワーカーによると、「申請の前に、実質的な手続きである〝相談〟という関門がある」という。

図解してみると図2のようになる。

生活に困って、生活保護に助けを求めて福祉事務所を訪れても、ふつう、すぐには申請できない。応対した面接担当ケースワーカーから、申請用紙を手渡されることも、よほどのことがないとない。餓死した恭子さんも、報道部に電話をくれて「保護を受けられなかった」と嘆いていた人たちも、実際には、「申請」には到っていない。

本人は、申請したつもりでも、まだ行政上の手続きにのっていない段階で門前払いされていたのである。

電話をくれた人たちのなかに「半年もたらい回しにされた」とか、「十回二十回と通ったのに、保護をもらえなかった」という人が多かったが、すべてこの「相談」の段階のことだった。

「若いのだから働きなさい」「別れた夫に、子どもの養育費を払ってもらいなさい」「家財道具を売りなさい」「親兄弟に養ってもらいなさい」などいろいろなことをいわれて、最後に「それでもダメならまた来なさい」となるか、「今のままでは保護は受けられません」となるか、いずれにせよ、相談段階では、調査にも入らず、まだ生活保護申請の手続をしていないわけだから、時間がどれだけかかっても、法が定めた〝期間〟の問題は出てはこないのである。

しかし、これでは、生活に困って、きょう、明日の食費にも事欠く人たちは、たまったものではない。

申請した本人や家族の経済状態や精神的・肉体的健康状態に支障が起きてはならない、と生活保護法が決定までの期間を定めた法の趣旨にそむく実態となっている。

札幌市内の生活保護に関する統計のうち、私たちが最も注目したのは、相談件数と申請受理件数のギャップである。

札幌市内の福祉事務所で生活保護の〝相談〟に訪れた人のうち、実際に申請用紙を記入し、係員に提出した割合の推移は図3のとおりである。

取扱＝相談件数のうち、申請を受けつけてもらえる人は全体の四〇％どまり、残り六〇％は、申請書を書く段階にも行っていない。いわば〝門前払い〟されているのである。

このギャップについて札幌市は、「まったく明らかに生活保護に該当しない人まで申請させるというのは、行政効率上無駄」（松崎部長）といっているが、私たちが受けた視聴者からの電話の多くが、「申請もさせてもらえなかった」というものであることを考えると、たんに、明白な非該当者だけを振り分けるものとばかりは言えないようだ（ちなみに、申請を受理された場合に生活保護が開始される割合は、おおむね八五％〜九〇％という高い割合となっている）。

後に私は、全国のいろいろな自治体の福祉事務所のケースワーカーたちから話を聞く機会を得たが、「申請受理率の低さ」はどこの福祉事務所でも「ここ十年ほどの傾向」として問題としていた。申請

図3　札幌市の生活相談件数と申請受理率
（取扱い件数）

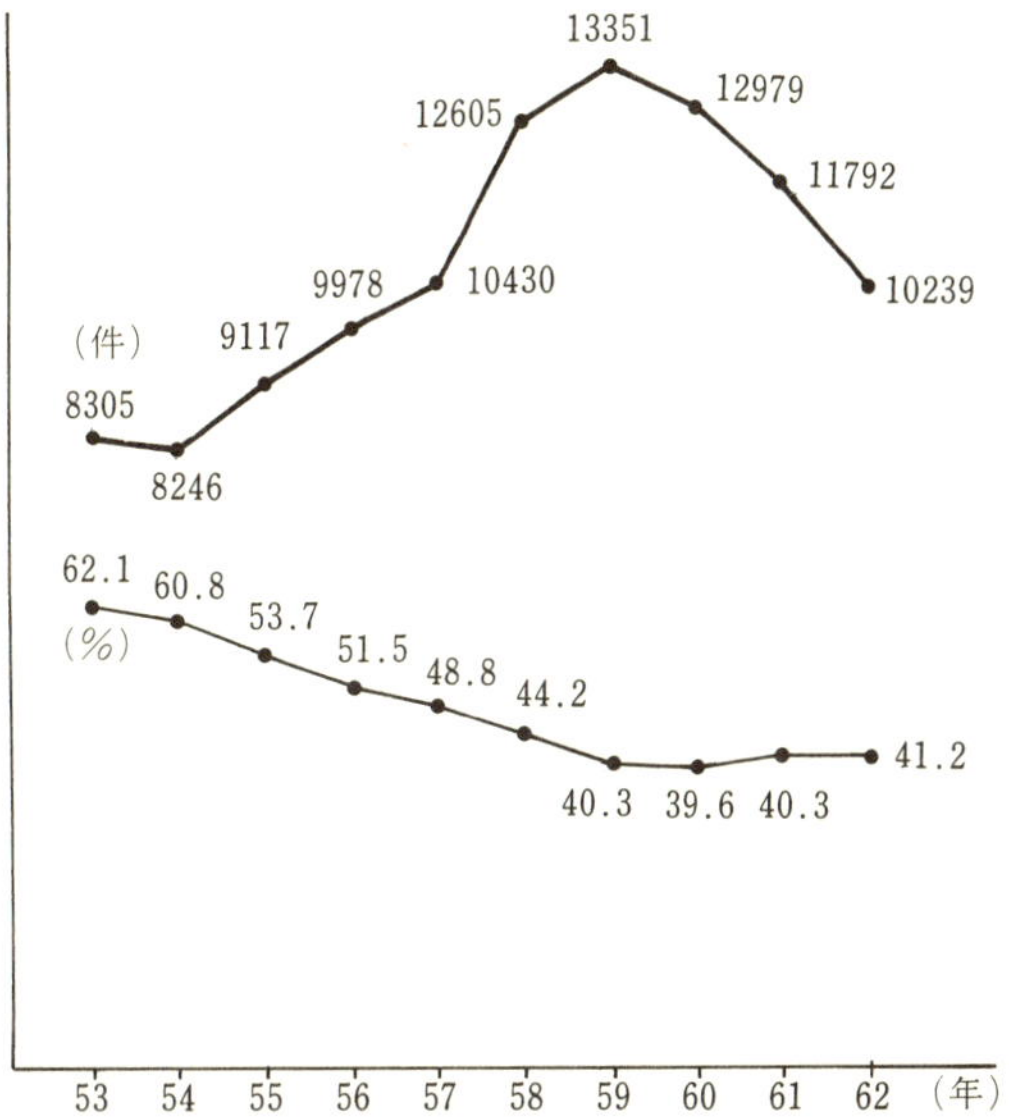

受理率が三〇%とか二〇%という福祉事務所も全国にはザラにある。

▨ワーカーたちの言い分

福祉事務所は地方公共団体が設置する「生活保護法、児童福祉法、母子及び寡婦福祉法、老人福祉法、身体障害者福祉法及び精神薄弱者福祉法に定める援護、育成、又は更生の措置に関する事務をつかさどるところ」（社会福祉事業法十三条六項）である。

生活保護を担当する保護課の他、児童福祉、老人福祉、母子、障害者福祉の担当係があり、それぞれ、年金とか手当について市民の相談に乗る。

そんな個々の人たちの生活について相談を受け、面倒をみる職員のことを総称して〝ケースワーカー〟と呼び、とくに生活保護担当者だけをケースワーカーと呼ぶことも多いようである（以下、ケースワーカーはすべて生活保護の担当者とする）。生活保護ケースワーカーは、保護の相談を行ない申請の受付けをする面接担当者と地区を受け持ち、その地区の生活保護受給者の面倒をみる地区担当者とに分かれる（別れていないところも七三％ある＝昭和六十年度）。

社会福祉事業法で〈指導監督を行う職員〉と〈現業を行う職員〉には「社会福祉主事」という資格が必要ということになっているが、この「社会福祉主事」は四年制大学の卒業生で、社会福祉の課目を履修した者か、さらに一定の厚生省の指定する講習会を修了したか試験に合格した大卒職員が認定される。

社会福祉事業法が規定する「社会福祉主事」の条件とはこうである。

「人格が高潔であって、思慮が円熟し、社会福祉の増進に熱意があり……」（社会福祉事業法十八条）

これは法が求めるケースワーカーの条件と考えてもよいだろう。しかし、実際には、寄せられた電話に見られるように、とても「人格が高潔であって」とは思われぬ対応も多いようである。

一体どうなっているのだろうか？

法律によると、市や特別区では一人あたり平均で担当ケースが八十を越えてはならないことになっている。

札幌市では、昭和六十二年五月現在二百三十七人のケースワーカーがいる。一人平均では七十六世帯（ケース）を受け持っていることになるが、人によっては百ケースを超える人もいる。

札幌市の場合、大学で福祉を専攻した人を特別に採用する枠はない。つまり、福祉については専門職制度がなく、一般の事務職として入ってきた職員が転勤で回されてくる（現在十大都市で福祉職採用をしているのは、神戸市と横浜市だけである）。

きのうまで税務課にいて税金の計算をしていた人が突然、生活保護のケースワーカーになる場合も少なくない。札幌市の場合任期は平均すると三年から五年。長い間福祉事務所のケースワーカーをやっている職員は、「ケースワーカーになるというと役所内の序列でいえば、三流職員のレッテルをはられたようなもの」と自嘲する。

札幌市役所の職員組合がケースワーカー全員に行なったアンケート調査では、ケースワーカーを今後も続けたいという人は全体の一二％で、八八％の人が他のセクションへの異動を希望している。

道内のＱ市から電話をくれたケースワーカーに会いに行った。面接担当と地区担当の両方をやっているという彼は苦悩の胸の内を話してくれた。

「一人八十世帯を持っているとかなりの負担になるんですよ。なおかつ相談業務もやらなきゃいけない。そこで保護を受けさせないようにするんです。今の体制のなかで、話を聞いて〝申請〟を受けつけると業務量が莫大になる。いちいち調査をしなきゃいけない。法律では二週間以内に保護するかどうかの決定を行なわねばなりませんから……。それで要件を整えさせながら来たくなくなるのを正直いって待っているんです。健康であれば働きなさい、職安に行きなさい、そして求職状況を教えなさい、と何回も帰していく……。厚生省あたりから暗に指導もあるのでそういう風潮があります」

この厚生省の指導、というのは主に「監査」を通じて行なわれる。このことは後に詳しくのべるが、厚生省や道から担当者が監査に来たときに、ケース記録を見る。何回か帰していると「ああ、けっこうやってますね」と評価される。現場としては、〝相談〟を行なって、（〝申請〟を受け付けずに）帰すのがいいと思ってしまうという。

しかし、今回の餓死事件のように、帰した結果、死ぬか生きるかという瀬戸際に追い込まれることはないのだろうか？

「そこなんですよ。そんなたいへんなことを相談のなかでケースワーカーが判断して帰してしまうでしょう。〝申請〟を受理せずにいったん帰してしまうと連絡をとる方法はないですからね。生きるか死ぬかはもうわからないわけですよ。帰ってしまうと、ああ、よかったな、と思う気持ちも正直いってあるんですが……」

大卒でいきなりケースワーカーになって五年ほどになるが、ずっとこれでよいのか、と疑問を持ち続けてきたという。

素顔はふだんアイビールックできめている屈託ない青年である。

「夜、眠れなくなってしまうんですよ。明日になったら自殺したという記事が新聞に載るかもしれない。気の弱い人とかだったら……。とくに餓死事件の後は、それが気になって……。ケースワーカーはかわいそうですよ。厚生省や道の指導が、相談段階で要件を整えさせながら帰せ、というふうに厳しくなっていますからね……。そうじゃいけないんですけどね。福祉は」

三十代半ばのあるケースワーカーは、休日に電車で一時間以上かかるM市からわざわざ札幌に来てくれた。

「やはり自治体として予算がない、という財政負担の問題があるのと、もう一つはケースワーカーの感情論で対応がきつくなる。建前的には実施要領にもとづいて判断するが、〝申請〟行為のあと調査していくとたいへんだというので〝相談〟の段階で帰す――この〝相談〟段階でケースワーカー自身の主観が入ってしまう。ケースワーカーといえども辞令一枚で他の部署から異動してくる人もいるわけですから、必ずしも『福祉』に理解のある人ばかりとはいえない。ケースワーカーの感情論が働いてしまう。『自分たちより、いい生活してるんじゃないか』とか、『不正受給してるんじゃないか』、『安易に離婚なんかして……』などと思ってしまい、それがあなたたちのいうように〝冷たい応対〟になってしまうことにもなるんです」

ケースワーカー歴十年というこの人もやはり、厚生省などの「監査」の問題を指摘する。

「厚生省や道などは最近の財政難から保護を受けようとする人には『適正な』指導をせよ、といってくる。ほんとうに困窮していても一回の相談で申請を受け付けると監査などで指摘される。二回三回なり来させてからじゃないとダメだという上からの指導事項があるんです。本来、保護すべきケースであっても、来なくなるのをそうやって待つんです。しかも、『適正な指導』というのは、不正受給がないように細かいいくつものチェックポイントを調べろ、ということなんですが、ここ数年でかなり細かくなっていて、そのすべてを調べることはとても不可能です。たとえば離婚した母子家庭なら、別れた夫の養育費はとか、その行方がわからないと捜索願いを出せ、とか細部に渡っているんですが……」

そういって私にいわゆるチェックポイントの表を見せてくれたが、そこには百以上の項目が羅列してあった。

「申請を受けつけて二週間でこのすべてについて調べなければならない。これは膨大な事務量です。調べてないと、監査で『調べてないじゃないか』と指摘されますからね。とくに厚生省の監査は急激に保護率の上がった自治体や福祉事務所に入りますから……。そこで申請をできるだけさせないで、相談で帰してるんです」

このケースワーカーは「もし相談に来た人が『どうしても申請したい』といってきたら、拒むことはできない」という。

しかし、相談に来る人たちのほとんどは、生活保護の場合、法的には〝申請〟によって保護の請求ができることを知らない。彼らが知らないことをいいことに帰しているのが福祉事務所の現状だという。

「そのうちに来なくなる……。ほんとうに困ってる人がまた来るだろう、と考えてギリギリの線の人には、『もう少しがんばれ』と説得して帰ってもらう。窓口で絞っているわけです」

「でも……」と彼は考える。「弱者救済が福祉の精神だと思うんですよね。受けたいという人が十人いて、仮りに九人がほんとうに保護を必要としていて一人が不正受給者だとすると、今の行政は区別がつきにくいので十人とも、原則的に保護しない、という立場に立ってるように思います。本来なら一人二人不正受給者がいるらしくても、ほんとうに必要としてる人のことを考えて、原則的にはまず全員を保護するというのが、福祉的な考えじゃないかと思うんですが、ちがいますかね……」

▨辞退届

保護の〝抑制〟は、保護を開始するときばかりではない。保護を受けていても、何かちょっとしたきっかけがあると、打ち切られる。打ち切られる、といっても、餓死した恭子さんのように、保護を受けている本人が、まだ受給資格があるのに「辞退届」という書類を出し、「自分から、保護を辞退します」と自主的に廃止になる形がほとんどである。

しかし、この辞退届、形の上では「本人の意思で」ということになっていても、実質的には、「無理強い」に近い場合も多いようだ。

前述した〝札幌市の福祉を考える市民と職員の集い〟のところで紹介した母子家庭の母親の話などもその一例である。彼女はプライバシーにかかわることまで、再三にわたってケースワーカーから屈辱的なことをいわれ、思わず、「こんなみじめな思いまでして保護なんてもらいたくありません」といってしまい、まってましたとばかりに「辞退届」を書かされたと発言していた。

腹が立ったので、「理由」の欄に、

「ケースワーカー○○さんが家に来るたび『……』のような人格を傷つけることばかりいうので、これ以上、保護を受けたくありません」と書いて渡した。二、三日たって、そのケースワーカーがやってきて、「これでは受取ることができないので、書き換えてくれないか」といってきたが、断わると帰り、そのまま、保護を打ち切られた。

「とにかくケースワーカーは、私の人格を認めてくれない。受けてる間にも『あんたが仮病使って遊んでいる、という電話があった』といわれたりで泣かされて……人間のクズみたいにいわれる。今も、生活保護基準以下の生活ですが、あの精神的屈辱を思うと、足が遠のくんです」

生活保護を受けていると、すごく孤独なのに、それに対して精神的な圧迫を加える、とその女性は何度も「精神的圧迫」という言葉を強調した。

泣きながら電話をくれた、一歳児がいる母子家庭の母親（三十歳）の話。

「最初はケースワーカーも強くいわないんです。でも生活保護をもらって何カ月かたってくるといわれる。私はパートで洋裁の仕事をしながら不足分を補護してもらっていたんですが、『何でもっと収入の多い仕事につけないか』とか、『職を変えなさい』といってくる。このパートだってようやく見つけたのに……子どもがいると仕事も難しいんです……。でも何度も強くいわれる。ケースワーカーが来るたびにいわれると、考える余裕もなくなってくるんです。収入のいい仕事なんか見つかるあてもないのに、もういらないっていってしまいました。そしたら、サッと辞退届を出してきて『サインしてくれ』って……」

札幌市白石区で夫と離婚後、病院の付添婦のパートをしながら、一部生活保護を受けながら三人の子どもを育てている母子家庭の母親はこう語る（この人は二度保護を廃止になり、また再開している）。

「私が辞退届を書かされたのは、新しい仕事を見つけたときでした。ケースワーカーに、『今月中に仕事を探さないともう待てません』といわれて仕事を探した。職を見つけたと報告すると、辞退届をテーブルの上に載せるんです。『どう書けば、いいんです？』っていうと、『ここに、〃私は、〇〇という仕事が見つかりましたので保護の辞退を希望します〃と書け』という。まだ、保護の基準以下の収入だったんですけど、そういうものかな、と思って書きました。

それから生活が苦しくなってまた保護を受けたんですが、市営住宅に入ることが決まったときに、また『今度はやっていけるでしょう。辞退届を書いてほしい』。といわれました。そのときも基準以下の生活でしたが、そういわれると、そういう気持ちになってしまうんです。あの人たちは、辞退届を持ち歩いてるみたいですね」

耳で聞いていても、辞退届というのはピンとこない。そこで、五月に白石区福祉事務所へ行き、見せてもらうことにした。

餓死事件から、三ヵ月以上経過していた。白石区福祉事務所に菜原睦人所長（当時）をたずね、辞退届の所在を尋ねた。

「正式な書式というのが決まっているわけでもありませんから、……お見せするわけにはいきません。」

「でも、印刷された用紙があると聞いていますけど。ケースワーカーが持っているものがどうして見せてもらえないんですか?」

それでもけっきょく、見せられない、という。私も気色ばんだが、その日はいったん帰ることにした。

次の日、再び、白石区福祉事務所へ行くと、所長は不在で、高原市太郎保護課長が応対した。

「辞退届用紙は、渡すよ。でも、私らも参考までに使ってるので、正式な書類ではないってことを理解してもらわないと。私どもとして辞退届を必要とするのは、保護の基準に達しない人が、保護を辞退したいというとき、そんなときだけ使う。たまたま、本人が自立できるってときに参考に一つの見本でおいてあるだけで、こっちから強制的に書きなさい、というのはありえないことで、あくまで本人の意思で行なわれています」

問題の辞退届というのはこんな書類だった。

一枚の紙に「保護辞退届書」と書かれ、「札幌市白石区福祉事務所長殿」と宛名がある。その下に本人の住所氏名を書く場所がある。さらにその下に、『昭和○年○月○日から生活保護法による保護を受けておりますが、下記の理由により、昭和○年○月○日から生活保護を辞退し自立いたしたくここにお届けいたします』と印刷され、理由を書く空欄が七行分あるというかんたんなものであった。

札幌市内のあるケースワーカーによると、辞退届を書かせるには、「コツがある」という。

生活保護法第七十八条は、

「不実の申請その他不正な手段により保護を受け、又は他人をして受けさせた者があるときは、保護費を支弁した都道府県又は市町村の長は、その費用の全部又は一部を、その者から徴収することができる」

と定めているが、まず七十八条を示して、〝脅す〟のだそうだ。保護受給者が生命保険や預金を隠していたとか、仕送りがあったのを申告しなかった、ということは、たまにあるが、ケースワーカーがそれを見つけたときには、それがどんなに軽微なものであっても「不正受給だから、七十八条によって、さかのぼって徴収する」という。さらに従わないときには、八十五条、

「不正の申請その他不正な手段により保護を受け、又は他人をして受けさせた者は、三年以下の懲役又は五万円以下の罰金に処する。但し、刑法に正条があるときは、刑法による。」

を示して、「うしろに手が回ることになるよ」と、辞退を勧める。こうすると、何か、申告していなかったことを見つかった保護受給者は、辞退届を書かざるをえなくなる、という。

印刷された用紙をケースワーカーたちがいつもカバンに持ち歩いていることを考えると、たんなる「参考」などといえるだろうか。一種の強制力を持ちはしないだろうか。

餓死した恭子さんも、昭和五十六年に市営住宅への入居と病院の正職員になったことをきっかけに、

辞退届を書くよう、「勧められ」て書いていた。

法の精神

▨国民の権利

歴史を振り返ると、生活に困った人が、生存を脅やかされないように、「権利」として国から最低生活を保障してもらうことができるようになったのは、昭和二十五年に今の生活保護法が制定されてからである。

生活保護などのように、行政が何らかの理由で生活運営が困難な人を補助することを「公的扶助」というが、日本の公的扶助では明治七年施行の恤救《じゅっきゅう》規則が、七十歳以上十五歳以下で病気や障害で働けない者や独身で疾病者に限って扶助の対象としていた。

この規則の特色は、「根本観念は隣保相扶をもって救済の基本原則とする立場に立ち、その被救済者の範囲、救済の範囲……方法等極めて限定されている点の如きは、大宝律令における戸令の再現を思わせるもの」で、「高々地方行政庁に対する取扱い標準の示達たるに過ぎなかった」（小山進次郎著『生活保護の解釈と運用』）。

昭和七年施行の「救済法」は、六十五歳以上の老衰者、十六歳以下の子ども、妊産婦、障害、病気で働けない者を対象と少し広げている。

しかし、扶助するのが国としての責任であり、受けるのが国民としての権利である、ということは認めていなかった。不服申立ての手続きもなく、肉親の扶養義務が絶対的に優先され、稼働能力がある場合は、扶助は受けられなかった。

昭和二十一年に新憲法に基いて、初めて「生活保護」という言葉が入った「旧生活保護法」が制定されたが、これはGHQの熱心な指導により推進されたもので、「従来の救貧法的な伝統を打ち破り、国家責任による近代的な社会保障制度への前進を示した」(『解釈と運用』)という画期的なものだった。

しかし、民間篤志家にすぎない民生委員が行政の「補助機関」となっていることや、保護の請求権や不服申立の制度が法律上確立されていないことなどから、昭和二十五年五月に廃止され、全面改正され、現在の生活保護法が施行されている。

日本国憲法二十五条は、一項に、

「すべて国民は、健康で文化的な最低限度の生活を営む権利を有する」

二項に、

「国は、すべての生活部面について、社会福祉、社会保障及び公衆衛生の向上及び増進に努めなければならない」

と規定する。

これを受けて、現行の生活保護法第一条は、法律の目的をこう規定する。

「この法律は、日本国憲法第二十五条に規定する理念に基き、国が生活困窮するすべての国民に対し、その困窮の程度に応じ、必要な保護を行い、その最低限度の生活を保障するとともに、その自立を助長することを目的とする」

昭和二十五年五月二十日に厚生事務次官から各都道府県知事に宛てられた「生活保護法の施行に関する件」という通知には、法律改正の趣旨がこう書かれている。

「新法においては、国が国民の最低生活を保障する建前を明確にするため保護を受ける者の法的地位を確立し、保護機関等の職責権限と要保護者の権利との法的関係とを明瞭化するとともに、保護に関する不服申立制度によって、要保護者が正当なる保護の実施を主張し得る法的根拠を規定した」

さらに通知は、

「この法律による保護は、この法律に定める要件を満たす限り、要保護状態に立ち至った原因の如何や、又は人種、信条、性別、社会的身分、門地等の如何によって優先的又は差別的な取扱をすることは、厳に戒めるべきであると同時に、新法において国民に対し積極的に保護請求権を認めた趣旨にかんがみ、この取扱に当っては、あらゆる方面において名実ともに慈恵的観念を一擲して臨むよう十分に指導されたいこと」

「新法においては、生活に困窮する国民に対して保護の請求権を認めたことに対応して、保護は申請に基いて開始することの建前を明らかにしたのであるが、これは決して保護の実施機関を受動的、消極的な立場に置くものではないから、保護の実施に関与する者は、常にその区域内に居住する者の生活状態に細心の注意を払い、急迫の事情のあると否とにかかわらず、保護の漏れることのないようこれが取扱については特に遺憾のないよう配慮すること」

「新法による不服申立は、国民の保護請求権の上に築かれた法律の制度であって、被保護者の権利がこれによって具体的に保護されるという重大な意義を有するものであるから、その取扱については慎重に慎重を期し、国民の権利救済に遺憾なきを期すること」（傍点筆者）

生活保護法の制定にあたって、その立案の当初から公布、実施にいたるまで、事務上の責任者として関与し、「恐らくこの法律の条文のすべてについてその立案乃至は制定の理由と経緯を一番正確に知り得る立場に在ったので、この点を明らかにしておくことが私の責務と考えた」厚生省社会局保護課長小山進次郎は、昭和二十五年十二月、九百四十ページに及ぶ長篇『生活保護法の解釈と運用』（中央社会福祉協議会）を著している。

そこには生活保護法の制定過程や条文の解釈・運用にあたっての注意などが書かれているが、小山ら当時の厚生省の職員たちが、新法の制定を喜び、いかに生活保護を国民の権利として定着させたい思いにとらわれていたかが伝わってくる。生活保護行政という福祉の根幹に携っている担当者としての意気込みや誇りが生き生きと伝わってくる。
　小山の著述に従って、生活保護法の条文を紹介していこう。

▨国の義務

第二条「すべての国民は、この法律の定める要件を満たす限り、この法律による保護（以下「保護」という。）を、無差別平等に受けることができる。」
この条文は「国民に保護を請求する権利（保護請求権）があること」と、「保護請求権は国民のすべてに対し無差別平等に与えられていること」を定めている。国が国民に対して、保護に関する義務を負い、国民が国に対して、保護に関する権利を有することを明文化したわけで、国民は「積極的にその実現を請求することができる」し、「当然の結果として保護請求権の保護を裁判所に請求することができる」（傍点筆者）
第三条「この法律により保障される最低限度の生活は、健康で文化的な生活水準を維持することができるものでなければならない」
「要旨とするところは、それが単に辛うじて生存を続けることを期しめるという程度のものであってはならないこと、換言すれば、少くとも人間としての生活を可能ならしめるという程度のものでなければならないことを明らかにしようとする点にある」（『解釈と運用』）
第四条「保護は、生活に困窮する者が、その利用し得る資産、能力その他あらゆるものを、その最低限度の生活の維持のために活用することを要件として行われる。

2　民法に定める扶養及び他の法律に定める扶助は、すべてこの法律による保護に優先して行われるものとする。

3　前二項の規定は、急迫した事由がある場合に、必要な保護を行うことを妨げるものではない。」

「『保護の補足性』について規定したものである。保護は自らの力で最低生活を維持することができない場合に行なわるべきものであり、民法上の扶養や他の法律で定められている公的扶助は、建前上生活保護に優先して行なわるべきものであることを要旨とする」（『解釈と運用』）

ところで、この「補足性」の規定について、小山は当時こんな心配をしている。

「第一項及び第二項の規定は、或いは要件として、或いは建前として規定されており、且つ、要件としても努めて弾力性のある内容を持たせるように配慮されているから、当然保護が行なわれるべき場合に、この条文に規定する建前に縛られて保護ができないということは、法文の解釈上も殆どあり得ないと考えられたのだが、万一の場合を考え第三項の規定を置いたのである。」（傍点筆者）

そして、むしろ第三項に、実質的に意味があり、「この規定があることによって……立法の趣旨に則したものとなっている」と書いている。

民法上の扶養義務は、親子などの直系血族や兄弟姉妹については絶対的な扶養義務者とし、夫婦もこれに準ずると考えられる。それ以外の三親等以内の親族で、家庭裁判所が特に扶養の義務を負わせた場合にも生じる（相対的扶養義務）。

この規定について小山は「家族制度の崩壊が一段と浸透してくれば、恐らく夫婦、親子のいわゆる生活保持の義務だけをこの法律に優先させるという意見が、再検討されるときが到来するのではあるまいか」と書いている。昭和二十五年のことである。

なお、旧生活保護法は、「能力があるにもかかわらず、勤労の意志のない者、勤労を怠る者、その他生計の維持に努めない者」や「素行不良な者」は、保護しないと明記していた。これに対し新しい生活保護法は、欠格条項がないので、「過去は如何様であれ、今後この規定に沿って行動する見込みさえあれば保護が与えられることになっている。特に、素行不良ということはそのこと自体では過去であれ将来であれ、この規定の適用に全然関係さすべきでないというのが新法の態度」である。

現行の生活保護法は、日本の歴史上で初めて、すべての国民が国に対し、「生活保護を求める権利＝保護請求権」を持つことを明らかにした。この結果「申請」という手続きは、国民が「この権利を行使するための法律的手段に高められるに至った」のである。

〝申請〟に基いて生活保護が開始される、という「申請保護の原則」は、生活保護法の根幹をなすものである。

第七条「保護は、要保護者、その扶養義務者又はその他の同居の親族の申請に基いて開始するものとする。但し、要保護者が急迫した状況にあるときは、保護の申請がなくても、必要な保護を行うことができる。」

「国民には保護請求権が与えられる。その発動形式として保護の申請がある。保護の実施機関は保護の申請に対し必要な保護の決定をするか、又は申請の却下をするかしなければならない。かかる対応措置を講ずることなく三十日を徒過したときは申請を却下したものとみなすことができる。申請の却下に対しては勿論その他の保護の決定について不服があれば不服の申立をすることができる。」(『解釈と運用』)

とくに運用にあたって、小山はこのように指摘している。

「申請保護の原則は、保護の実施機関をいささかでも受動的な立場に置くものではない。……保護の実施機関としてはこの制度の趣旨を国民に周知徹底させ、この法律に定める保護の要件を満たす者が進んで保護の申請をしてくるよう配慮すべきは勿論であるが、このほか地区担当員(家庭訪問員)が社会調査を実施して要保護者を積極的に発見するとか、民生委員の積極的協力を受け要保護者について連絡を受けるとか……要保護者と生活保護制度を結びつけることに最善の努力を払うべきである。時たま新聞紙上に現われる親子心中事件の中でそれらの人々と生活保護制度とが結びつけられていたならば或いは悲劇が避けられたかも知れないと推測された事件が絶無でなかっただけにこの点の注意が特に必要であると思う」(傍点筆者)

札幌の母親餓死事件で行政当局が示した見解や、私たちのところに寄せられた電話にみられる実際の運用と何と違うことであろう。しかも、条文を読むかぎり、餓死事件のケースは職権で保護すべきものではなかったかという問題が残る一方で、〝相談制度〟というのが、実質的には権利としての保護請求権を侵害し、不服申立ての機会を奪うものであることがわかる。

生活保護には、次の七つの扶助がある。

①生活扶助　食費や衣類・光熱などにかかる費用
②住宅扶助　家賃・地代にあてる費用
③教育扶助　小中学校の学用品、通学用品、交通費など
④医療扶助　病気やケガを治療する医療費で、医療機関には無料でかかれる
⑤出産扶助　出産費用の給付
⑥葬祭扶助　葬式の費用
⑦生業扶助　商売などを始めたり、技術などを身につけるのに必要な資金

医療扶助以外は現金で給付され、この他に入学準備金や被服費などの一時扶助や、障害者・母子家庭などに対する加算がある。

生活保護法では、生活保護を受けようとする者や受けている人の人権に配慮している。たとえば二十七条二項には、「……指導又は指示は、被保護者の自由を尊重し、必要の最小限度に止めなければならない」とあり、同条三項には、「……被保護者の意に反して、指導又は指示を強制し得るものと解釈してはならない」とある。

法制定で事務方の責任者であった小山も、「従来、ともすると生活保護を恩恵的、慈恵的とする風潮が社会の各層においてみられたのであって、そのため保護の実施機関側も被保護者の人格を軽視して必要以上の指導、指示を行い、これがために被保護者の全生活分野にとって好ましからざる影響を与え、被保護者も亦卑屈感に流れ唯々諾々としてこれに盲従するという極めて好ましくない傾向に陥ることがないではなかったが、この点特に注意し、指導、指示が濫用されぬようにする必要があるのである。換言すれば、生存権の保障は、個人の人格権の侵害を許容するものでは決してないのであるにもかかわらず……憲法上の趣旨が公的扶助の実施において十分考慮されない危険性を多分に持っているのである。」と書いて、この規定を入れた意図を説明している。

Ｑ市のケースワーカーが私に語ったように、「生活保護法を読むかぎり、けっして悪い法律ではない」し、むしろ、調べていくと〝生存権保障〟という目的のために小山ら当時の厚生省幹部が、情熱を傾けて制定された法律であることがわかる。

とすれば、餓死――そして、それをきっかけに一気に噴出したような人びとの怒り・悲しみの背景となっている現在の生活保護の実態は、何によってもたらされたのだろうか？

〔II〕大きな転換

「適正化」という名の切捨て

123号通知

餓死事件について、ベテランのケースワーカーたちに取材していると、「福祉事務所の生活保護行政が大きく変わったのは、昭和五十六年の123号通知以来だ」とみな声を揃える。

全日本自治団体労働組合（自治労）やケースワーカーたちの自主的な勉強会である公的扶助研究全国連絡会も「123号通知に象徴される国の『適正化』こそが、現状の生活保護にとって最大の問題」だという。

昭和五十六年十一月十七日、「生活保護の適正実施の推進について」という題の通知が、厚生省社会局保護課長・監査指導課長名で、各都道府県や市などに出されている。「社保第百二三号」と番号が入っているために、通称「123号通知」と呼ばれるこの文書は、暴力団員などの生活保護不正受給事件をきっかけに出されている。

「生活保護の適正実施の推進について

(昭和五十六年十一月十七日　社保第百二三号
厚生省社会局保護課長・監査指導課長通知)

標記については、平素格別の御配意を煩わしているところであるが、近時、暴力団関係者等による生活保護の不正受給事件が再三発生し、このため生活保護行政のあり方についての批判すら招いていることはまことに遺憾である。このような事件の発生は、大多数の善意の被保護者に多大な迷惑をかけるばかりでなく、生活保護制度そのものに対する国民の信頼を失わせるおそれがあり、その社会的影響は極めて大きいものがある。

これらの事件の中には、保護の実施機関関係者の努力だけではその発生を未然に防止することが困難なものもあるが、他方、保護適用者の資産及び収入の把握が適切でなかったために生じたと思料されるものも見受けられる状況にある。

かかる事態にかんがみ、ごく限られた一部の者によるとはいえ厳に不正受給の防止を図り、一方、真に生活に困窮する者に対しては必要な保護を確保するため、保護の決定又は実施に当っては、福祉事務所の組織的な対応の強化を図るとともに特に次の点に留意のうえ適正に行うよう、貴下実施機関に対し指導の徹底を図られたい。」

留意すべき点を要約すると、

①新規申請の場合には、資産の保有状況と収入状況について、細部に渡って克明に記入する申告書を提出させること。
②ケースワーカーは、申請者の自宅を訪問したり、雇い主などの関係先に問い合わせるなどして、事実の的確な把握に努めること。
③資産保有状況と収入状況をケースワーカーが関係先に照会すること。もし、提出を拒む場合には、保護の申請を却下することを検討せよ、となっている。
保護受給中の場合にも同じように、
①収入申告書を提出させること。
②さらに関係機関に照会してもよい、という「同意書」を提出させること。
③訪問調査や関係先照会などによって事実の的確な把握に努めること。
以上の結果、不正受給が確認できた場合には、保護費の返還を求めたり、刑法により告発すること。同意書などの書面を提出しなかったり、調査に従わない者に対しては指導指示違反として保護の停止などの措置を行なうこととなっている。

資産申告書の項目は、土地、建物、自動車、貴金属、預金、生命保険、借金（借入先も記す）などと細かく分かれている。

収入申告書も同様で、勤め先やその収入額、仕送り、児童扶養手当などの収入額などをすべて書き込まねばならない。

両方の申告書とも、欄外に（記入上の注意）として、「不実の申告をして不正に保護を受けた場合、生活保護法第八十五条、又は刑法の規定によって処罰されることがあります」とある。

同意書は、

「保護の決定又は実施のために必要があるときは、私及び私の世帯員の資産及び収入の状況につき、貴福祉事務所が官公署に調査を嘱託し、又は銀行、信託会社、私若しくは私の世帯員の雇主、その他の関係人に報告を求めることに同意します。

年○月○日

住所　　　　氏名　　　　　　　㊞

○○福祉事務所長殿」

という文書である。いわば、自分の資産・収入状況についてのプライバシーは放棄する、という内容の同意書である。

「適正実施」とは、123号通知を読むかぎり、「不正受給の防止を図り、……真に生活に困窮する者に対しては必要な保護を確保する」ことという、建前としてはしごくもっともなことをうたっているが、留意点をよく読んでみると、その重点は「不正受給防止」のほうに積極的に置かれていることは明らかである。

保護を受けようという側の立場で考えてみると、生活保護を〝申請〟するときにはいわゆる「申請書」の他に、「資産申告書」「収入申告書」も同時に合わせて提出しなければならなくなった。しかも、受給中は「同意書」の添付によって、自分の知らないところでケースワーカーがいろいろ調査をすることができるという精神的な苦痛が伴うようになった。

生活保護を申請しているとか受けている人で、自分の勤め先や肉親等にそのことを知られてもかまわないという人はまずいない。

ほとんどが誰にも知られずに保護を受けたいと考えているわけだが、そこへケースワーカーが同意書をタテに「こちらの方が生活保護を受けているので調べさせてください」とどんどん調べ出すとするとどうなるだろうか。必ずしも極端に大胆な調べ方はしないとしても、自分の生活圏の人たちに「知られてしまうのではないか」という不安が、申請や保護の継続をためらわせる効果はあるだろう。

ケースワーカーにしてみると、申告書にそってこと細かに調べなければならないし、もし不明の点などがあったら、同意書を使ってでも、(たとえば本人の勤務先や銀行などに)調べなければならなくなった。そうしないと後で監査などの折に指摘されてしまうことになる。それだけ作業の負担が増える結果となる。

123号通知によって指示したこうした厳しい書類調査や審査の徹底とともに、厚生省は、「適正化」推進の方針として、

①収入認定の適正化

②資産の活用

③扶養義務の履行
④稼働能力の適正化
の四つの柱を立てている。
このことが、「保護してほしい」という人たちに対して実際の面接相談でどう現われるかというと、ケースワーカーが、
「実家から仕送りがあるだろう?」（①）
「家財道具を売り払って食べていきなさい」（②）
「別れた亭主に養育費の支払いを請求しなさい」「兄弟に援助してもらいなさい」（③）
「働けるでしょう。職を探しなさい」（④）
ということになるのである。
つまり、あくまで「暴力団員などの不正受給を防止」のためというものの、現実には、受給者や申請に訪れる生活困窮者に対して、結果として、保護を打ち切ったり、受けにくくさせるような状況を、福祉事務所に強要することになったのである。
私たちに殺到した電話は、こうした行政の変化が生み出したものといえる。
この厚生省による「適正化」はどのようにして福祉事務所レベルに徹底されていったのだろう。

▨「監査」

その一つは「監査」によるものである。監査は、厚生省が都道府県や各市、福祉事務所などに対して行なうもの、また、都道府県が各市や福祉事務所に対して行なうもの（政令指定都市は市の本庁が各福祉事務所に対して行なう）など、さまざまな段階があり、その他に、会計検査院や総務庁もそれぞれ会計検査、行政監察を実施している。

監査には、

①一般監査（毎年、国の通達にもとづいて行なっているもの。全福祉事務所に順番で行なう）

②特別監査（一般監査の結果、問題ある福祉事務所について行なったり、保護世帯の変化を調べたりする）

③特別指導監査（年度当初に決めておき、とくに都市部での問題等を分析するもの）がある。

監査は、厚生省が毎年、各都道府県向けに出している「生活保護の実施要領」にもとづいた指導を行なっているかどうかを、おおむね一割のケースについてケース台帳をもとに調べる。まず、書類を審査し、関係する職員から状況を聞いて調査する。ここ数年とくに会計検査院の検査は毎年行なわれるようになっており、増える傾向にある。

六十二年五月二十五日、道が苫小牧市福祉事務所に対して行った特別指導監査をカメラで取材した。苫小牧市では母子家庭の保護が増える傾向にあって、六十一年は、一般監査の後で、特別監査が入っていた。

監査の日の朝、北海道庁民生部の保護課の一行五人が皮カバンを手に下げて、苫小牧市役所の奥にある福祉事務所に入って来た。

福祉事務所長と保護課長に挨拶したあと、監査を行なう別の階のある会議室へ入っていった。

苫小牧市福祉事務所は、朝からピリピリした雰囲気に包まれていた。ケースワーカーたちの机の上には、一人ひとりの保護受給者たちに関するすべての記録が記載されている青表紙の保護ケース台帳が、それぞれの机に高く積み上げられている。ケースワーカーの何人かは、それをパラパラめくっている。

課長が「会議室へ集合！」と号令をかけると、ワイシャツにネクタイ、スラックスにサンダルという〝公務員スタイル〟のケースワーカーたちが、あわてたようにケース台帳をそれぞれ十冊ほど小脇に抱えて、会議室へ向って、次つぎと飛び出して行った。

会議室では正面に道庁の担当者が横並びに座り、その向い側に総勢四十人ほどのケースワーカーたちが向い合った。

福祉事務所長が立ち上がり、緊張した面持ちで深々と頭を下げ挨拶した。

「今回は、五日間に渡る監査をいただくことになります。苫小牧市はご承知のとおり、都市化のなかで高齢者や母子世帯が増えています。保護率も増えていく背景というのがあるわけでございます。適正実施のなかで、私どもなりに一生懸命努力をしているわけでございますが、不十分な点もあるかと思いますが何とぞ、よろしくお願いします」

この後、私たちは会議室の外へ出され、密室のなかで監査が行なわれた。

「監査」の結果は「報告」という形でまとめられる。昭和六十一年度厚生省が北海道に対して行なった監査（生活保護法施行事務監査）の「結果報告」では、自立助長をさせる世帯（即ち、保護の廃止をした世帯）の割合が、「北海道は全国平均を下回ってる」ことが問題とされ、「稼働能力を自立に向け集中的に指導すること」が求められている。

また、北海道全体の問題として「母子世帯に対する指導」が挙げられている。

別れた夫の養育費の負担については「保護前提条件である」とし、家庭裁判所への審判を指導するよう指摘されている。前夫が行方不明の場合は、前夫の両親に照会とか、警察への捜索願いを指導するなど、扶養義務についての指導をするよう求めている。また、就労指導については、速やかに行ない、職業安定所に依頼したり、ケースワーカーも同行するなどして求職状況を把握することが求められている。

また、苫小牧市のように母子世帯の保護が増えている、ある福祉事務所に対する、特別監査の結果の「指導」は、このような文書で行なわれている。

「母子世帯に対する対応について、
当福祉事務所においては、被保護母子世帯が年々増加傾向にあり、○ケースから○ケースへ○%も増加している。

これらのケースの中には、①就労指導が口頭のみに終始し、指導の効果が上がっていないもの、②前夫の、子に対する養育義務の履行について、指導が不十分なもの、等が認められたので、次の事項に留意の上、母子世帯の自立助長について積極的に指導すること」

そして「監査結果の総括」として百以上の項目別に、〝指摘〟状況が表になる。

監査した結果「問題アリ」という場合に、〝指摘する〟といういい方をする。項目別に指摘される数が少ないほうが「成績」はいいことになり、指摘される項目の率＝指摘率は、ケースワーカー個人についても出るし、福祉事務所全体についてもはじき出される。

指摘率が高い福祉事務所は、その後に改善報告をしなければならず、何度も監査を受けることになる。

▨ケースワーカーの嘆き

こうした監査を、当のケースワーカーたちはどう受けとめているのだろうか？　何人かのワーカーに話してもらった。

「特別監査というのが保護率の高い所に入るわけですから、上の人間にとっては監査が入ること自体がもうすでに〝まずい〟ということになるわけです。しかも、その中でいろんなことが指摘され、それには答えなきゃならないわけで、けっきょく、（まず監査自体をさけるために）保護率を下げようとして、現場はどんどんへんな意味で頑張らなきゃいけない、という事態が出てきちゃうわけです」

「監査があると、その前に指摘されないようにいろいろな書類をつくる作業をしなければならない。かつてはそれほど調査項目も多くなかったので、保護を受ける側の話もじっくり聞けたんです。今は手が回らない。仕事が監査のための仕事になってしまう。国の監査が入る年は、もう一年間仕事にならないって、よくワーカー同士で話すんですよ」

餓死事件のあった札幌市白石区福祉事務所は恭子さんが福祉事務所を訪れた年に、厚生省の監査が入り、その前年には会計検査院の検査が入っていた。

「監査で指摘されることが多いのが、扶養義務の照会なんです。これはほとんどのワーカーは効果があると思ってやっていないと思いますよ。監査で、調べてないことを指摘されたら困るから調べる。親兄弟、別れた夫などに手紙を出すんですが、明らかに無駄とわかっていながら超過勤務してまで出すのが実状です。そのへんは核家族化が進んでる時代の流れに逆行している。厚生省などの監査官は『とにかくやれ』としかいわないのですからね。僕もある年の監査官に『これでは仕事に支障がある』といったんですが、けっきょくは『とにかくやりなさい』となる。納得のいく答えなんか返ってきません」

「ほんとうに、あんなものは効果があるんでしょうか。行方不明の前夫を探そうと封筒で以前の住所に手紙を書いても『尋ね人ありません』と戻ってくる。今度はかつて住んでた場所の戸籍をとって、住民票なり本籍地をたどって、また別の役場に照会する。そうやって仮りに探し出しても、けっきょく、返ってくる答えは『扶養できません』ですから……。ワーカー自身も上から『やれ』といわれて仕方なしにやっています。嫌気がさしてくる。嫌気がさせば、保護の対象者への物言いも尋常ではなくなってくる」

ケースワーカー歴十数年というベテランはこう表現した。

「不正受給はせちがらい世の中だからどうしてもあると思うんですよ。でも不正受給を前提に生活保護行政を進めているのは間違いです。今の生活保護行政は、そちらの方にだけ目が向いてしまい、そのことだけをやって正常なケースワークができない、という面があるんです」

自治労札幌市役所職員組合のケースワーカー部会が六十二年五月、市内の生活保護担当ケースワーカーを対象に実施したアンケートではこんな結果が出ている。

Q監査のために仕事をやっているようだと感じたことがありますか？

よくある四〇・六％　たまにある四四・二％　ない一三・八％

合わせると八四・八％が「監査のための仕事」と感じている。

Q監査でいわれたことは、ケースの処遇向上に役立っていますか？

役立つ三〇・九％　役に立たない五九・九％

昭和四十年代から生活保護を担当しているベテランのケースワーカーはいう。

「今はケースワーカーと保護を受けている人の関係がきわめてギスギスしたものになっているんです。僕が仕事を始めたころは、保護を受ける側も、どうやったら自立できるか一緒に考えよう、という意識が強かったんですが、123号通知などで調査項目が増え、いわば相手を『疑ってかかれ』という方針になった結果、相手との信頼関係はなくなってしまった」

そのギスギスした関係は、やはり「適正化」が原因なんだろうか？

「確かにそうです。保護を受ける側との信頼関係などは重視されずに、決められたマニュアルに応じて行なわれるようになった。新しくワーカーになった人は、それに応じてやればいいというところがあるが、受ける側はたいへんです。選択肢の幅がなくなってきている……」

働いてる人たちの意識は？

「事務屋としての公務員になったはずなのに現業の仕事をさせられている、と不満に思う人が多い。しかも戸籍係のように、そのときそのときで市民との関係が終わるところとちがいずっと人間関係が続く。場合によっては休日も返上しなければならない。一番たいへんなところですから……。三、四年で他へ出ていきたいって人ばかりですよ。役所のなかで人事的に重要視もされていませんし……」

「現状は対象者を締めつけることが、多くなっているので、やってる我々のほうも苦しいですよ。これだけ人のためになるはずの仕事が、恨まれたり……」

彼らのほとんどは口が重く、集団で行なったインタビューでも、一人がポッリポッリとしゃべり、また別の人がポッリと話し出すという重苦しい雰囲気のものだった。インタビューに応じてくれたワーカーたちは、この現状をなんとかしなければならないという良心的な人たちだったが、その彼らにしても「諦め」とも「失意」ともつかない感情になっているのを知り、暗澹たる気持ちになった。

▨研修・研究会を通して

「適正化」が徹底されるもう一つの流れが、厚生省や都道府県による研修会・研究会を通じてのものである。

社会福祉法人である全国社会福祉協議会が月刊で出している『生活と福祉』という雑誌がある。この雑誌には、厚生省の、生活保護についての基準や実施要領などの改定や監査指導方針が掲載され、また、予算についての厚生省の説明や、厚生省が主宰する全国生活保護査察指導代表者研究協議会、生活保護担当現業員全国研修会（ケースワーカー研修会）、都道府県・指定都市本庁指導監督職員研修会、全国民生主管部局長会議などの記録が載る。

さらに福祉事務所のケースワーカーから、厚生省に対する、生活保護の実施などについての「相談室」のコーナー、福祉事務所がいかに「適正化」にとり組んだかを紹介する「ケース研究」、厚生省生活保護監査官が監査についての所感を綴る「カンサ・メモ」などのページがある。

つまり厚生省（とりわけ、生活保護制度の運営を担当している社会局保護課と監査指導課）が全国の都道府県や市町村、福祉事務所に対して、実務の方針を伝える役割を果たしている。

このため、『生活と福祉』には、厚生省の生活保護行政に対する姿勢が如実に反映されている。昭和六十二年二月号には、六十一年十一月の全国生活保護査察指導員代表者研究協議会で、厚生省の塩崎信男監査指導課長が指示した内容が掲載されている。

査察指導員というのは、いわばケースワーカーの係長職であるが、全国の査察指導員たちを前に、塩崎課長は「生活保護制度の見直し」という言葉を何度もくり返し、不正受給者には「厳しく対応するケジメが必要」であると強調している。

この研究協議会では、分科会に分かれて、各福祉事務所がいかに「適正化」に取り組んでいるかが発表され、厚生省の担当者がそれに助言をし意見を述べている。

たとえば、埼玉県川口市は、生活保護を受けている母子家庭に対して、「就労指導」を徹底的に行なって、保護率を減少させた〝実績〟を発表している。

川口市の保護率は、五十六年度一一・九‰（パーミリ＝人口千人当りの保護人数）、五十七年度一一・一‰、五十八年度九・一‰、五十九年度八・一‰、六十年度七・七‰と、年々極端に減少している。これは「母子世帯自立助長強調月間」を設定し、「就労指導」をしたり、働いていても「能力活用が不十分と判断された場合は、稼働時間増または転職を指導」したりしながら、「自立」させた成果である。新たに申請に来た母子家庭の母親に対しては、別れた夫への扶養の交渉を徹底的にさせ、すでに保護を受けてる場合には、就労の開始時期や程度を「自覚させるよう」にした。

この結果、母子世帯の稼働率も上がり、全体の保護率はぐんと下がった。

厚生省が現場の職員などを集めて行なうこうした研究会、研修会などでは、全国各地の福祉事務所のこうした「適正化」への取り組みぶりが厚生省の方針に沿った形で紹介され、情報交換が行なわれる。

この結果、現場が厚生省の方針を〝先取り〟するような形で「適正化」にはげむ傾向も出始めている。

次に掲げるのは、横浜市港南区福祉事務所が、生活保護を求めて訪れた人たちに渡している書類である。

「生活保護申請前に必ず次のことを済ませてください」と、〝申請〟の前に保護を受けようとする側がいくつかの要件を整えることを求めている。

しかし、たとえばそのうちの一つの「医師の診断（書）をうけること」など、病院にかかる費用にも困っている場合はどうなるのか？　また、「前夫と養育料について話し合いがつかない場合は、家庭裁判所に……調停の申し立てをすること」など、夫がサラ金苦などで居所もつかめぬ場合や、困窮の度合が激しく、ことは急を要する場合などどうなるのか、この書類を読むかぎり、申請しようという人は、この要件をすませないうちは、申請できないものだと思ってしまうにちがいない。

保護を受けようとする側に対して事前に申請を抑制させ、法で認められた申請する権利を侵しかねない書類である。申請しようとして福祉事務所に来た人の困窮度が高ければ高いほど、この要件を整

＿＿＿＿＿＿＿＿様

昭和　　　年　　　月　　　日

1　生活保護申請前に必ず次のこと（○印）をすませてください。

1　世帯主・世帯員（　・　）が病院で診察を受け、傷病のため働けないという医師の診断（書）を受けること。

2　前夫と養育料について話し合い、適正な養育料を定めること。

3　前夫と養育料について話し合いがつかない場合は、家庭裁判所に養育料についての調停の申し立てをすること。

4　能力を最大限に生かして出来るだけ高収入が得られるような仕事に就職又は転職すること。

5　扶養義務者全員に困窮した状況を相談し援助を依頼すること。

6　資産（自動車、オートバイ、生命保険、学資保険）を処分すること。

7　預金、手持金を節約して生活費にあて、残金が　　　　　円位になっていること。

8　その他。

2　生活保護申請に来所する時は、事前に面接担当に電話連絡してから上記関係書類と次のものを（○印）持って来て下さい。

1　印鑑
2　前3ケ月分の給与証明書
3　年金、恩給証書と改定通知
4　児童扶養手当証書
5　雇用保険受給資格者証
6　傷病手当金支払い通知書
7　資産を処分したことの証明書
8　車検証
9　生命保険証書等
10　預金通帳全部（記帳済のもの）
11　土地、建物の権利書
12　土地、建物の登記簿謄本
13　負債の一覧表
14　家賃、地代の通帳
15　アパートの契約書、物件説明書
16　年金手帳
17　健康保険証
18　就労状況申告書
19　扶養義務者届
20　その他

えることは難しく、救済が後回しになって、のっぴきならないところに追い込まれる可能性がある。

厚生省がことあるごとに「けじめある行政」の必要性を訴え、「就労指導」「資産・能力の活用」「扶養義務」などの調査・指導の「徹底」を強調し、研修会や監査、雑誌などを通じて下へ指導するなかで、福祉事務所は、競い合うように、より厳しい対応へと向かっている。

「臨調・行革路線」

123号通知が出された昭和五十六年は、臨時行政調査会が発足して、政府・自民党が行革推進本部を設置、急加速で「福祉の見直し」に着手した年である。

生活保護行政の研究者たちによると「適正化」は生活保護法施行以来、四次にわたって推進されてきたという。

第一次適正化は、昭和二十九年から三十年代前半までで、保護基準を長い間据え置き、保護人員も一時的に削られている。

第二次適正化は、昭和三十九年から四十五年ごろまで。各地で不正受給事件が発生し、とくに稼働能力世帯について「適正化」が図られた。

第三次適正化は、昭和四十六年ごろから五十五年ごろにかけて。ドルショックに続いて起きた第一次石油ショック（昭和四十八年）がきっかけとなり、低成長時代に入って、財界や自民党で「福祉見直し論」が展開された。母子世帯、老齢世帯への〝加算〟についての見直しを行なった。大阪の八尾市で夫に死別された母子家庭の母親が、ケースワーカーに「電気冷蔵庫の所有を認めない」といわれ、親子心中するという事件も起きている。

五十六年第二次臨時行政調査会が発足し、「小さな政府」を目指して行財政改革を推進するようになる。この年、大蔵省が社会保障予算についてゼロリストをつくっている。こうした流れが、123号通知に象徴される第四次適正化と呼ばれるものである（研究者によっては、第三次と第四次をいっしょにして「第三次適正化」と呼ぶ人もいる）。

この第四次適正化は、「臨調・行革路線」のなかで、収入・資産申告書と調査の同意書を対象者から提出させるという徹底したやり方になっていて、それまでの「適正化」に比べても強力で、生活保護行政そのものを大きく方向転換させたものといえる。

ちなみに123号通知が出た五十六年を境にして、国の予算における防衛費と社会保障費の伸び率が逆転している。

生活保護費に限っていえば、そのころから低い伸びを示していたものの、昭和六十三年度予算では、戦後初めて前年比マイナス二・四％（二百七十三億円）とダウンしている。厚生省によると「適正化実施によって不正受給防止の効果によるもの」としている――。

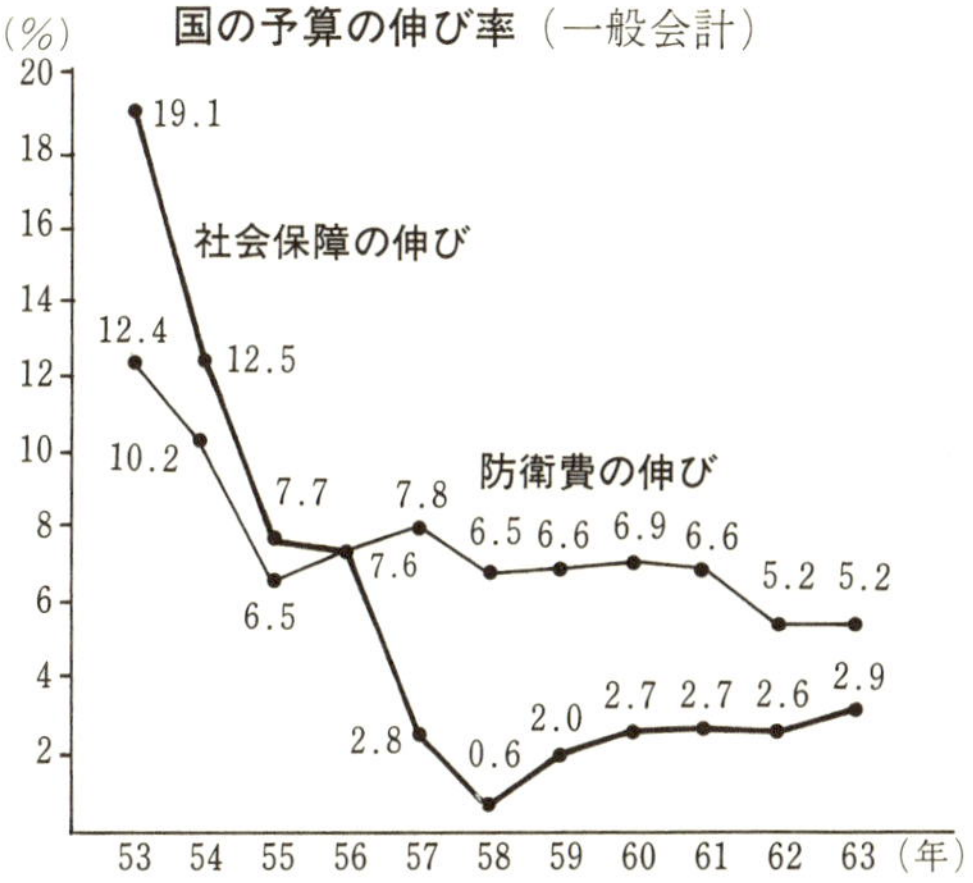

この「適正化の効果」を裏づけるものに国の保護率（人口千人あたりの被保護人員の数）がある。五十五～五十六年度の十二・二人、五十七～五十八年度十二・三人、五十九年十二・二人を経て、六十年度に十一・八人、六十一年度は十一・一人にまで下がっている。六十二年度は十人台に落ち込んでいる。

この数字は何を意味するのだろう？

現在の生活保護の「適正化」（第四次適正化）は政府の行財政改革、いわゆる「臨調（臨時行政調査会）・行革（臨時行政改革推進審議会）」の流れのなかで強まっていった。

当時の新聞記事に従って、その流れを追ってみよう。

▨〝自立・自助〟

昭和五十四年一月　大平正芳首相は「公正で品格ある日本型福祉社会」の建設を掲げ、〝日本人の持つ自立自助の精神〟と〝相互扶助の仕組み〟とに〝適正な公的福祉〟を組み合わせていく方針を示した。

昭和五十五年七月　自民党安定多数のなか、鈴木善幸内閣が発足した。「和の政治」を信条としながら、社会保障の再点検を含む財政再建・行政改革に対して『断固として当たる決意』を示している。このとき行政管理庁長官に中曽根康弘氏が就任している。

八月　中曽根行政管理庁長官は、十年ぶりに臨時行政調査会（第二臨調）を設置することを決めた。行革へ向けて、強力な舞台装置が必要、という判断であった。

十一月に発表された五十五年度版厚生白書では、八十年代を「高齢化社会へ向けての準備期」と位置づけ、〝福祉見直し〟を打ち出している。

社会保障の給付が増大する一方、財政確保は厳しくなるとの見通しのもとに社会保障は、①真に福祉を必要とする者への重点的な給付、②負担能力に応じた受益者負担などを基本方向とすべきだ、と提唱している。

和歌山県御坊市や京都市で暴力団員の生活保護不正受給が明るみに出たため、厚生省は五十六年一月、生活保護の不正受給の防止に本腰を入れること決め、監査強化を全国に指示した。

五十六年三月　「小さな政府」をめざして「臨時行政調査会」（第二次臨調、総理府付属機関）が発足した。会長は経団連会長を務めた土光敏夫氏。

政府自民党も行革推進本部を設置し、鈴木首相は、「行政改革に政治生命をかける」と表明した。

六月　臨調の部会が行革案を報告。「国民の自立、自助」を強調し、福祉に国民の負担増を求め、老人医療無料制度の廃止や児童手当制度の見直しを提言した。

七月　臨時行政調査会は第一次答申を決定し、鈴木首相に手渡した。

このなかでは「活力ある福祉社会の実現」と「国際社会に対する貢献の増大」が行政改革の基本理念に据えられた。とくに前者については、「個人の自助・自立の精神」を基礎として、「効率の良い政府が適正な負担の下に福祉の充実を図ることが望ましい」とされている。

支出については「真に救済を必要とする者への福祉の水準は堅持しつつも、国民の自立・自助の活動、自己責任の気風を最大限に尊重し、関係行政の縮減、効率化を図る」という方策が示された。

七月　中曽根行政管理庁長官はテレビ番組で「千戸のうち六百戸も生活保護を受けている町があり、受けなくてもいい人がもらっている。民生委員が顔をよくするためにやっている」と発言。民生委員団体が抗議するなど物議をかもした。厚生省の調べでは生活保護受給率が例外的に高い九州の炭産地で二三%が最高であり、六割などというところはどこにもないため、中曽根長官は陳謝した。

十一月 厚生省は「脱生活保護応援します」と、生活保護を受けている人たちに働く意欲をもってもらうための職場適応訓練を始めた。

「病気やけがを理由にして、ブラブラし、パチンコ店に出入りしてる人なども少なくない」として、一万人は働けるはずであり、ざっと二百億円のむだな支給があると説明している。

この月、123号通知が出た。

五十七年二月 財界の調査機関・日本経済調査協議会が、「福祉制度全般の見直し」を提言、「福祉は、〝自立・自助〟が基本であり、国の福祉に頼る風潮は避けるべきだ」と述べている。

五月 臨時行政調査会部会報告。

〝行き過ぎた〟上乗せ福祉は地方独自の財源で実施するべきだ、と受益者(地方・住民)負担を強調――。

七月 臨調・第三次答申「増税なき再建」を強調して、国鉄など三公社の分割、民営化を提言。

十一月　中曽根康弘内閣発足、「行革に不退転の決意」と述べる。

所信表明演説では、中曽根首相は国民に「自立自助の精神」を訴え、「たくましい文化と福祉」を掲げている。

五十八年一月　臨調の部会報告

補助金整理についての報告。生活保護費補助金については、「不正受給の防止」などにより、効率化を図るとしている。

中曽根首相「戦後政治を総決算」と強調。

三月　臨調、最終答申。「増税なき財政再建」を基本方針として歳出をさらに厳しく削減することを政府に求めた。

生活保護費の補助金については、

「不正受給防止対策を徹底、医療扶助の適正化を図り、就労促進等の自立自助対策を推進する。生活扶助基準の設定方式、加算制度等生活保護制度の在り方を見直す」

とある。

答申を受けた政府は「最大限尊重する」という方針を閣議決定した。

この最終答申によって臨調＝臨時行政調査会は二年間の役目を終えて解散したが、これを受け継いで、政府の行革の実施状況を三年間監視するための臨時行政改革推進審議会が設置されることになり、設置法案が国会へ提出され可決された。（五月）

七月　臨時行政改革推進審議会（略称＝行革審　土光敏夫会長）発足。

十月　五十八年度版厚生白書「かつてない豊かな社会が実現した」として、社会保障制度は転換期にきた、と強調。量的水準の向上を目指した従来型社会保障の時代は「もはや終わったのではないか」と「自立自助」「家庭基盤に根ざす福祉」「民間活力の導入」など日本社会の特性を生かした社会保障への方向転換を促している。

十二月　厚生大臣の諮問機関である中央社会福祉審議会が、生活保護の水準が、一般家庭との格差から見て、すでに妥当なものに達したと判断し、格差縮少は今後不要であるとの意見を林厚相に提出。

五十九年七月　行革審は「行政改革の正念場はこれから」とする意見書を中曽根首相に手渡してい

る。あくまで「増税なき財政再建」を堅持するよう政府に求め、〝緊縮財政〟を念押ししている。これをうけて政府は、六十年度予算案の概算要求で、意見書の趣旨を踏まえる方針を決定した。

七月　経済界、労働界、消費者など幅広い団体の代表が構成する社会経済国民会議は「適正な受益者負担は福祉後退ではない」とする内容の報告を発表。「高齢者の障害者、母子家庭の母親などの労働力を有効活用する〝福祉雇用〟を拡大すべきだ」と提言している。

十月　五十九年度版厚生白書が公表された。「人生八十年時代は自立・自助精神で」という内容で、福祉対策は、個人・家庭などの自立自助を基本に、相互扶助を促進することがたいせつだと説き、一方、受益者負担の導入を提言して行政はむしろわき役と位置づけている。

この月、中曽根首相は厚生事務次官に、厚生省の事務の地方への移譲を検討するよう指示を出している。

十二月　六十年度予算で国の補助率が一律一割カットされた。生活保護費補助金は十分の八から十分の七に引き下げられた。

六十年一月　厚生省は、生活保護行政の運営にあたって、母子世帯については適用を抑制するよう各都道府県に指示している。

これは全国民生部長会議で、厚生省が指示したもので、母子世帯から申請があっても安易に適用を認めないこと。まず別れた夫に子どもの養育費を出させるように指導するとともに、母親が働ける場合は子どもを保育所などに預けて働くようにさせる。さらに生活保護を適用することになったときは、世帯の自立更生計画を立てさせ、適用後もそれに基づいて指導を続ける。

このとき、前夫の収入が年収六百万円以上だった場合、児童扶養手当を支給しないことも合わせて指示しており、母子世帯に的を絞ったかたちとなった。

六十年七月　行革審が答申。

地方行政については、「国の機関委任事務の整理合理化」と「地方への権限移譲」を明記し、「民間活力」が重視された。

同月決定された六十一年度予算案概算要求基準では、四年連続の「原則マイナス基準」となった。こうしたなか、防衛費は七・〇%増と、五年連続の突出となった一方、社会保障費は、当然増を圧縮されている。

九月　厚生省の諮問機関である中央社会福祉審議会は、社会福祉制度全体を見直すことを決め、見直しを専門的に検討する分科会を設置することにした。

「昭和二十年代に骨格がつくられた現行制度は実態にそぐわない面が目立ってきた」という理由から、厚生省が検討を求めていたのにこたえたものである。

十二月　六十一年度の国庫補助率の削減問題で、生活保護費の国庫負担率が最大の争点となった。六十五年度からそれまでの〝十分の八〟から〝十分の七〟に一割カットされていたが、大蔵省は、六十一年度から〝三分の二〟への削減を求め、これに対して自治省が反対した。政府内調整の結果、現行通り〝十分の七〟とすることで決着がついた。

しかし、六十一年度から老人福祉施設、養護施設、保育所等の児童福祉施設などの措置費の補助率は、〝十分の七〟から〝二分の一〟に引き下げられ、地方（及び受益者＝国民）が負担しなければならない費用が増えたのである。

この結果を受けて国から地方への補助金削減は、三年間の時限立法として翌年五月法制化された。

また、国と地方との関係では、生活保護を除く保育所、老人福祉施設、身障者施設など主な福祉施設については、国の〝機関委任事務〟から、〝団体委任事務〟へと移行された。

つまり、福祉は〝国の責任〟から、〝地方の責任〟において行なうことになったのである。（六十一年五月）

六十一年一月　厚生大臣の諮問機関である、中央社会福祉審議会、身体障害者福祉審議会、中央児童福祉審議会の三つが、社会福祉の見直しをするための合同委員会を設置し、初の会合を開いた。この合同会議で厚生省は、福祉の分野で思い切った見直しが必要という観点から、二十年代、三十年代にできた生活保護法、児童福祉法などの再検討を諮問している。

合同会議では、生活保護の医療扶助縮小や有料老人ホームなどを答申し、〝金のかからない福祉〟へ向けて、本格的なスタートとなった。

六月　行革審は最終答申を出した。

「行政委任領域の本格的見直しはなお不十分。財政再建も前途ほど遠い」と「増税なき再建」の基本路線堅持を訴えている。

そして、社会福祉についても、

「民間部門の保護助成のための制度・施策の本格的な見直しは十分に進展しておらず、強力に推進する必要がある。真に救済を必要とする者への福祉を切り捨てるものではなく、国民が行政に期待せざる得ない分野に行政の役割を集中重点化すべきだ」と、受益者負担の導入を求めている。

六十二年一月　六十一年度版厚生白書発表。

あと十年後にくる二十一世紀を、「未曽有の超高齢化社会」と定義。そして「国の社会保障負担には限界がある」といい切っており、〝自己負担増〟を強調した書き方となっている。社会保障制度の「再構築」をすべきだと提言している。

▒国ぐるみの監視体制

こうして歴代内閣の最重点課題として、行政改革が押し進められたが、そこでは、「福祉の見直し」が重要な核となったことは事実が示すとおりである。

生活保護行政は、この流れのなかで、明らかに「政策の転換」がなされた。それは厚生省のみならず、会計検査院の会計検査や総務庁の行政監察等いわば国ぐるみの生活保護の監視体制のもとで推進されていった。

昭和五十八年三月の臨時行政調査会の最終答申で、「生活保護制度の運用の適正化を図るため、資産及び収入の的確な把握、関係機関との連携を強化、就労指導を行うこと」とされていたのを受けて、総務庁は、全国四十六の福祉事務所に対して、行政監察のメスを入れたが、離婚した母子家庭について、前の夫の所在を確認しなかったり、収入申告を定期的に行なっていないケースが目立つと指摘している（六十一年七月）。

また、会計検査院は、昭和六十二年十二月一日、厚生省に対して、「生活保護世帯に対する扶養義務の確保について」の検査結果を報告し、改善を求めている。そこでは、親や子、母子家庭にとっての前の夫など、いわゆる「扶養義務者」が近くに住み余裕があるのに援助してもらっていないケースが目立ち、そうした世帯に支給されている保護費総額は十二億九千六十五万円（国庫支出九億六百二十四万円）になっている、としている。

このように会計検査、行政監察では、生活保護受給における、資産調査や扶養義務調査の〝チェックの甘さ〟が毎年のように指摘され、「国費のムダ使い」として厚生省に対して改善が要求された。

結果として、国の保護率の推移だけとりあげてみても、

昭和五十四年度～五十九年度は一二・二～一二・三‰

昭和六十年度　一一・八‰

昭和六十一年度　一一・一‰

昭和六十二年度一月一〇・九‰　七月一〇・五‰　十月一〇・三‰

昭和六十三年度一月一〇・二‰

と急速に下がってきている。

国が総がかりで〝不正受給〟を強く問題視した結果、各都道府県や政令指定都市、福祉事務所なども、右へならえをした結果の数字である。

札幌市の不正受給件数をみてみると、

五十六年度七件　五十七年度十八件　五十八年度三十一件　五十九年度二十五件　六十年度五十六件　六十一年度百二件（一億一千九百五十三万円）と、ここ二、三年飛躍的に増えている。

札幌市の場合

▨財政事情

こうした国ぐるみの〝福祉見直し〟、「適正化」の中で、当の札幌市において、どのような生活保護行政が行なわれていったのだろうか。

大都市札幌の人口は百六十万人。北海道の四分の一強を占め、全体では減少する傾向の道内人口のなかで札幌とその周辺だけが増え続ける。

道民総生産（十二兆円）の三分の一が札幌に集中し、毎年二万五、六千人の人口増となる。道が企画している「千歳空港の国際エアカーゴ基地化構想」「リニアモーターカー構想」などのプロジェクトも札幌圏に展開され、脚光を浴びている。

一方、一人あたりの老人医療費が一年間約百万円と全国一。年金生活者や自営業者が加盟する国民健康保険も、札幌市は六十二年度の赤字が百八十七億円と全国一。さらに、札幌市の一般会計予算（昭和六十二年度）のうち、一割にあたる四百五十三億円が、生活保護費で占められているという市としては苦しい台所の事情であった。

保護を受けている人の割合は、全国平均のおよそ二倍、とくに母子世帯の割合が多いのが目立つ（生活保護世帯の二一・九％が母子世帯というのは、埼玉県に次いで全国二位）。国の保護率（人口千人あたりの保護受給者）の割合は、五十九年度＝一二・二～三‰（パーミリ）、六十年度＝一一・八‰、六十一年度＝一一・一‰。

これに対して札幌市は、五十九年度＝二〇・六‰、六十年度＝二一・三‰、六十一年度＝二一・四‰、六十二年度＝二一・五‰とほぼ全国平均の二倍で推移している。

さらに、札幌市のなかでとくに餓死事件の起きた白石区だけを見てみると、五十九年度＝二七・五‰、六十年度＝二八・八‰、六十一年度＝二九・五‰、六十二年度＝二九・〇‰と、市内でも〝突出〟して推移している。

このため、白石区に対しては、昭和六十年度に厚生省が、さらに六十一年度には会計検査院が監査を行なっていた。

123号通知の出た翌昭和五十七年四月六日、地元紙である『北海タイムス』にこんな記事が載った。

「これぞ〝真の福祉〟全市一、白石の生活保護率ダウン」という大見出しで、「まず幸せを第一に指導　区福祉事務所、安易に申請受けず」と小見出しが付いている。

リード（前文）にはこう書いてある。

「昨年四月には千分比で三一・四と、市内平均の一九・八を大きく上回る全市一の高率を記録していた白石区の生活保護率が、ことし一月には二九・八までダウンした。指数が二十九台に下がったのは昨年七月からだが、同区福祉事務所ではこの理由について『別居中の夫と正式に離婚したいが、母子家庭の生活保護費はいくらもらえるかと相談を受けた場合、申請即受理では本当の親切とはいえない。夫なり親なりに身の振り方を相談してみなさいと指導した結果による。離婚の手助けをするような安易なやり方は、真の福祉といえないのではないか』と、今後もこの姿勢をとっていくことにしている。景気の落ち込みで、生活保護が増える見通しにある中で、福祉の名のもとにこのところ緩みがちだった生活保護をあるべき姿に軌道修正し、真の意味で、〝血の通った福祉〟を目指そうとするものとして注目される」

続いて本文――

「白石区は市内七区中で、伝統的に保護率の高いところ。菊水地区の老朽住宅街、青葉町、もみじ台等の公営住宅街を抱えているため、低家賃住宅が多い。こうした家の入居には所得制限があるから、どうしても保護率は高くならざるを得ない。………昨年五月の総理府の統計によると札幌市の勤労者世帯の一ヵ月の消費支出は二十二万七百十一円。………一方、生活保護を受けている母子世帯の場合、同時点で経済的に支給されるものの年間平均月額が母子三人世帯で十五万六十四円。………この例は小四、小二の児童がいるケースで、このほか給食費、教材費は実費支給されるし、住宅扶助が三万四千九百円加わる。そのうえＮＨＫの聴取料や電気代、ガス代の税分も免除されるから勤労者世帯の生活水準と決して引けをとらない。

従って、所得税の非課税最低限を上回る手取り収入があっても、一銭も税を納めずに済む。たとえば、男女標準四人、両親と小三、四歳二人の子供の世帯は住宅扶助を含め、一ヵ月十九万八千五百四十二円の収入、年収にすると二百三十八万二千五百四円だ。これに対し、勤労所得だと課税最低限は二百一万五千円。これを超えると税率が八％の所得税。〃酷税〃を払っている者が、働くことなく保護を受けている者より低い生活をするようにできているのが、生活保護の制度。

こんなことだから、いったん生活保護を受けると、十年、二十年も受け続けるケースが出やすい。全市の数字をみると、昨年七月現在、生活保護世帯の一六・一％が十年以上。…………

この子が保育園に預けられるようになるまで、せめて小学校低学年の間まで………と保護を受けているうちに、働く意欲を失い、体の不調、傷病を訴えて保護を受け続けることになる。福祉関係者のひとりはこう話してくれた。『それだけでなく、子供の教育に好ましくない影響を与えかねない。子供は親の背中を見て成長するものだから……』と、深い懸念もつけ加えた。

同区福祉事務所では、今後も最終的に本人が幸せになれるかどうかを、本人に考え直してもらって、その選択にゆだねる方式をとる考えだ。何億円何十億円になるかもしれないが、結果として節税にもつながる。世はあげて、財政再建の時代。この意味からも大いに注目されるところだ。」

同じ報道の世界に働く者としては、記事を書いた記者の見識を疑いたくなるところだが、ここでは問わない。ただ、この記事が当時の白石区福祉事務所から取材し、生活保護率ダウンの実績を称賛していることは明らかである。「これぞ〃真の福祉〃」と。

この当時の札幌市白石区福祉事務所長は甚野弘至氏。もともと厚生省にいたことのある人物である。

そして甚野氏が五十六年に所長になってから白石区内の生活保護率が下がり続けている。「安易に申請受けず」という方針によって保護率が下げられた。

この〝真の福祉〟が推進されるなかで、今回の餓死事件に似た惨事も起きている。

ローソク事件

昭和五十九年四月十日夜の九時ごろ、白石区もみじ台の市営住宅アパートで、母子家庭のホステスA子さん（当時三十六歳）方で火災が発生。五階建てアパートの三階にあったA子さん方が全焼し、留守番をしていた五人の子どものうち小学校一年生の男の子B君（当時六歳）が焼死。小学四年の長女（当時九歳）もやけどを負った。当時A子さんは勤めに出ていた。警察が調べたところ火災の原因はローソクの火だった。この母子家庭では、電気料金を滞納していたため、二ヵ月前から電気を止められ、夜は電灯代わりに二ヵ所にローソクを立てて部屋を灯していたが、子どもたちは火をつけたまま眠り、倒してしまったらしい。

A子さんの家庭は、夫が刑務所から出所後、蒸発したため母子世帯になり、小学六年の男子、小四の女子、小三の女子、小一の男子B君と四歳の女子の五人の子どもがいた。数年前から生活保護を受けていたが、サラ金などの借金が二、三百万に上り、その返済のため五十七年の春から夜の勤めに出た。しかし、保護をもらっているのに「働いている」と近所の人が福祉事務所に通報したため、「過去の借金まで保護費で面倒を見るわけにはいかない」（枝元政肇札幌市保護指導課長・当時）と、五十七年八月に生活保護は本人が辞退届を書き廃止された。

A子さんは、子ども五人をアパートに置いて毎晩ススキノへ働きに行った。帰宅するのは明るくなってからである。小学生の三人の子どもは、学校を長期にわたって欠席しており、焼死したB君も入学式に来たきり、通学していなかった。

食事は、A子さんが出勤前に食堂に連れていく他は、小六の長男や小四の長女が近くのスーパーでインスタント食品などの買物をして、妹や弟たちに食べさせていた。

子どもたちが長い間学校へ来なかったため、小学校でも心配して、校長が何十回も訪問したが、ドアのカギを開いてもくれず、ほとんど母親に会うことができなかった。児童相談所や福祉事務所の相談員が行っても同じだった、という。

この〝ローソク家庭焼死事件〟は、A子さんの家が二カ月分の電気料金二万八千円を滞納したために、北海道電力が電気を止めたことが直接の引き金になった。このため、事件後、「弱い者いじめだ」と北電に対する抗議が相次いだ。

新聞も北電に対する読者の怒りの声を特集記事で載せるなど（北海道新聞　昭和五十九年四月十二日付「北電に怒りの声」）、このときは電力会社が矢面に立ったが、一方で、福祉事務所側にも責任はなかったかが問われた。

焼死事件から一週間後（四月十七日）、札幌市役所職員組合は、甚野弘至白石区福祉事務所長に対して、「A子さんの家庭に対して、生活保護の抑制があったのではないか」と、生活保護制度の運営の見直しを求めている。

組合側によると、A子さんの家庭は五十七年八月一日に生活保護を打ち切られたが、A子さんは札幌市児童相談所の相談員に対し「福祉事務所には絶対に行かない」と述べ、生活保護に強い不信感を持っていたという。

組合側は、併わせて、白石区の保護率が年々下がっている実態も挙げて、「福祉事務所は生活保護の切り捨てを行なっているのではないか。この母親（A子さん）の場合も、ほんとうに困っているのに福祉事務所で相談できないような環境をつくったのではないか」と追及した。

これに対し甚野所長は、「生活保護世帯を減らそうという意識はない。今回のケースも、母親がかたくなに相談に応じようとしなかった」と説明している。

ローソク事件のあった五十九年十一月には、やはり札幌市で病気のため生活保護を受けていた五十五歳の男性が首つり自殺をしている。福祉事務所から「行った先でハンコをついてもらえ」「十日毎にそれを報告せよ」と〝就労指導〟されて、夫人に「福祉事務所に行くのはいやだ」と漏らしてまもなくのことだった。

ローソク焼死事件までの白石区の保護率の推移を見てみると、五十四年度＝三二・九‰、五十五年度＝三一・九‰、五十六年度＝二九・九‰、五十七年度＝二八・三‰、五十八年度＝二六・九‰と着実に下がっている。

甚野所長の下で働いていた元ケースワーカーはこう語っている。

「甚野さんが所長のときに、白石区福祉事務所内部で、我々ケースワーカー側と所長との間が、緊張関係にあったのは事実――。生活保護開始の決定は、所長の決裁をもらうといっても形式的なものがふつうだが、甚野所長は、保護課長がＯＫにしてても、ダメだということがよくあった。『このケースは、もっと自立を指導しろ』などとよく突っ返された」

甚野氏は五十六年に白石区福祉事務所長になり、五十九年まで保護行政にタッチしている。その時期が123号通知に象徴される「適正化」推進と重なっているが、甚野氏の所長時代に、白石区福祉事務所でも「適正化」は進められた。

「基本的に〝申請については受理しない〟という考えでしたね。保護の開始の決裁を所長に上げると、『これは青森に兄弟が住んでいるから保護する必要はないのではないか』などといって返してくる」（前述の元ケースワーカー）

甚野弘至氏はもともと厚生省からの天下り職員で、厚生省のキャリア組、つまり国家公務員上級職試験に合格して入省したエリートで、厚生省社会局保護課保護係長などを経て、札幌市役所へ入庁した。札幌市民生局社会部保護指導課長という、いわば、各福祉事務所に対する〝お目付け役〟のポストを経て、札幌市東区福祉事務所保護課長を昭和五十三年から三年間やっている。

このころ、毎年一割増で、保護受給者が増えていたが、甚野氏は保護課長として〝らつ腕〟をふるい、保護率を下げている。

今は札幌市の外郭団体に勤めている甚野氏はこういう。

「当時は、暴力団員がそうとう福祉事務所に入りこんでいた。職員も恐がっていて、ろくに調査もせずに保護を認める傾向があった。つまり問題のあるケースが多かったんです。それで、私がそうとう数の整理を行なった」

甚野氏の印象では、（保護している）「半数は、ムダな支給だった」そうである。

「適正保護ということで、国の考えにもとづいて保護を実施していくのが私どもの役割」だとして、「無駄な支給は許さないという姿勢で臨んだ」

「安易に福祉事務所に頼めばなんとかなる、という考えの人が多かった。年をとったおばあさんが、子どもに頭下げたくないので、保護してくれ、といってきたが、『ばあちゃん、子どもに愛されるばあちゃんにならなきゃいけないよ。私も老いた母親を養ってるけど……』と積極的に親子関係に関わり、子どもに保護させた。

また、離婚した母子家庭の母親が、『離婚するといくらもらえるの？』とやって来る。そこで私は、『安易に離婚なんて考えなさんな。できたら復縁しなさい』と指導した。小さな子どもを抱えた母子家庭のお母さんには、いったん社会から離れるとなかなか復帰できないので、働いてもらうよう説明し、子どもを保育所に入所させるよう働きかけた……。

こんなふうに、安易な気持ちになってくれるな、と一つひとつお手伝いさせてもらったんです」

このころ、東区福祉事務所にいたケースワーカーは、「当時甚野流の人事配置というのがありましてね。保護率を下げるのが一種の勤務評定のようになっていました」と断言している。とくに、生活保護のケースワーカーとして配属されたものの他の仕事を希望する職員に対しては、「面接担当として、一年間成果を見せたら、別のセクションへかえてやる」といって、「保護率を下げる」よう指導していたのは周知の事実だったという。

甚野氏と話していると「国民の血税を使っているのだから、無駄は許さない」「自分も人の親であり子でありますが、やはり面倒みるものはみる」という考え方が何度も口から出てくる。

とくに、親子や夫婦・兄弟の扶養義務については厳しく指導したであろうことは想像がつく。

「親に面倒をみてもらいなさい。」

「別れた夫に……」「兄弟に……」

しまいには、「親子というのは……」「夫婦というのは……」という、説教口調にもなったのかもしれない。離婚した夫婦に復縁を指導したり、断絶した親子関係に〝扶養〟で新たな関係をつくろうとしたり……。

それが時代の流れに合っているものかどうかは読者の判断にまかせることにしよう。

厚生官僚であった甚野氏は、五十六年に今度は白石区福祉事務所の所長になり、五十九年まで白石区内の生活保護行政の責任者として「適正化」を推進している。こうしたなかで前述したローソク事件は起きた。

岡田恭子さんが、白石区に転居し、それまで受けていた生活保護を辞退させられたのは、五十六年十二月、甚野氏が所長になってからのことである。

ところで私たちに寄せられた電話の事例（一四七頁～一六三頁）を、どこの福祉事務所か注目して読んでみると、彼がいたころの「東区」や「白石区」の対応ぶりは目に余るものがある。

白石区福祉事務所の所長として、「適正化」に努力し、保護率を下げたが、「強引だ」とする批判も一部にあったので、北海タイムスの記者に頼んで、例の「真の福祉」の記事を書いてもらったのだという。

「血税を納めている国民に申し訳ないことはやめよう、とその一心でした……」こう語る甚野氏の考え方は、国の「適正化」推進の理念そのものである。

［III］広がるギャップ

国によって、上から強引ともいうべき厳しい「適正化」が進められていくなか、社会の底流ではむしろ、生活保護によって支えねばならない人たちがかえって増えているように思えてならない。

そんな社会の流れの一つが、離婚と、それによる母子家庭の増加である。きのうまで何一つ不自由なく暮らしていた人も、結婚の破綻によって、とたんに、生活苦に追い込まれてしまう――。

もう一つは、産業構造の変化による、地方経済の衰退である。

しかし国の「適正化」で、母子家庭は「保護減らし」の対象として的を絞られ、地方は国からの負担転嫁で悲鳴を上げている。

増える母子家庭

北海道は、毎年、離婚率で全国一位を争うほどの離婚王国であるが、なかでも札幌市は人口千人あたり二・五組（昭和六十年度）と全国平均（一・三組＝昭和六十年度）の二倍近い。離婚率は昭和五十年度の一・九組から少しずつ増え、五十九年度には二・七組に達している。これに符合するように保護を受ける母子世帯も多くなっており、昭和四十九年度までは千五百世帯に満たなかったのに、昭和六十二年にはついに四千世帯を超えた。

年を追うにつれて、母子家庭、父子家庭が増えているが、私が驚いたのは、札幌市中央区のある小学校で取材していたとき、いわゆる欠損家庭の子どもたちが多かったことだ。

この小学校は繁華街・ススキノに近いせいもあって飲食店に勤める親（特に母親）が比較的多く、このためクラスによっては三分の一が片親家庭などのハンディを持っていた。長期的に〝教育シリーズ〟で何度か取材したこともあって、子どもたちとはすっかり顔なじみだった。

母子家庭の一年生の男の子がいう。

「あのねえ、夜、留守番とかしてね、寂しいことある。人のうちにとまったり……お母さんが夜いなかったり。どうしてって？　お母さん仕事行かないとダメだから——。ごはんはね、自分でつくって食べるの。寝るときも一人だからたまに寂しいけどね、慣れちゃった……」

そんな話を聞いてると、別の男の子が、

「やっぱりさみしいよ。寝るとき！」

と、声を上げる。

一年生の女の子が、

「お母さん夜いないの。夜はお兄ちゃんといっしょにごはん食べる」という。

母親が死んだという、一年生の男子は父親が働きに行ってるため、夜は夕食をつくっていた。

「いっつも、ちがうやつをつくってるの。タマゴごはんとか、メザシごはんとか……。お料理つくるのって楽しいよ。でも、一人っ子だからね……。お父さんに海水浴に連れていってもらいたいけど無理だなあ」

母子家庭の一年生の女子は、

「あんねぇ、私が学校から帰ったら、お母さんがいつも家にいなくて、私一人で留守番してなきゃいけないいから朝も母さん寝てるからセブンイレブンでごはんを買って食べてる」という。

「何買ってるの？」と聞くと、「カップヌードルとかパン！」と元気な声が返ってきた。

この小学校を取材していて、冬の雪がふる寒いときに、夏服を着てくる子どもや、夜にカギのかかった学校の門のあたりをウロウロしている子ども、朝、授業の始まる一時間も前に来る子などがいて「家庭の問題」を考えさせられたことがあった。

母子家庭の子どもで、母親が朝寝ていたり、働きに出るため、一人で朝食を食べているという子は大勢いた。子どもたちに話をきいたときは、小学校一年生や二年生ばかりだったが、親が働いていて、「寂しい！」とか「もっとウチにいて」という声に混じって、親に「もっと楽にしてほしいな、と思う」という希望があった。

二年生の男の子で、一年前に父親が死んだので、母親が仕事をするようになったが、「お母さんは、家のなかでもぜんぜん、楽じゃないの……」と心配そうにいう。

「前みたいに、楽にして、ウチにいられたらいいんだけど……」

いつのまにか私の周りを二十人ぐらいの子どもたちが囲んでいた。

「ねぇ、ちょっと聞きにくいんだけど……」とためらいながら、聞いてみた。

「お父さん、お母さん、離婚したことある子いる？」

「ハーイ！」半数近くが小さな手を上げた。

「じゃあ、離婚ってどんなふうに思う？」

二年生の女の子がいう。

「お父さん、迷子になっちゃったの。顔も何もわからなくなって、それで二回めのお父さんになったの」

「やだよ、りこん……他のお父さんになったら……。今のお父さん二回めだけど、おっかなくて蹴とばすの。泣いてあやまっても許してくれない」と別の女の子。

突然、一人が叫んだ。

「りこん、きらーい」

「私も、りこん、きらーい」

「きらーい」と周りの子が唱和した。

「だって、別れるんだもん！」

この小学校では、やはり私が長期間入り込んでの教育シリーズの取材中に母子家庭の子どものお母さんが水商売の過労が原因で死亡するということも起きている。

札幌市東区のある中学校で生徒指導を担当してる二十代の男子教師は、教師の立場から、この問題についてインタビューに応じてくれた。

「びっくりするぐらい多いですねえ。多いクラスだと一クラス十人ぐらいは欠損……。籍は入っていてもいっしょにいない、とか。非行の子にしても、両親が別れたという寂しさをまぎらわすためにグループをつくって夜歩き回ることも多い。家庭訪問にいくと、ホントに電気も止められ、灯油も買えないからストーブもつけないっていうウチがある。暗いところで、子どもが毛布に包まってじっとしている……か、インスタントラーメンばかり食べているとか、担任としておごるということもあるけど限界がある」

しかし教師として驚くようなケースには、生活保護の援助の手が差しのべられてないことが多い、と彼はいう。

「母子家庭で、病院の賄い婦なんかやってて子どもが何人かいるというウチがあるんですけど、生活がたいへんらしくて、お母さんの給料が出るまでは、風呂にも入れなくて、時々『くさい、くさい』といわれたりするんです。一方で、水商売で働いてる人も、二つ、三つかけ持ちしてる母親が多い。昼間もパートで働いて夜も、水商売とか。朝方はまた別のところで働くという人もいます。でも、夜もいないとなると我々教師の側からは心配になりますし……」

生活保護を受けていなくても、小中学校に子どもが通う生活が苦しい家庭に、学用品や給食費、子どもの医療費、修学旅行代などを援助する、就学援助制度というのがある。いわゆる「準要保護」と呼ばれるものである。札幌市内でも地域によっては生活保護や準要保護を受ける家庭の多い学校がある。恭子さんの次男と三男が通っていた白石区の小学校は、七百ある家庭のうち二百世帯は生活保護

(およそ五十世帯)と準要保護(およそ百五十世帯)の世帯だという。

恭子さんも、この準要保護＝就学援助は亡くなる年まで、受けていた。


母子家庭の場合、低所得(年収三百十万円以下・昭和六十二年から)世帯には、児童扶養手当が支給される。四ヵ月に一度四ヵ月分まとめて支払われ、月額だと、子ども一人で三万三千九百円、二人で三万八千九百円、恭子さんのように三人いると四万九百円(昭和六十二年度)支給される。

そのほか義務教育就学前の子が二人以上だと第二子から一人月額二千五百円三人目以降一人につき五千円(昭和六十二年度)の児童手当が支給される。

しかし、母子家庭の人がいざ働くとなると、ほとんどパートで、しかも水商売など飲食店関係に限られるのが現状で、かけ持ちも普通である。

亡くなった恭子さんは昼間喫茶店で一日三千円、夜も居酒屋で一日三千円で働いていたが、昼夜続けて働き続けることができたのは、ほんの一時期であった。

パートで働く労働者たちの組合、札幌パートユニオンの木村明美事務局長にパートの仕事について聞いてみた。

「パートの場合、かけ持ちがたいへん多いんです。母子家庭の方の場合、私たちの組合などに加入するとかいうこともめったにないのでなかなか実態はつかめないのですが、パートの場合最低賃金(時給四百三十円)違反が多い。生活が苦しくてサラ金に走るケースもとても目につきます。パートのための電話相談なんかで、よく聞いてみると、一つじゃとても子どもたちを養っていけないで、二つ、三つかけもちして、体を悪くする人がたくさんいます」

ススキノのスナックで働く、三十七歳の母子家庭の母親C子さん。四年前に離婚したとき、小四の女の子と三歳の男の子を抱えていた。離婚直後、札幌市豊平区の福祉事務所へ行き、数日後、二十五歳くらいの若いケースワーカーが家のなかを見に訪れた。そのときいわれた言葉が忘れられない、と話す。

「『まだ若いし、あんたならソープランドでも働けるよ』っていわれたんです。怒りで体が震えるのが自分でもわかりました。それで、カーッとなって『帰ってください。あんたにそんなことまでいわれる筋合いはない』と叩き出しました」

その後、C子さんはスナックの従業員（パート）として働いている。二十五日間店に出ても一日四千円一カ月およそ九万円の手取りだが、児童扶養手当と合わせ「どうにか、生きている」という。大柄で、カラッとした元気のある女性だが、パートだから病気にでもなって店に出ないと、とたんに収入がなくなることが、最も心配だ、という。

「ちょっと風邪ひいたりしてもね、休むと、ああ今月いくら収入が減るな、とか頭に浮かんで、少々のことなら無理しちゃいますね。私も負けん気が強いから、ここまで来ちゃったけど、でもなんどき、病気で働けなくなって、生活保護の手助けを借りたくなるかわかりません。そんなときは、

『ソープに行け』とかいわず、福祉の人にね、こちらの立場に立って考えてもらいたいな、と思うんですけど」

上の子が中学生になり教育費がたいへんだという彼女は、まだお客さんが来る前にカウンターで、ひとつひとつの言葉を噛み締めるように話してくれた。

▨養護施設で――

このところ、離婚家庭の子どもが急増しているという〝養護施設〟を取材してみた。餓死事件で亡くなった恭子さんの遺児三人も、その後、札幌市内の養護施設に引きとられていた。その子たちの〝今の生活〟を想像するうえでも、養護施設に一度は行かねばならなかった。

札幌市近郊の広島町にある養護施設「天使の園」。庭には白い聖母マリアの胸像が手を合わせているキリスト教系の福祉法人として運営されているこの施設には、七十人の子どもたちが生活している。児童相談所を経てこの施設に入ってくる子どもたちがここへ来た理由は、両親の死亡や蒸発、親による虐待などさまざまであるが、最近どこの施設でも多くなっているのが、両親の離婚がきっかけとなるケースだという。とくに、父子家庭の場合、なかなか子どもをそばに置いて育てながら働くということが難しいため、養護施設へ子どもを預けるケースが目立っており、道内でも養護施設入所の四三％（六十一年一月現在）を父子家庭の子どもたちが占めている（二二％が母子家庭）。

施設には共用の食堂があり、体育館やプレイルームもある。子どもたちの部屋は八畳くらいの大部屋で年齢のちがう五、六人がいっしょに寝とまりする。ベッドと勉強机を一つずつ与えられて、中学生にもなると壁にアイドルタレントのポスターを貼ったり、ラジカセも持っている。

放課後、小学校や中学校から帰ってきた子どもたちはトレーナーにジャージ姿で夕食までの間、部屋でマンガの本を読んだり、ジャンケンしたりして遊んでいた。

食堂の横の調理室では、数人の子どもたちが〝調理実習〟ということで、指導員の先生が見ている前でカレーライスをつくっていた。

子どもたちの表情はとても明るい。廊下を走り回って鬼ごっこをしてみたり、大きい子が小さい子の頭をポンと叩いたり、勉強を教え合ったりと、集団で楽しく暮らしているようだ。

天使の園の園長・吉田文子さんは、

「ウチは五〇％以上が父子家庭。その多くは離婚や奥さんの蒸発によるものです。母子家庭の場合、児童扶養手当や母子寮など制度的に保護されてる面がありますが、父子家庭は、社会的に働かざるを得ないため、とくに小さい子どもを育てるのは困難で、施設に頼らざるを得ないんです」という。

シスターでもあり、髪を灰色の修道服に隠した吉田園長は、「ひとつ、とても問題に思っていることがあるんです」といって、声をひそめた。児童福祉法の対象児は十八歳までだが、高校へ進学できない子どもたちの将来が不安定だという。

「養護施設は、高校へ進学すると十八歳までいられるんですが、進学できなかった子は退所しなきゃいけません。でも学力がなくて公立の高校へ入れない子が多いんです。そうなると今の行政からの措置費では、とても私立の高校へ行かせるわけにはいきません。やむを得ず社会に出なくちゃいけないんですが、今、中卒では就職の幅がものすごく狭いんです。よい職場がないから、転々として……転職が重なると、落ちていくというか……将来が暗いですね。女の子だと、施設を出て半年ぐらいでススキノ勤め、ということよくあります。女の子は、落ちるの早いですから……」

公立の高校に合格したとか、あるいは私立の高校へ行くにせよ親戚やスポンサーがいるなど、特別な場合を除くと大半の子どもたちは十五歳にして園を去り、社会という荒波へ呑まれていく。

最近、離婚や蒸発など、〝家族の崩壊〟が引き金となるケースが増えているとはいえ、それを支えるはずの〝行政〟が逆に子どもたちの将来に対する責任を担おうとしないことが、なんともやり切れない、と吉田園長はいう。

「養護施設に対する措置費が多ければ、家庭的なハンディを背負ってるため勉強の遅れがちな子どもを私立高校へでも進学させることができるんですが……。養護施設などへの措置費も、国と地方との負担割合が、昭和五十九年度まで八対二だったのに六十年度は七対三、六十一年度から五対五と、国の補助率がどんどん下がっています。東京や神奈川みたいに地方自治体でも比較的裕福なところは、それでも独自に高校進学まで面倒を見られるんですけど、北海道じゃそうもいきません。

たとえ親にどんな事情があっても、子どもは一番、力が弱い存在……それが後回しにされるのがとても悲しいですね」

そういって吉田園長は柔和な目を曇らせた。

行政改革による「地方転嫁」「受益者負担」の強化のシワ寄せが子どもたちを襲っている。ハンディのある子どもたちに、高校へ行く費用も「受益者」として本人たち（家族）に負わせる。多くの子どもたちはその負担ができず、ハンディを克服できずに大人になっていく。

養護施設では、毎週月曜日や祭日などは親の面会日となっている。天使の園でも、会いに来る親は月に一回ぐらい訪れるが、来ない人はまったく来ない、という。おとながやって来ると珍しいのか、子どもたちがワッと群がる。

久しぶりに来たお父さんが二人の子どもと面会し日中外出する、というところを目撃した。

幼稚園ぐらいの男の子が、廊下で父親の手に自分の手をからませ、「まだ、くるまかってないの?」と顔を見上げる。父親は無言でもう一方の手で、もう一人の息子の頭をなでているのだが、その回りに四、五歳の子どもたちが群がっていた。

友だちの「お父さん」の下から上までをうらやましそうに見上げる女の子。「お父さん」の腰のあたりをぺたぺた触れる男の子。

「動物園につれていってよ」という小さい方の子供を抱き上げて父親は「体重が増えたな」などと言っている。その父親は二人の子の手を引き、外へ出て行ったが、十人ぐらいの子どもたちが玄関までついて行き見送った。

大部屋で子どもたちに聞いてみた。「お父さんやお母さん、来る?」と、小さな男の子が「知りませーん」とおどけて走っていった。机に向かって、マンガ絵を描いていた小学四年のえみちゃんに聞いてみた。

面会の日って、親が来なくてつらくなることあるの?

「ある。なんか自慢されたりね。自分もしてみたいけど……。うらやましいなァって口には出さないけどね」

えみちゃんは、母子家庭である。妹や弟が家にいてえみちゃんだけが、ここに入っている。

「うちの母さん、離婚か再婚かどっちか知らないけど、しちゃったの。離婚するんだったら、最初から結婚とかしないほうがいいと思う。最初からあきらめたほうがいいと思う」

親に離婚されてつらい思いをしたことがあったのかな?

「やっぱり、お母さん一人だったらね、子どもとかいるとたいへんでしょう。だからお母さんも辛い思いをするから……かわいそうだなって思うから……」

えみちゃんが、お母さんのことを心配する気持ちが、痛かった。

いつしか、他の子が偶然開けたオルゴールで、「赤とんぼ」のメロディーが甘く聞こえてきた。

親に離婚されて嫌だなってことあった?

「うん、友だちとかに『お父さんいる?』って聞かれたときに……なんかね。だから離婚とかは絶対に嫌。こういう施設に入れられたくないから……」

その日、日曜日だったこともあり、若いカメラマン、音声マン、照明マンといっしょに、えみちゃんら「天使の園」の子どもたちとドッチボールをして遊んだ。とくに小さい子どもたちは、私たちの回りへ来てはベタベタ触わりたがった。

園長先生の勧めで、夕食をごちそうになった。子どもたちと同じ味付ごはんを丸いテーブルを囲んでいっしょに食堂で食べた。

「それ、おいしい?」といちいちハシからごはんをこぼしながら尋ねてくる小さな男の子。

「おいしいヨ」というと虫歯だらけの歯をみせてニコッと笑った。

食事のあと私たちが車で帰ろうとすると、窓から子どもたちが身を乗り出し、

「また来てねー」と手を振った。

愛情に飢えた、心優しき天使たち――。はにかんだ笑顔をみせる彼らが、十五歳にして「転落」しなければならないのだとしたら……。

五月に入っても冷たい北の夜風を感じながら、私は碧く暗い空の星を眺め、別の養護施設で、同じような生活をしている恭子さんの三人の遺児たちを思った。

▨母子世帯に対する「適正化」

国による生活保護「適正化」推進政策のなかで、とくに、〝標的〟とされているのが、母子家庭である。

母子世帯にかぎって、保護開始の世帯数をみてみると、昭和五十八年度は三千三十五世帯。これが年度ごとにどんどん減少し、昭和六十一年には千八百九十六世帯。六二・五%にまで減ってくる。

厚生省の「指導監査方針」では、昭和五十四年に母子世帯への「適正化」指導が示されて以来、年々、扶養義務、就労指導、資産のチェックなどが細かく、かつ厳しく指導されていっている。

たとえば、離婚した母子家庭に対しては、別れた夫との養育費について、「取り決め」があるかどうかを調べ、「取り決め」がないときは扶養履行を指導せよ、というのが〝監査〟のポイントになった(五十四年度)。この点については、さらに家庭裁判所へ相談させよ(六十年度)、その次には、別れた夫の居所がわからない場合は、戸籍によって調査したり、親族に照会して確かめよ(六十二年度)、家庭裁判所へ調停・審判を申立てさせよ(六十三年度)、と年々顕著に強化されている。

母子家庭の〝扶養義務調査〟の強化を象徴するような出来事が、昭和五十九年六月に群馬県前橋市で起きている。

前橋市が、生活保護を受けている母子世帯を対象にした扶養能力調査で、離婚した前夫や別居中の夫に対し「復縁の意思の有無」についても調査したことが明らかになり、市議会で取りあげられたのである。

前橋市福祉事務所では、保護受給中の生別母子世帯の前夫や別居中の夫に対して、調査書を郵送した。このなかには「あなたは現在離婚していますが、次の事項について答えて下さい ①できるだけ早く復縁（または同居）したい　②今後話し合ってできることなら復縁したい　③まったく復縁の考えはない　④どちらかわからない」という質問を設定している。

市議会では、「プライバシーの侵害」という批判が出て問題となったが、福祉事務所では「子どものためには両親が元に戻るのが一番。時間が経過すれば、復縁したいと考える人もいるはず」と説明した。福祉事務所が母子家庭に復縁を暗に迫り、保護を減らそうとしていたのである。

餓死した岡田恭子さんは、白石区福祉事務所で「別れた夫に養育費を請求するか、夫から養育費を払えないという証明書をもらってきなさい」といわれ生活保護を受けられなかった。

その年の厚生省の「監査方針」（昭和六十一年度）は、「とくに保護相談・申請・開始段階での対応が非常に重要な課題である」として、「前夫の、子に対する養育費履行義務について……極力、当事者間、親族間で話し合いをさせ、必要に応じて家庭裁判所の調停等の申立を指導せよ」とまでなっている。

換言すると、白石区福祉事務所は、厚生省の方針に従って恭子さんに対しても対応していたのである。

地方のひずみ

▨自治体への負担転嫁

養護施設で期せずして園長の口から出てきた国と地方との負担割合の問題は、生活保護にも大きな影を落としていた。

昭和六十年度からの国庫補助率（国の負担割合）の十分の八から十分の七への引き下げ（約一千五百億円の国負担減）は、地方財政に圧迫を加えていた（なお、国の補助率は、平成元年度〈一九八九年〉以降、生活保護については十分の七・五、児童・老人などの福祉施設の運営費は二分の一で固定された）。

保護率四一・七‰（パーミリ＝人口千人あたりの保護人数）という、市としては道内一高い三笠市を訪れた。

昭和三十年代、十数の炭鉱が栄えた三笠市は、現在人口二万一千人、かつての三分の一である。ただ一つ残っていた炭鉱北炭幌内鉱も、一九八九年九月に閉山した。市内のアチコチには、かつての炭住長屋の廃墟が並ぶ。トタン屋根がさびて茶色になった木造の炭住長屋は、まわりに背の高い草が生い茂り、クモの巣が張っていた。炭住のなかへ入ってみると、窓ガラスはほとんどが割れ、床も板がはずされて地面がむき出しになっていた。玄関の脇に大きな西洋人形が目をあけて寝ている。プラスチックのボーリングピンのおもちゃがころがっているのが、人が住み生活していたことを匂わせなんとも居心地の悪い気分にさせられる。

炭鉱の閉山にともなって店や病院もなくなり、風呂屋や病院の跡といった古びた建物が点在している。

三笠市の場合、保護を受けている割合が多いのは老人世帯で、全体の三一%(六十二年四月現在)を占める。そのうち八割近くが単身で、いわゆる、「置き去り老人」といわれるお年寄りたちである。炭鉱の合理化や閉山をきっかけに、若い人たちは、札幌や本州へと移っていった。しかし、三笠で長い間生活してきたお年寄りたちにとっては、自分の子どもが引っ越していっても、簡単に、ついていくわけにもいかない。

平屋の長屋方式になっている市営住宅を訪ねて行くと、一人暮らしの老女が玄関先で、こんなふうに話してくれた。

「息子のところ行くったって、もうはっきりいって、親は親、子どもは子どもで食べていくよりしょうがないと思う。むこうだって生活あるしね。親を食べさすってわけにいかないでしょう。子どもの教育もあるだろうし、むこうも迷惑だろう。みじめな思いしたくないから今さら面倒みてもらおうとは思わない。子どもは子どもで、親は親で食べていくしかないでしょう」

三笠市では石炭の合理化にともなう下請け業者に対する解雇が、いわゆる黒手帳などの保障になりえないため、「生活保護の対象になりうる」としている。

昭和六十一年度の三笠市の一般歳出額は百七億八千二百万円。そのうち生活保護費は九億三千七百三十万円、およそ八・七％にあたる。昭和六十年度より国の負担率が減ったことに対する、埋め合わせといえる臨時財政調整補助金が六十一年度は三千二百八十万円。

構造不況による荒波を直接かぶった典型的な自治体といえる。

板東達雄三笠市民生部長（当時）はこのように苦しい台所を説明する。

「保護を受けている傷病世帯や高齢世帯は、炭鉱の事故や合理化・閉山の後遺症といえる。しかし、保護を受けている人を少なくする方法は難しい。市内で働くにしても低賃金ですから――。昭和六十年度から自治体の負担額が一割増えたのですが、若干、補助金で補てんされているといっても、せいぜい七〇％ぐらい。うちのように生活保護受給が多い自治体はたいへんですよ」

石炭産業の合理化も、国の第八次石炭政策というまさに〝政策〟として推進されたものだ。その政策の影響を大きく受けているのが、地方自治体である。

板東部長は続けて、

「生活保護は、国の大きな政策の流れのなかで揺れ動いている。一方で、石炭産業の合理化はある。他方、私どもは雇用の場を創出するとともに、制度でもって生活を保障してやらねばならない。ただ、国が地方に転嫁するのには不満を持っています。今は、福祉行政は、国から地方へ、そして地方から住民へと転嫁が行なわれています。それなのに生活保護の基準は国が最低基準を定める——これは矛盾ではないでしょうか？」

〝国による地方いじめ〟といえるでしょうか？

「国が地方に転嫁をしている、という一言に尽きますね。生活保護のようなものは国レベルの制度としてきちっとやっていかなきゃならないと思うんです。自治体間のアンバランスが生じるから、国の最低保障としてやってほしい。しかし、生活保護だけじゃなく、他の福祉に対するいろんな問題についても受益者負担……将来はほとんどが受益者負担という制度で一元化、統一されてしまうような気がしてならないですね。福祉全体にとっては、切り捨てですよ。国による切り捨てです」

吐き捨てるように板東部長はいい切った。

板東部長は、三笠市全体が低賃金の構造だから受益者負担といっても受益者にとってはたいへんだ、という。

「現実に三笠のようなマチはたいへんなことになりますよ」

予言とも自嘲ともとれない言葉で締めくくった。

北海道は、構造不況のなかで、かつてない大量失業時代を迎えている。

国の第八次石炭政策により、昭和六十二年には三井砂川鉱（空知管内上砂川町）、北炭真谷地炭鉱（夕張市）が閉山した。これにより千八百人が離職したほか、三井芦別鉱、三菱南大夕張鉱、住友赤平鉱の三山で合理化が行なわれ、千八百人が離職している。

北洋漁業も三分の一が減船。稚内市や根室市などの水産加工業や中小船業にも大きな打撃を与えた。函館どつくなどの造船や新日鉄室蘭など鉄鋼も企業が撤退したり合理化を行なうなど、昭和六十一年四月から六十二年十月にかけての離職者は、一万六千人にも上っている。

戦後しばらくまで三井財閥の基幹産業であり、財閥の基礎をつくったといわれる、三井石炭鉱業の砂川炭鉱が、六十二年七月に閉山したことに象徴されるように、構造不況によって、企業がマチをつくった企業城下マチが、企業の撤退によって、根底から揺さぶられる事態が、道内のアチコチで広がっている。

「アメとムチ」

国からの補助率がカットされ、そのツケが地方自治体にまわされた結果、地方自治体としても財政的負担を減らすよう、努力せざるを得ない。

さらに、国のこんな「アメとムチ」が地方自治体を縛りつけている。

『生活と福祉』六十二年四月号には、全国の都道府県と政令指定都市の関係各課長が出席した、厚生省社会局関係主管課長会議での、昭和六十二年度の厚生省の行政方針説明が掲載されている。

保護課の『行政説明』では、「今後も適正化推進に努力」と題して、

「近時の保護動向を見ると、……県本庁、福祉事務所の適正化推進の努力という点もありまして、過去に例を見ない保護率の減少を来しています。

このように……適正化対策事業に取り組んだ場合には、生活保護運営対策事業補助金をもって、財政的にも相当の手当てをしているところですが、今後も積極的にこれを活用していただきたいと思います」と述べられている。

近年の保護率の減少を、「適正化」の努力によるものと評価する一方で、「適正化」に積極的に取り組む地方自治体には「国の補助金を出していく」という基本姿勢を示している。

六〇年度以降、国の負担割合が一割減ったために、財政的にはますます苦しくなり、生活保護費を切り詰めていかざるを得ない状況に追い込まれている地方自治体にしてみると、さらに監査などを通じて、「適正化」実施を求められたうえ、目の前に「生活保護運営対策事業補助金」という〝アメ玉〟をぶら下げられたことになる。

補助金ほしさもあって、自治体としてはますます「適正化」＝保護世帯減らしに取り組まねばならなくなったのである。

鉄鋼不況にあえぐ室蘭市のあるケースワーカーは、このように話す。

「最近、『仕事がない』ということで相談にくる人が多いんです。もちろん〝働く能力がない〟わけではありませんから、仕事を探す状況をみる〝求職状況報告書〟を出させるなどして、ようすをみるのですが、確かに地元では職がない、ということがあります。こんなとき、上役は市の財政状況を考えますから、『ケースを減らすほうが助かる』ということで、『札幌へ行け』と指導するように、我々に指示します。『札幌に行く』ことが、『能力の活用』をしたことになるんです」

上役から、〝架空認定〟を指示されることもあるそうだ。架空認定は、保護受給世帯が実際にはそんな収入はないのにもかかわらず、架空の収入があったことにして、保護費を減額するという、架空の収入認定である。

保護受給世帯が親戚からの扶助があることにせよ、と所長が指示をする。

「所長が、このケース（世帯）については『四万円ぐらい親戚から仕送りがあることにして減額しろ』といってくるんです。受けてる側は、そんなに制度に詳しくないのが普通ですから、わかりませんが、これがバレたらたいへんですよ。明らかに違法なことをやっているわけですから……。監査もあるし、生活保護費が財政圧迫するのでやむを得ないかもしれませんが、架空認定をしている我々としては内心ヒヤヒヤですよ」

架空認定を上から指示される、という話は札幌市のケースワーカーからも聞いた。

法律に基づいて、本来受給できるはずのものが、一部もらえないのであるからまさに違法な行為である。制度についてよく知らない、受給者側の弱みにつけ込んだ行為ともいえる。

［Ⅳ］国民の意識

〃監視〃

「甘えを許すな」

123号通知をきっかけにした「適正化」の流れは、国の「福祉見直し」政策の一環として、それまでの生活保護行政を大きく変えるものとなっている。

ところで、「適正化」は、既に述べたように、〃暴力団員等の不正受給を防ぐために〃というのがその表向きの理由として一貫していわれてきた。そして、こうした不正受給を許さないことが、真に国民の期待に応える生活保護行政である、とされてきたのである。つまり、国民の利益のために、国民感情に後押しされて、これらの厳しい「適正化」を押し進めてきたのだ、というわけである。

たしかに、生活保護に対する国民感情には一部、かなり厳しいものがあるのも事実である。報道部に寄せられた電話のなかには、「不正受給がまかり通るのは、許せない」という内容のものと〃不正受給〃とまでは行かなくとも、「安易に生活保護を与えすぎる」と現状の生活保護行政の甘さを指摘するものがかなりあったのも事実である。

◉八雲町の主婦（三十九歳）
「若い人たちのなかには、簡単に離婚して生活保護を受け、しばらくしてから復縁して家を建てた人がいる」

◉公務員の男性（四十歳）
「暴力団員が生活保護を受けているなど、〝不正受給〟の問題がある。『腰が痛い』といって、パチンコばかりしている人がいるが、税金を払う側からいうと安易に生活保護を認めるべきではない」

◉女性（中年）
「生活保護を受けている人を自分の所で使っていたが、車を買ったり、貯金をするなど、ぜいたくな生活をしているのをみて、辞めてもらった。こうした不正受給者が多くなると、ほんとうに自立しようとしている人たちの職も失われるのでは……」

◉三十二歳の男性（会社員）
「テレビで母子家庭をあおるような真似はやめてほしい。自分は中小企業に勤めているが、月収は手取り十一万円だ。一方、生活保護を受けていると、十四万とか十五万とかもらっている。そういう人がパチンコしたりしてるのをみると腹が立つ。役所はほんとうに困ってる人かどうか吟味すべきだ」

◉札幌市白石区の母子家庭の母親（四十歳・パート）

「うちも母子家庭で高校生もいるが、この十年間ずっと保護をもらわないできた。年収は二百万だが、衣服などを切り詰めてやりくりしてきた。一方、生活保護をもらってる人たちの生活はだらしない。酒を飲みに行く、パチンコに行く、アパートにはハイヤーで乗りつける……。保護費が支給される毎月一日には銀行の窓口に受給者が並ぶが、その足でパチンコに行く人が多い。私は年収二百万でも十年間生きてきたわよ」

◉札幌市中央区の主婦（三十二歳）

「知っている夫婦が十年前から名目上離婚している。夫は背中にイレズミがあり、右翼団体に入っていて働いていない。妻は保険外交員として働いている。中学生の子ども、おばあさんがいるが、いっしょに暮らしているのに、生活保護をもらっている」

◉札幌市東区の主婦（二十七歳・生活保護受給経験あり）

「私の友人で、一見、離婚を装い、生活保護を受け取っている人がいる。西区福祉事務所に電話したが調べようとしない。そちらで調べてもらえないだろうか」

⦿札幌市西区の主婦（三十七歳）
「私の近所の西区発寒には、不正受給者が多い。一ヵ月に十七万円ももらって床暖房を入れたり、酒を飲んだり、モーテルに行ったりしてる。ケースワーカーが来るときは仲間の知らせでわかるので、薬の袋を積んで寝ている」

⦿札幌市豊平区の男性（三十歳）
「西区琴似○条△丁目の×××子は、男の二号になっていて、毛皮のコートを着て外出、夜は遊びに出歩いている」

⦿食糧品店を営む女性（六十歳）
「うちも生活が苦しく、子どもが一人前になるまで、半年に一度しか風呂に入らないでタンポポやフキを食べて生きてきた。私たちよりいい生活をしている生活保護受給者がいる」

⦿白石区の女性
「白石区中央○条△丁目のB子（五十九歳）は、生活がハデで生活保護を受ける資格はないのでは……？　食事はすべて外食だし、すぐタクシーに乗る。おじいさん二人と長い関係で、ハデな衣装を着ている。酒を飲み、しょっちゅうパチンコをやっている」

◉豊平区の主婦（三十九歳）

「生活保護をもらってる家から、逆に〝おさがり〟の服をもらっている。インチキでもらっている人を調べて、どんどん打ち切ってほしい」

◉白石区内のアパート経営者（男性・六十歳）

「アパートに入居してる人のなかに、生活保護を受けながら、毎晩のように男を連れこむ母子家庭の女性や、パチンコで八万負けたといばっている人がいる。愛国心があるなら税金を無駄にするな」

◉豊平区内の病院付添婦

「働かない五十すぎの男がアル中で二十年以上生活保護を受けたり、福祉を虫よく考えてる人がいる」

◉西区のアパート経営の男性（六十代）

「うちのアパートに入ってる二十八歳ぐらいの女性は、生活保護を受けているが、仕事をしない。

昼すぎまで寝ていて、夜は夜中まで子どもをせっかんする声が聞こえる。生活保護をあてにして働く気がないみたい。これでは税金の無駄使いである」

⦿白石区の主婦（三十八歳）

「私は不正受給者を知っている。子どもが二人いる母子家庭だが、近くに親兄弟がいる。生活も派手で、よく寿司をとって食べている」

×　×　×

電話を寄せてくる人たちが『不正受給』という言葉を知っていて、「私は不正受給している人を知っている」といってくるのには驚いた。しかし、よくよく話を聞いてみると、「偽装離婚」や「収入・資産の隠匿」をしている、というように、法律に照らしてみてほんとうの意味で〝不正〟といえるケースについての通報は、ごくごく数えるほどであった。

大半は「昼間からパチンコしている」「酒を飲む」「服装が派手」「母子家庭なのに男が出入りしている」「近親者が近くに住んでいる」「働いている」（働きながら、一部保護を受けられることを知らない人が多かった）「生活がだらしない」などという通報で、それだけで不正受給といえるかどうかはたいへん難しい。むしろ、「自分たちの税金で養ってやっているのに生活がだらしないのは許せない」という感情論が根底にあるような気がする。私はこうした電話を受けていて、実に多くの住民たちが自分の生活圏に住む生活保護受給世帯に、厳しい眼を向けていることに、衝撃を受けた。これでは一種の〝監視〟といってもよい。

〝厳しい眼〟の人たちの生活について、それとなく聞いてみると、意外に「月収手取り十万そこそこ」とか「年収二百万」とか、低所得者層が多いことも注目される。

構造不況のあおりを受け、豊かといえない、北海道経済の現状では、とくに中小企業に勤める人たちの収入は少ない。この結果、むしろ生活保護受給者のほうが、実収入が多いという現象が出てくる。これが、不満に拍車をかけている。

また、「生活保護受給者」に対して、強い差別意識を持つ人たちが多いことも電話を受けていて感じさせられた。「生活保護受給者は、我々が養ってるんだ」という意識で、「きちんと生活してるかどうか、監視してやろう」となるようである。こういう人たちは何か、オヤッと思うことがあると、役所や報道機関にすぐ通報してくる。

一方、ごく少数の電話のなかに、たしかに「偽装離婚」などの不正受給を告発するものが確かに存在したのも事実である。

▨暴力団員の受給

テレビのドキュメンタリー番組の取材をつづけているある日、私は不正受給をしているという〝本人〟に偶然遭遇してしまった。

道内のある福祉事務所で、生活保護の相談に訪れた人たちの声を拾おうと、保護課の前で張り込んだ。カメラマンや音声マンなどのスタッフは福祉事務所の外の路上に駐車してあるワゴン車に待機してもらった。

相談する人が保護課の相談室に一旦入ると、出てくるまで時間がかかる。出てきた人たちに取材をお願いしてもなかなかOKがもらえず、保護課の近くを小一時間行ったり来たりしていた（あまり、じっと立っていても怪しまれるだろうから）。

すると、そのうちに、役所にはとても不似合いないでたちの大柄な三十歳ぐらいの男が現れた。パンチパーマでサングラスをかけて、鼻の下に「八」の字のヒゲをはやしている。一見して暴力団員とわかる。白地に縦縞のダブルのスーツの前ボタンを止めずヒラヒラさせ、胸元には黒の開襟シャツをネクタイなしで着こんでいる。足元は白のエナメル靴。腹をせり出すようにノッシノッシあたりをへいげいしながら歩いてくる。襟もとをよく見ると、暴力団員であることを示す大きなバッジが光っている。

「まさか生活保護では……」男は保護課へ一直線に向かって行き、係員と二言、三言話をすると面談室の中へ別の係員といっしょに入って行った。

暴力団員が保護課に来るところを目の当たりにし、これは是が非でもインタビューを取りたい、と思った。面談室から出てくるのを待って、彼が福祉事務所の外へ出たところで恐る恐る声をかけた。

「あの……失礼ですが、ひょっとして生活保護の相談か何かでいらしたんですか？」

下手なことをいうと殴られるのでは、と思い、後で考えると自分でもおかしいぐらい丁重な言葉遣いをしてしまった。

男はサングラスの奥のギョロ目を動かし、「ああ、そうだけど、何だい、アンタ……」

「いや、実は……」

どっと汗が体中から噴き出てきたが、とにかく必死に説得して彼の肉声をインタビューさせてもらうことになった。顔はもちろん撮影しない、という約束だ。「それとバッジも撮ったら承知しねえぞ。組に迷惑がかかるからな」凄みのある声がとんでくる。

ワゴン車のなかでマイクを向けた。彼は見かけよりずっと若く、二十代半ばだった。まだ「組」のなかでも一番下で、収入がほとんどないのだという（下っ端の暴力団員は組の仕事とは別に、それぞれ自分で稼いで食べていかなければならないというルールがあるのを私はこのとき初めて知った）。

強盗傷害罪で服役し、刑務所を出てから収入がなくて、まだ保護を受けて数カ月だというこの男は、福祉事務所についてこう話した。

「けっこう、生活保護受けているヤクザは多いよ。オレの知ってるうち九割方は、不正受給じゃないかなぁー」

ほんとうにそんなに簡単にもらえるのだろうか？

「やっぱりね。バッジをつけてね、身なりもヤクザもんだ。ま、顔もね、ちょっと普通の人より人相悪いとなると、机の一つでもパンパン叩いて、オラー、ホントに困ってる、このヤローっていえば、まぁー向こうも考えてくれるんではないかねー。ま、『さわらぬ神にたたりなし』みたいな感じでね。別に自分の腹がいたむわけじゃないから出すんじゃないのかなー」

ヤクザというのは収入がないの？

「いやあ、もらいながら働いてるよ。あぶく銭みたいなものだね。九割方はお金に困ってない。でもなかには、ほんとに困ってる奴もいるよー。シャブ（覚醒剤）やって体がいかれて動けないって奴……、ほんとうに困ってるヤクザはもらえないんだよなぁ」

白石区の母親餓死事件を知ってるかと尋ねてみた。

「あの人なんて堅気の真面目な人でしょう。ヤクザもんが死んだなんて出ないしね……。ああいう可哀いそうな人には保護なんて出さないからねー。仕方のないことでないかなー。ヤクザの不正受給をなくせったって……。警察が、駐車違反とかつかまえてもヤクザだと見逃すのと同じ……。ほんとうに困ってる人を探しだして進んで援助しないかぎり、不正受給はなくならないんでない？」

▨ある炭住でみた「不正受給」

こうして私は偶然にも、不正受給の当人に遭遇したわけだが、ベテランのケースワーカーたちに聞いても、一般に不正受給であることを調べるのは、実にたいへんなエネルギーを要するということで、これぞと思って目星をつけた人間について刑事なみに張り込むとかしないと摘発は難かしいという。

炭鉱が閉山になった町へ取材に行ったついでに、生活保護世帯が多く住むという地区を歩いてみた。木造の長屋がズラリと並んだそのあたりは、老人世帯の保護率が高いと聞いていたので、立ち話をしていた主婦たちにこのあたりに生活保護世帯がひょっとしていないか、と訊ねた。

「生活保護？　ああ、不正受給がいるわよ、不正受給。とにかく、子どもほっぽって男と遊び歩いてるというか、だらしないんだからその人」

何人かいた主婦たちも口ぐちに「そうよ、不正受給よ」というので、その辺りでは有名らしい。

子どもが三人いる母子家庭だという。

赤い屋根の木造モルタル造りの家を訪ねていくと、母親はいなかった。玄関から奥をうかがうと、全体に薄暗い。居間にダンボール紙や新聞紙が広げられ、紙くずだらけなのが、引き戸ごしにみえる。子どもが二人出てきた。小学校低学年くらいと、三、四歳のどちらも女の子——。二人とも近ごろではちょっと見たことがないようなボロボロの衣服を着ている。髪の毛は汚れで赤茶けている。顔や手もアカで黒ずみ、鼻の下にハナ水の跡が黒くなっている。玄関先にも異臭が漂ってくる。

「母さん、いま、いない。買物」そういうと二人の女の子は部屋のなかへ戻っていった。奥からは、赤んぼうの泣き声もかすかに聞こえていた。別の取材のついでということで、それ以上時間がなかったが、これが、近所の人たちが「不正受給」と呼んで眉をしかめている家庭の実態であった。

こんなひどい暮らしで、はたしてほんとうに生活保護を受けているのだろうか？　保護を受けていて、母親が子どもをほったらかしにして遊び歩いて、ああなってしまっているのだろうか——。

いずれにせよ、子どもたちにとって、けっしてよい状態であるわけがない。この家庭が仮りに保護を受けていたとして、「不正受給」ということで打ち切られたら、あの子どもたちは、どうなるのだろう——。

地域の人からちょっとしたことで「不正受給」といわれてしまう生活保護世帯の悲しみを見てしまったように思う。

すすけたように肘を黒く汚した幼い子どもたちの姿は、日本社会の貧困の一断面に触れたような気がして心に残っている。

▨「厳しい眼」の背景にあるもの

生活保護の基準については毎年、厚生省が策定して予算を組む。基準額は地域によって六つの等級（六十二年度の前は三等級）に分けられ、若干の違いがあるが、大都市での標準三人世帯（夫三十三歳、妻二十九歳、子ども四歳）の場合、生活扶助額は月額十三万九百四十四円である。これに住宅扶助や教育扶助が加わる。母子家庭の場合は、これに母子加算がつくからさらに増える。亡くなった恭子さんのように仮に母親三十九歳、子どもが十四歳、十一歳、九歳という母子家庭ならば、多子加算、冬期加算、住宅扶助などを加えると二十六万九千三百六十円（平成元年度）という額になる。

これは今の北海道のように、経済状況が全般的に思わしくなく、平均収入の少ない地域ならば、〝かなり恵まれた生活〟という意識を周囲の人に持たせてしまうのかもしれない。

ちなみに、北海道の中小企業の従業員の、平均月給は、男女平均で十七万六千円余り。夏・冬のボーナスは合計で四十一万五千円である。女子の平均月給は十一万二千円余り——（昭和六十一年度）。これに税金が加わるわけだから、実際の手取り額はさらに低くなる。生活保護を受けている母子家庭で子どもが二人、三人といると、手取り収入だけを見ると、ほぼ同じか、かえって逆転するケースも出てくるのである。

ギリギリの生活で働いて頑張っている人からみれば、「自分たちの税金で暮らしている生活保護世帯のほうが、なぜ実収入が多いのか」という反発が強くなるのも、感情論としては理解できないことではない。

いきおい、生活保護を受けている家庭に対して、〝厳しい眼〟を向け、監視するような姿勢が強くなってしまうのだろう。

世論操作

一方、私がたまたま取材した暴力団員のようにごく一部の不正受給者の存在が、イメージの上で増幅され、ちょっと生活態度について問題があると、すぐに「不正受給」のレッテルをはってしまう精神風土が日本には根強くある。

生活保護というと、暴力団員などの不正受給、税金の無駄使い、というイメージの連鎖で、「許せない！」という発想をしていないだろうか。

この点、国による〝世論操作〟の問題もある。「生活保護」について、厚生省の記者クラブなどを通じて発表される記事は、ほとんどが、『不正受給』や『税金の無駄使い』『チェックの甘さ』を指摘するものばかりである。新聞の縮刷版をめくって生活保護関連の記事を探せば、その多さに驚いてしまう。受ける資格のない人が受けている、と――。残念ながらマスコミも無反省に、そうした政府発表記事をデカデカと載せて、国民感情をより厳しいものにしむけるよう協力させられているのが現状である。

見出しを追っていくと、

『生活保護費　不正受給十億円に　世帯数も九百七十四　過去最高』

昭和六十年度の厚生省監査結果について、「世帯数金額とも過去の最高」であり、「高額化も目立つ」としている。

――昭和六十二年六月十六日　日本経済新聞

『チェック甘い生活保護費　〝払い過ぎ〟十三億円にも』

会計検査院が「生活保護を受けている人の子供や兄弟などの扶養義務者（三親等以内）が、実際には経済的に余裕があったり、面倒をみていないのに所得税の扶養控除をちゃっかり受けているケース」について調べたもの。「不正受給に支払われた生活保護費は六十一年度分だけで十二億九千五百万円に達する。検査院は受給手続きの窓口となる自治体の福祉事務所が扶養義務者について十分なチェックをしていないためとみて、厚生省に対し明確な基準づくりと指導を求めていた」厚生省社会局は、これを受けて「一人ひとりを再チェックし直したい」と話している。

――昭和六十二年十一月十八日　朝日新聞

『高額土地・家屋持ち世帯　生活保護を見直し』

厚生省社会局長の私的諮問機関「生活保護制度運営協議会」の報告を受けての措置。『高額資産家』の生活保護受給問題は、六十年十一月、会計検査院から、被保護者の中に五千万以上の資産家が九十五件もあった、と厳しい指摘を受けているが、同協議会では、その指摘の前から検討を始めていた。見直しは不公平感をなくすのが狙い。

――昭和六十二年十二月二十六日　朝日新聞

『札幌除く道内　昨年度の生活保護不正受給　三倍の五千万円台』

北海道民生部の報告によるもの。札幌市を除く道内の不正受給が急増し前年比三倍強の三十四件、五千百二十万円となった。一方、札幌市の不正受給も六十一年度、百二件、一億一千九百五十三万円と件数が二倍に増えたことも記している。

道民生部の話として、「行政に対するひとつの甘えが背景にあるのでは」と紹介する。

――昭和六十二年六月十一日　北海道新聞

『生活保護費　不正受給十八億円　世帯数、金額とも過去最高』

昭和六十二年度の厚生省の監査結果によると、収入を隠したり過少申告するなど不正に生活保護を受け取っていたとして、不正受給分の返還を求められた被保護世帯は二千世帯もあり、総額は十八億八千万円と、大きくふえている。増加の理由について、厚生省は、「五十六年ごろから受給者の収入などを厳しく調べており、それが軌道に乗ってきた」と説明している。

——昭和六十三年十二月二十七日　毎日新聞、朝日新聞

〃性悪説〃

取材拒否

マスコミを通じて〃不正受給〃について国民の意識を煽りたてながら、現場に対して、「厳しい対応」を求める——。この結果、現場のケースワーカーと受ける側との関係もギクシャクしたものになってしまう。そんな国の「適正化」こそが、餓死事件を起こしてしまった背景ではないか、という確信は日増しに私のなかで強くなっていった。

かつて小山進次郎厚生省保護課長が権利としての生活保護制度を理想に燃えて運営していたころと比べ、国は明らかに方針を変えていた。

「厚生省の考えはいったいどうなのか?」

厚生省の担当者にインタビューをしよう。そう思って、取材を申し入れることにした。

厚生省社会局保護課に電話を入れると、〃田坂〃という課長補佐が出た。監査指導課の課長補佐も兼ねているという。「適正化」のねらいについて、テレビカメラで担当課長にインタビューしたいというと、「いろいろ調整もあるので、後日こちらから電話する」との返事。連絡を待つことにして、電話を切った。数日後、田坂補佐から、「生活保護制度については微妙な問題が多く、ちょっとした発言が受けとられようによっては、誤解を招きかねないから」という断わりの電話があった。

「だったら、誤解されないように話してください」といったが、とにかく、責任者がテレビに出て話すのはダメだという。

データなどについて説明するのはやぶさかではないので、もし来るのなら会うことは会うが、テレビカメラは持ち込むな、という返事は、何度申し入れても同じだった。

テレビ報道の場合、カメラを持って相手方の肉声を取材するのは原則である。それを拒むのは、取材拒否にも等しい。しかも、行政官庁の担当責任者が自分の所管する業務について、インタビューに応じないというのは、いったいどうしたことだろうか。私は驚いた。

報道機関側には、「国民の知る権利」に裏打ちされて、行政に対して取材・報道する自由がある。このため、ニュース取材などで、ある問題について、所管の行政機関にインタビューを申し入れて拒まれることは、通常はないといってよい。

例外的に、自衛隊などに対する取材が、「防衛機密」として拒まれるケースはある。しかし、ことは防衛機密ではないし、相手は通常の行政――国の福祉行政を担務する中央官庁である。担当責任者が自分の所管について、報道機関の取材に応じ説明するのは公務員としての義務でもあろう。

私自身、中央官庁の担当者に取材を申し入れて、断わられたのは初めての経験である。

そのあとも何度も厚生省に電話を入れた。保護課がダメなら、監査指導課でもいい。課長がダメなら、部長でも局長でも、課長補佐でもよいから、インタビューをとらせてくれと。しかし、答えは同じだった。

田坂課長補佐は電話でこう語った。

「（カメラによるインタビューは）お断わりします。それはいくら期待されても同じです。はっきりいってお断わりしたい、というか困ります」

理由は？　インタビュー拒否というのは、異例のことですよ、と私。

「生活保護制度についてはテレビの前にバーンと出て、とくにアピールするというようなものではないんじゃないでしょうか。いまさら、国民に対してご説明する、アピールするというのはご遠慮願いたいですね……」

口調こそいんぎんだが、要は、「生活保護についてはとくに国民に知らせたくない」という態度である。

私たちのところに泣きながら電話をくれた人たちの大半は、〝申請〟という手続きを知らず、〝相談〟段階で断わられていたり、あるいは、自分がまだ保護を受けられることを知らずに、〝辞退届〟を書かされて、廃止になっていたりしていた。そもそも、制度そのものがよく知られていないのである。厚生省は制度について知らせると、誰も彼もが、「権利」を主張して、福祉事務所に押しかけてくるとでも恐れているのだろうか？

〝不正受給〟については、マスコミを通じてどんどん報道し、一般の人たちに〝厳しい眼〟をつくる。生活保護を受ける側は、肩身の狭い思いをして、受けにくい状況が生まれる……。こうした情報以外は生活保護に関しては、国民に知らせなくてよい、ということなのだろうか？

田坂保護課長補佐は、生活保護と他の行政との違いを強調した。

「我々国のものが、全面に……公の者が、一般国民の注意を喚起するという形で出るのは、生活保護の場合、どうなんですかねえ……積極的に国民に知らせる、というよりもっと消極的なものでは……」

私は、聞いてみた。

「つまり、私たちが、この問題を報道することも、ほんとうはやめてもらいたいと？」

「ええ、まあできれば避けていただきたい。そこまで私どもとしてはいえませんけどね」

実は、カメラでインタビュー取材できない場合に備えて、電話のやりとりをテープレコーダーで収録していた。そこで、「適正化」の真意についても、尋ねてみた。

「生活保護の考え方自体は、変わっていませんが、123号通知で一つの新しい施策が出されたとはいえます」と田坂補佐。

実際は窓口では、保護の申請から却下という法に定められた手続きでなく、法に定められていない〃相談〃段階でふるいにかけられているが、それについては?

「実際、福祉事務所に来る方は、いろんな〃感じ〃を持って来る方が多い。まだ、生活保護の要件からすれば甘い。預金があるとか、扶養義務者がいるとか、一般の人は生活保護について、どうしたらもらえるのかを理解していません。たんに困ったら援助してもらえると思ってる。〃ほんとうに困った〃という状態は、もっともっと困った状態なんです。必ずしも、福祉事務所に来た人がすべて要件に合致した人ばかりではない。

だから、生活相談へ来ても、要件に合致しない人が多数います。本人の主観的な要件と客観的な要件が合致しないんですね。ご納得いかないという方は、また来ますし、けっして門を閉ざしている、ということはありません」

生活相談で、追い返されてもほんとうに困っている人は、何度もやって来るだろう、という考えのようである。

数日後上京し、厚生省保護課へ資料をもらいに行った。田坂補佐に「くれぐれも申し上げておきますが、テレビを入れるようであれば取材はお受けしません」と念を押されていたので、カメラマンは連れず、私が単身乗り込む形となった。

六階にある社会局保護課。ここで萩原昇保護課長が応対してくれた。

「札幌で起きた母親餓死事件の原因として厚生省が進めている『適正化』があったとは考えていませんか?」、私は切り出した。

「札幌市からの報告を読むかぎり、ケースワーカーの対応自体に問題があったとは思えませんね。むしろ、かなり、個人的な特殊な事情があったのでは、と考えています」

そのあと、重ねてテレビカメラでの取材に応じてほしいことを頼み「適正化」についての考え方を問いただしたが、電話での田坂補佐とのやりとりとまったく同じような問答になった。

いくら話を聞いても同じことか、と思って席を立って帰りかけ謝辞を述べたとき、萩原課長はこういった。

「けっきょく……私たちも、性善説に立ちたいんですけど、性悪説にならざるを得ない、ということなんでしょうなァ……」

性悪説——つまり、相手方を「こいつはひょっとしたら、〝不正〟なことをしているのではないか」「虫の良い考えで保護を受けようとしているのではないか」と疑いの眼で見つめ対応するということである。現在の厚生省の「適正化」政策をこれほど象徴的に表わしている言葉もあるまい。

「最近では、我々ケースワーカーと、保護を受ける人たちの間が、妙にギスギスした関係になっているんです」

〃性悪説〃という萩原課長の言葉を聞いたとき、ベテランのケースワーカーがこう言っていたのを思い出した。

忘れられない声

恭子さんが生まれ育った日高のS町のすぐ近くの海岸線の漁業の町K町。ここに住む三十三歳の母子家庭の母親Iさんから、報道部に電話がかかってきたときのことは今でも鮮烈に記憶に残っている。中学二年と小学六年という二人の男の子がいるIさんからの電話は、たしか、六十二年二月の日曜日で、報道部の仕事も、それほど忙しくなかったときにかかってきた。

電話に出たのは私である。

リーン！　と鳴って、

「テレビのニュース見ました……。なんだか餓死したお母さんと自分が重なってしまって……。男の子が二人いて、去年の十二月から働いてないんですが、今、児童扶養手当だけで食べているんです。生活保護の相談に行っても、自分でできることは自分でやれ、という。K町のあたりは仕事もないし、夜の勤めぐらいしかないんですが、以前、勤めて毎日飲まされて、胆のうとすい臓をこわしてしまいました。今は、収入がないので、せめて、子どもたちには食べさせようと、私は一日一食で暮らしています……。だんだん弱ってきて、食欲もなくなってきました。ここ四、五日何にも食べてないんです。私もこのままあのお母さんみたいになるのかなあ、と思っています」

最初から泣き声で震える声の電話だった。声に張りがなく、力がないのが受話器を通していても感じとれる。私は、この電話を切ると、この人は死んでしまうのではないか、と思った。電話でかろうじてつながっている見えないか細い糸を断ち切ってはいけない。餓死事件をくり返してはいけない。そう思って事情を聞いた。

話を聞いているうちに、餓死した恭子さんのケースと非常に良く似ていることがわかってきた。

Iさんは二年前の六十年一月に夫と離婚した。夫がサラ金に多額の借金をつくったためである。子どもたちの養育費は出さなくていいから、借金のカタは夫がつける、というのが別れたときの条件だった。Iさんは町営住宅に入居して夜、居酒屋勤めをするようになった。

店を一人でまかされるような形だったが、一日四千円のパート労働。しかしどうしてもお客さんに酒を飲まされてしまう。だんだん体調を崩して休みがちになる。病院へ行ったところすい臓や胆のうと胃に異常があることがわかった。

勤めを六十一年九月いっぱいで辞め、十月に生活保護を求めに町役場の福祉係へ行った。しかし、「預金があるだろう」「仕事を探しなさい」「家具を売りなさい」などといわれた。福祉係といっても小さな町役場だから面接室もなく、ふつうの事務机の横のイスに座って、事情を聞かれる。「なんで別れた?」かをしつこく聞き、「あんたに男関係でもあったからダンナが逃げたのか」とニヤニヤしながら大声でいう。そんなことといわれるとそれ以上話をしたくなくなる。それが周りの職員たちにも聞こえる。小さな町の居酒屋に勤めていたから、戸籍係など顔なじみの職員もたくさんいるのに……。

何度いっても、一種のイヤガラセみたいな応対をされた。係の人がうちに来たときも、「テレビがぜいたく、ステレオがぜいたく、処分しろ」といわれた。でも、業者もそんなにかんたんに引き取ってはくれない。預金なんかあるのなら相談には行かない。恥をさらしているのに……。

町営住宅も家賃を安くしてもらって五千円だったが、払わなきゃいけない。病院に通っているが、子どもの分は母子家庭で無料になるが、本人はかかる。先月は二万円もかかった。二ヵ月前に出た児童扶養手当の十五万円ちょっとのお金も、もうなくなってしまった——。

Iさんの電話は、このような内容だった。とにかく急を要する。大事になってはいけない。そう思い、次の日、取材を兼ねて私はIさんに会いに行った。K町は札幌から車で三時間ほどの距離である。行けども行けども、車窓から見えるのは、白い雪におおわれた殺風景な平原の景色だった。

海岸に近い赤い屋根の下に白いモルタル壁の平屋の町営住宅が並ぶ。住宅から少し離れたところに車をとめ、Iさんの家をたずねた。

「まあ、まあ、よくいらっしゃいました」

戸ごしに名のると、セーターにスカート姿のIさんが、笑顔で出迎えてくれた。かなり痩せていて、腕も腰も細いが、思ったよりも元気そうである。Iさんは、茶色く染めた髪を肩までかけていたが、化粧っ気はない。顔をよく見ると、ブツブツの噴き出物がたくさん出ていて肌は荒れている。

「内臓が悪くてね……。薬の副作用もあるみたいで、こうなっちゃったの……」

海岸に近い地方に住む人たち独特の〝浜言葉〟のイントネーションだ。子ども用の運動靴が雑然と並び、野球のバットが壁にたてかけてある。半畳ほどのたたきに靴を脱ぎ、部屋のなかへ入った。台所付きの八畳の居間に、二畳分の空間がタテに並んでくっついている、お世辞にも広いとはいえない部屋に、サイドボード、食器棚、二〇インチカラーテレビ、大型ステレオ、化粧台、ピンクのカバーのついたベッド。中央には応接ソファーとテーブルがある。台所にツー・ドアーの大型冷凍冷蔵庫。無理やり押し込めた感じで歩けるスペースがほとんどない。壁には中学校の学生服と肩かけカバンが掛けてあり、ソファーの後ろの狭い空間に蒲団が敷かれ、体の大きな男の子が寝ていた。そのわきには丸まって縛られた柔道着もころがっている。

「中学一年になる長男なんですけど、風邪をひいてしまって……。少し熱があるんで、寝かせてるんですよ」

とIさんは、インスタントコーヒーを入れてくれながら説明した。

「ひょっとしたら、餓死寸前……！」という悲惨な状況を思い浮かべながら気負いこんできた私は、正直いってやや拍子抜けした。部屋のなかはろくな家具もなく、荒れ放題、着てるものも汚れ、食事をしていないため、目は落ちくぼんでいるのでは……などと、勝手な想像を思いめぐらせていたが、見事に裏切られてしまった。

「こういう家具があるから、福祉の人も誤解するんですけど、この家具はすべて結婚していたときに買って使ってたものなんです。ステレオなんて大きいだけで、ろくに音も出なくなってるし……」

しかし、〝外見〟の印象は強い。私はIさんの話を聞いてる間も、部屋のなかを眺め回し、何日も食べていないということをにわかには信じられなかったのである。着ているものも小ぎれいだし……耳には金色のイヤリングまで光っているが、……ほんとうなんだろうか？ 半信半疑で、Iさんにインタビューした。

Iさんによると、夜の勤めをやめてからのこの半年間、収入として確実に入ってくるのは、四カ月に一度支払われて月平均で三万五千円ほどの児童扶養手当と月五千円の児童手当だけだという。

水道（月およそ三千円）、ガス（月およそ千八百円）、電気（月およそ七千円）の料金は二カ月間滞納していて、そのほかに電話代（月五千円ぐらい）や灯油代（月一万五千円ほど）も支払わねばならない。町営住宅の家賃は月五千円だが、町内に住んでる三歳下の弟夫婦が月一万とか二万とかくれるので助かっている。

居酒屋に勤めてたときにお客さんとして来ていた漁師の人や農家の人が、とれたてのホッキ貝や米をドサッと持ってきてくれたり、灯油を「困るだろう」といって、十八リットルのポリタンクをいくつも届けてくれたりするので、どうにか生活していけるが、それでなければ、とてもやっていけないという。

月々わずか四、五万の収入で育ち盛りの男の子二人を抱え生活するには、そうとう切り詰めなければならないはずだが、……そのへんを尋ねてみた。

「もちろん、その収入だけじゃ足りないです。だから、人にいわないだけで、切り詰めるとか、そういうことはありますよ」

風邪をひいて横になっていた男の子は柔道部員だという。食べる量も多いことだろう。まず、自分より子どもに食べさせようと、半年間、子どもといっしょにいるときは、自分は食べないという生活が続いていた。一日一食の生活にも「もう慣れた」という。

Iさんは指の腹で涙をぬぐいながらしだいに声を震わせた。

「そういう生活を毎日くり返していると、何ていうかな……、自然にものを食べれなくなってしまうんです。ものを受けつけなくなるというか……。それ以上食べても、胸悪くなってあげてしまって、で、精神的にいろんなことを考えて思いつめるっていうのか……そういう状態だから、朝、目がさめると、『あしたどうしよう』とか、『きょうはどうやって食べようかな——』とか、いろんなこと考えて……、そんなことばかり考えて暗い気持ちになってしまうんです。死んじゃおうかなーとか……。

町役場の福祉係に相談に行くと、次の日民生委員が家の中を見に来て、『家具がぜいたくだ。お宅はモノがありすぎるから、受けられない』っていうんです。離婚する前からあったものですし、生活するうえで切り離せないものばかりです。ストーブもテレビも冷蔵庫も……。処分するにしても誰も買ってくれないんですよ。実際に古いものですし……。前に電器屋さんに来てもらったら、ビデオだけは下取りにしてくれましたけど……。こっちは今すぐにでも生活するお金がほしいんです。

役所は、一度行ったら二度三度と足を踏み入れるところではないんです。地獄ですよ……。自分でもひがんじゃダメだとは思うけど、どんどんみじめな気持ちにさせられる……」

だから、餓死した奥さんの気持ち、すごくよくわかるんです、というIさんは、ポロポロ涙をこぼして泣いていた。

「いちばん最初にその餓死のニュースが耳に入ったとき、台所で仕事をしていて思わず手がとまったものね……。うちと似てるなーって。役所へ行くと、あきらめさせられるというか、自己暗示にかけられるというか、そんな思いまでするなら、食べなくてもいいわって気になってしまいます。頑張りにも限度ありますからね……。餓死したって聞いたときは、亡くなった方もなにほどね……、もう、物も食べないでつらい思いをしたんだろうなってね……」

Iさんが一番辛いのは、育ち盛りの子どもたちが、食べ物でみじめな思いをすることだ、という。K町の小学校・中学校では給食がない。このため、子どもたちは皆、お弁当を持って通学している。

しかし、子どもたちの食べる三食の食事にも事欠く収入では、おかずまで、とても用意できない。そんなときごはんにのりを貼りつけたおにぎりばかりが続くことになる。

「子どもたちも、『おにぎりばかりで恥ずかしいなー』っていうこともありますが、私も『がまんしてちょうだいね』というしか、しょうがないんですよ。ほんとうは、ウインナーとか卵焼きとか持たせてやりたいんですけど……」

Iさんの場合、病気で水商売などの無理がきかないからだだし、しかも働く場もなく、半年もまともな収入が途絶えているのだから、明らかに生活保護に該当するケースである。しかもIさんもあまり食べない生活を続けて、精神的に追いつめられていて、「外見」がどう、というよりも、緊急性があるように思えた。

私は、弱気になってもう役場に行きたくない、というIさんに、「受けられるはずだから、もう一度役場へ行ったほうがいい」と勧めた。

三日後、Iさん宅に電話を入れると、「役場に行ってきた」という。しかし、町役場のなかで、再び、「離婚した原因は何なのか?」をしつこく聞かれることになった。「町内には職場は少ないが、隣の町には職がある」と、働くことを勧められ、けっきょく、帰されている。

Iさんの話を聞いていると、「ケースワーカー」、「民生委員」それに「福祉の人」というのが出てくるが、その区別や誰が保護を認める実質的権限があるのかがIさんもわかっていなかった。

Iさんは、K町役場の福祉係へ生活保護を求めに行った。K町には福祉事務所はなく、室蘭市にある北海道胆振支庁の社会福祉課が、K町など町村郡をカバーすることになっており、ここにケースワーカーがいる。

生活保護法上は、保護を行なうのは、あくまでケースワーカーのいる胆振支庁の社会福祉課であり、K町役場は、あくまで補完する業務しか求められていないのである。しかし、そんなことを知らないIさんは、K町役場の福祉係で、門前払いのような目に遭わされている。

しかも、役場の通報で、Iさん宅を訪問したのは、民間人ボランティアにすぎない〝民生委員〟である。民生委員は、福祉事務所長やケースワーカーの「事務の執行に協力」するだけの機能しかないが、Iさんに対して、「家具がぜいたくすぎて、生活保護は受けられない」とまでいっている。

Iさんが初めてK町役場福祉係を訪れたときから半年以上も、生活保護の実務者であるケースワーカーと接触することができなかったのである。

しかも、有権者の少ない町レベルだと、生活保護が〝票〟にもからんでくる。Iさんは、知り合いを通じて町議にも頼んでみたが、「票を何十票かまとめたら保護を出してやる」といわれて諦めている。

Iさんが働こうとしても小さな過疎の町特有の〝職〟幅の狭さが阻害要因になっている。Iさん自身、炭鉱町の母子家庭の家に育った。母親は居酒屋で皿洗いをしてIさんを育てたという。そのため、中学校卒業までの学歴しかないIさんには、なかなかこれという仕事は見つからなかった。夜の勤めならなんとかなる。しかし、酒で体をこわしたIさんは、絶対に嫌だという。あとは、生協ストアや食堂の店員ぐらいだが、家と家の間が離れてる辺地では〝車の免許〟を要件に募集することが多い。Iさんも、とび込みで食堂に皿洗いのクチがないかなど、この半年間探し続けたがだめだった。けっきょく、K町のなかでは、働きたいと思っても働けない、というIさんのいい分は、まだ甘い、といわれるのだろうか？

取材を通じて知り合ったQ市のケースワーカーに聞くと、Iさんのケースは、「十分保護に該当する」という。

仮りにIさんの家財などが〝ぜいたく〟であり、〝資産の活用〟として利用できると判断されるとしても、それはまず保護をしてから、あとで、〝活用〟するよう指導すればいいことで「収入が少なく食事も満足にとっていない」という切羽つまった場合なら、当然、職権ででも保護をしなければならないケースであるという。

道の保護課に電話で問い合わせても、「あくまで一般論だが……」と前置きして、同じような答が返ってきた。

そのことをIさんに伝え、役所の人とのやりとりにはなるべく弟さんについていってもらうようにアドバイスをして成行きを見守った。

この間、別れた夫からの手紙を持ってこいとか、職安の求職カードを出せ、と求められるが、三月に入ってようやくケースワーカーがIさんの家を訪れた。このときワーカーは申請書も置いて行き、提出するようにいって帰っていった。

そして四月に入り、ようやくIさんの家に生活保護が支給されることが決まった。

Iさんからさっそく電話が来た。「もらえることになりました。どうもありがとうございました」と。けっきょく、私は何の力にもなれなかったけれども、嬉しい電話だった。

×　×　×

北海道で新緑が日増しに濃くなっていく五月の下旬――。再び、Iさんの町営住宅を訪ねた。別の取材の途中で予告なしで立ち寄ったもので、夕方近くになっていた。

「ごめんくださーい」と外から叫ぶと、台所の窓からIさんの明るい顔が見えた。

「どうもあの節は、お世話になりまして……」ペコンとお辞儀をして玄関口に出てきたIさんは、エプロン姿。ちょうど天プラを揚げているところだった。子どもたちは二人ともいて、テレビのマンガを見て寝そべっていた。

〝ジュージュージュ……パチパチパチパチ……〟

天ぷらなべのなかで、油が勢いよく飛び散る。よく見ると、〝具〟は玉ねぎとチクワである。「チクワの天ぷらか……相変わらずつましく暮らしているんだなあ……」と思いながらも、生活の変ぼうぶりに、こっちまで嬉しくなった。

さいバシで、天ぷらを一つずつ、油のなかから、紙をひいた皿の上に次つぎに載せるIさん。ジューと音をたてて、やがて静かになるが、それがとても美味しそうである。部屋のなか全体が明るくなったような気がする。

台所で忙しそうに食事の仕度をするIさんの姿をみて、「生活保護が出るってことは、チクワの天ぷらが食べられるってことなんだ」と、納得させられた。

二人の男の子のうち、もう中学三年になったお兄ちゃんは、少年ジャンプを読み出した。

「お兄ちゃん、なんだかうちのなかが明るくなったみたいだね……」と上の子に声をかけたら、イガグリ頭がニッと一瞬白い歯を見せた。

「子どもたちのお弁当に、今は三、四品のおかずを入れてるんですよ。前はおにぎりだけでしたけど……。ちゃんとしたお弁当の箱を持っていかせることができるようになって、とても、嬉しいです」

そうはいっても、生活保護は受けていても場合によっては精神的な圧迫を受ける。大丈夫かと尋ねてみた。

「それが、ケースワーカーはとても親切な人で、『体の悪いところは治しなさい』っていってくれるんですが……」Iさんは顔を曇らせた。

「狭い町ですから、保護の世話になってると思うと昼間外を歩きづらいんです。毎月一日の十時から町役場の窓口に印鑑を持って並んで、保護費をもらうんですが、職員の目や他の人たちの目が気になりましてね。軽蔑のマナコというのかな、もう、私たちを見る目線がちがうんです。気分が暗くなって、行きたくないって感じです。神経を使ってしまうんです」

病院にかかるために、町役場に医療券をもらいに行くと、やはり福祉係の人に、「何の病気?」「どこが悪いの?」とつっけんどんに聞かれる。

「外へ出るときは、だから、わざと、みじめな服装をしていくんです。近所の人たちは、『民生(生活保護)をもらってる人はいいわよね。毛皮のコート着たり、お酒を飲んだり』などとよく話しています。子どもをつれて買い物に行くときも、高価なものは買わないようにと思ったり、だんだんと引っ込み思案になってしまうんです。

町が狭いと、いろんなことがつつぬけになりますから……。うちの近所のおばあちゃんなんか、私が外へ出ようとすると必ず、窓からじっとこっち見て見張っているんです……。よく密告する人がいるらしいんです。スーパーで何を買ってたとか、お寿司をとったとか、タクシーに乗ったとか——ケースワーカーの耳に入れる。そういう話を聞くと、ご飯もノドを通らなくなるし、家に閉じこもりきりになります」

Iさんは、「生活保護は受けられないと地獄だけど、受けてもやっぱり地獄」と自分にいいきかせるように呟いた。

保護を受けたからといっても、ぜいたくはできない、という。柔道部の中三のお兄ちゃんと、これも四月に中一になった弟が、一カ月で三十キロの米を食べるから、だそうだ。

「札幌の餓死したお母さんの気持ち……やっぱりわかるわ……。私ももらわないとき、毎日『困った、困った』とほんとうにたいへんだった。でも、もらってみると、隠れて歩かなきゃいけない辛さあるし……。自分一人なら、もらわなくてもなんとかなるけどね。子どもいるとね、学校もあるし、もらっていかないとね……」


Ｉさんは、子どもたちに励まされるんだ、とテレビを見ていた二人の男の子の顔を見ながら嬉しそうにいった。いまだに体調の悪いＩさんを手伝って米をといでくれるのはしょっちゅう。つい先日の修学旅行では、旅先から長男が電話をよこして、「母さん、具合悪くないかい?」と心配してくれた。

「外歩くことよりも、うちのなかにいるのが一番楽しいんです。子どもたちとワーワー、ワーワーいっているのが……今年は上の子と下の子の修学旅行が重なってたいへんだったけど、いままで我慢してきたことを子どもたちは子どもたちなりに考えてくれていると思います」

今は、早く仕事を探して、保護を断わることばかり考えているというＩさん。時間が来たのでいとまを告げると、「水島さん、何もあげられないからこれを持っていきなさいよ」といって、町営住宅のベランダを開け子どもたちと庭へ出ていった。

「これ、ワサビだよー。わかる? 天然のワサビ。これ美味しいから、持っていきなさいよ」

生活保護を受けるようになり、生活に少しゆとりが出てきたＩさん。人一倍、世間の人たちの冷たい視線を感じながら、「子どもたちのために」と胸を張って生きようとするＩさん。Ｉさんの〝やさしさ〟をそのまま味あわせてくれそうな、土のついたワサビの株を手に握りしめて、Ｋ町を去った。

第Ⅲ部　やさしさとイマジネーション

［I］一年半後

「警告」

▨人権侵害

恭子さんの〝餓死〟から一年と二ヵ月。この事件について、初めて、一つの裁断が下った。

昭和六十三年三月二十四日、札幌弁護士会人権擁護委員会は、この餓死事件について調査した結果、「人権侵害行為」だったとして、札幌市に対して、「強く反省を求め、今後再度、同種行為を繰り返さないように」と「警告」している。

「昭和六十三年三月二十四日

札幌弁護士会人権擁護委員会

委員長　五十嵐義三

札幌市

市長　板垣武四殿

警告書

中立人××××外二十七名の申立にかかる人権侵犯申立事件について、当委員会は、岡田恭子が、昭和六十一年十一月十三日生活保護申請のため札幌市白石区福祉事務所を訪れた際の、同女に対する同福祉事務所の対応は憲法及び生活保護法の基本理念に合致しない不適切なものであり、また同福祉事務所が、同六十一年十二月頃、市民の一人から同女の健康状態が悪化しそのまま放置すると同女の生命に窮迫した危険があり緊急に保護を必要とする旨の明確な通報を受けたにもかかわらず、緊急の措置をとらなかったことは、憲法及び生活保護法の基本理念に違反する違法なものであって、明らかに、同女に対する人権侵害行為であるとの結論に達しました。

よって、当委員会は、貴庁に対し、強く反省を求め、今後再度、同種行為を繰り返さないよう警告します。」

以下、委員会の調査内容とその見解が詳しく述べられている。

申立の趣旨は、三つの事実について「人権侵害があった」というものである。

①まず、昭和五十六年、恭子さんがそれまで受けていた生活保護を辞退するよう、辞退届の提出を強要されて十二月に廃止となったが、当時、彼女は生活保護基準に及ばない収入しかなかった。

②次に、昭和六十一年十一月十二日に地区担当ケースワーカーSが恭子さんの家を訪問して、「申

請するなら明日にでも福祉事務所へ来るように」と指導したので、翌日、恭子さんが印鑑を持って白石区福祉事務所を訪れたが、面接担当のケースワーカーFが、「まだ、若いのだから働きなさい」「九年前に別れた前夫から養育費をもらえないか、もらえないなら、その証明書をもって来るように」といって申請をさせなかった。

このケースワーカーFは、恭子さんの所持金の有無や国民健康保険証が交付されているか、ガスの供給のストップ、暖房や食事に困ってること、児童扶養手当の現況届が手続きされていなかったことの把握をまったくせず、かつ病気だと確認しているのに受診をすすめなかった。

③昭和六十一年十一月二十三日、喫茶店主の黒田政子さんが、やせ衰えた恭子さんをみて、「このままでは死んでしまう」と白石区福祉事務所に緊急の必要性を訴えて保護を依頼し、その後も二回同じように通報したが、福祉事務所は何らの措置もとらなかった。

この申立に基づき、札幌弁護士会人権擁護委員会では、喫茶店主の黒田さんや地区担当ケースワーカー、面接担当ケースワーカーを呼んで事情を聴取した。

この結果、

①の辞退届強要については、岡田恭子さん本人が死亡している現段階では事実と認定できなかった、とした。

②については、面接担当ケースワーカーFと恭子さんとの面談部分を除いて、事実と認定された。

Fケースワーカーは、

「（恭子さんから）生活保護を申請したいとの申出は一言もなく、たんなる福祉相談であったと思う。面談内容について、自分に具体的な記憶が、残っていないところからすると、面談は穏便に終り、（恭子さんは）納得して帰ったはずだ。大声を出したり、泣いたりしたのであれば、記憶に残っているはずである」などと述べている。一方でFケースワーカーは、恭子さんに「先夫からの養育料について、一応、先夫に請求した方が良い。支払ってもらえなければ、その趣旨の念書をもらえばよい」とも言った、と述べている。

人権擁護委員会では、これらの事実から判断して、恭子さんが、福祉事務所に行った用件が、「単に慰めや励ましを求めたものとは、到底思われない」として、生活保護の申請を求めにきたものであると認定している。

また、面接において、児童扶養手当支給の有無、所持金、保険証、公共料金の支払い状況等について質問・調査しなかった点について、Fケースワーカーに「職務怠慢」があったと認めている。

「大声を出したり、泣いたりした記憶がない」とFケースワーカーが述べている点について、委員会ではこのように裁定している。

「………右説明は、………相談者において、泣いたり怒ったりしなければ、保護申請の意思を面接担当者に通じさせることができない状況にあるのではないかとの疑念さえ抱かせるものである。

何れにせよ、生活保護を求めて、福祉事務所を訪ずれるものの中には、国民の当然の権利として強く保護を請求しうる者もいるであろうが、一般的には、社会から面倒をみてもらうという気持ちから、羞恥心や劣等意識に苦しみながら保護を申出し、担当者に碌に反論できない者の方が多いと思われる。したがって岡田が、穏便に帰っていったとしても、そのことがただちに、同人の納得を意味するものではないことは言うまでもないことである。」

③については、電話をかけた時期や回数については言い分がちがったが、十一月下旬から十二月中旬にかけて「電話連絡が一回はあったことは、争えない」とし、内容も黒田さんからFに対し「恭子さんが寝たきりの状態で、緊急に保護をする必要があることを述べていた」と認定している。

さらに、

「……福祉事務所としては、かかる緊急保護の必要性について、市民から通報を受けたばあい、ケースワーカー、民生委員等に早急に事情調査をさせ、実際に要保護者に緊急保護の必要性があれば、職権で必要な保護を行なうことが憲法及び生活保護法に定められた職務上の義務であると考えるべきである。

本件において、岡田がかかる緊急保護の必要な急迫した状態にあったことは明らかであり、かつ市民よりその趣旨の明確な連絡があったにもかかわらず、受報者のF及び福祉事務所が、何らの措置もとらなかったことは、右義務に違反するものである」

と委員会は判断している。

結論として、「少なくとも、面接担当者Fの職務遂行が適正に履行されていなかった」とし、「明らかに、……人権を侵害するものであった」と判断した。

「このような不幸な事件を再度引き起こすことのないよう、福祉行政を実施するにあたって要保護者の人格を十分に尊重するとともに、親切で気配りのある対応をされることを願って本警告を行うこととした」

この警告書に対して、札幌市の松崎誠社会部長（当時）は、「今まで、いろいろと本市で調査した結果では、警告書にいうような人権侵害というものはなかったと理解しています」と、従来の主張を改めなかった。

厚生省社会局の饗庭靖之保護課長補佐と矢田宏人保護係長は、この点について、「市の担当者を呼んで詳しく事情を聞いたが、この警告書と市の報告書を読み比べると、やはり市のいい分が妥当と判断している。市に手落ちはなかったと考えている」と、答えている。

▨当のケースワーカーたちは、今……

「警告書」が出てしばらくしてから、私は地区担当のSケースワーカー、そして、「警告書」で「職務怠慢」を指摘され、恭子さんに対する「人権侵害行為」の実行者とされた、面接担当のFケースワーカーの二人に電話をかけた。二人とも、その後、福祉事務所から別のセクションへと配置換えになっていた。

Sケースワーカーの自宅に電話をすると、
「上司と相談のうえ、あなたの質問に答えるかどうかを後日改めて返事申し上げます」
という。いかにも真面目そうな声である。数日後、「やはり、ご期待には添えません」という電話がかかってきた。

私は、Sケースワーカーと恭子さんとのやりとりの内容、そして翌日、Fケースワーカーへどのように引き継いだのかが知りたかった。

「私、あの件については直接の担当者ではないので……」とS氏。

でも、前日行って会ってますね？

「はい。それは……」

引き継ぎはどうなっていたんです？

「それについては……お答えできません」

Fケースワーカーには、会って話がしたかった。「警告書」では、F氏個人の「職務怠慢」が問題とされていたからである。

私は、恭子さんと生活保護行政との関わりが、Fケースワーカーとの面接の以前にも、何度もあったこと、そして最近の「適正化」の流れを考えると、いかに申立事件とはいえ、F氏による一回の面接とそのあとのフォロー（黒田さんからの電話通報を受けたとき）だけに〝責任〟を負わせてすむ問題ではないという気がしていた。

夜、F氏の自宅に電話をかけた。「会うのは無理だ」というので、そのまま、話を聞くという形になった。F氏は、福祉事務所に十三年居て、生活保護のワーカー歴は七年だという。

岡田恭子さんのことはほんとうに記憶にない？

「印象はないんですよ。ホントに……。」

Sケースワーカーからは、引き継ぎは行なわれたのでしょうか？

「結論を言っちゃうと、『引き継ぎ』がなく、引き渡されました。『引き継ぎ』というと、前後にどういうことがあって、どうなったかということを教えられて、それを受けるのだろうけど、それなくして渡されたんです。

とにかく印象は薄い……。

生活保護については、初めての人と経験ある人では（面接でも）まったくちがう対応をするんです。経験のある人、つまり受給歴のある人にはポイントポイントを抑えた話をする。初めて来たわけではないから、そう深く話をするわけでもない」

恭子さんは、「恐ろしいめに会った」と話していたそうですが？

「拒絶的な態度をとったということはけっしてありません。こちらもきちんと話をきいて説明して、本人も納得して帰ったケースだったと思います。

何か、大声でわめくとか泣き叫ぶとか切迫したものがあれば覚えてるでしょうけど、そうではない……ほんとうに納得して帰ったケース……。とにかく毎日いろんな人たちのケースに追われていますが、そのうちの一つという感じで、とくに問題はなかった人です」

あの場合、保護すべきだったと思いませんか?

「(申請を)受理する、しないについては私の問題ですが、彼女は申請をするしない、という意思表示をしていない……。ごく普通の状態だったんです。いろいろこちらから説明して納得してもらったケース……。むしろ問題は、最初から全部の情報が私のところにきていたらどうだったのかな、ということです」

Sさんとの引き継ぎの問題ですね……。

「きちんと連絡をとれてなかったと、そのへんの連絡がどうなっていると責任を問われればそれまでだけど……もし、私が面接したときに、前の日の経緯などを知っていれば、多分……申請を受理していただろう、と思います」

電話を通して聞く声は、意外なほど、優しい、穏やかな、冷静な感じの声だった。電話という強引な手段で話を聞く私に対し、はじめは警戒して、口調を抑え、ほんの少し声が震えるのが動揺を示してはいたが、ポツリポツリと彼はしだいに問わず語りに話をしていた。

弁護士会人権擁護委員会の『警告書』では、あなたが面接のときに児童扶養手当や所持金について尋ねていないことが「職務怠慢」とされているが、と聞いてみた。

「警告書はみていません。児童扶養手当については、（岡田さんは）七、八年もらっていた人です。現況届というのは、役所からハガキで案内がある。それなのになぜ現況届を出さなかったか。過去、何回も手続きされてきているのに……。そのへん、当然のこととして話を聞いていませんでした」

「私は、昭和六十一年十一月十三日に岡田恭子さんに会った……。ごく一般的な方です。十二月十日に（黒田政子さんから）電話がきた。翌年一月二十三日に亡くなった。

この間の五、六十日の生活費はどうしたのかなあ、と思う。（福祉事務所に来て）一週間か二週間で死んだ、というならわかるけれども、その間生きていた、生活できたわけですから……そんなに間をおいてはたしてこっちに責任があるかな、そう疑問に思いますけど。

会った時点でその切迫性がなかったわけですし、あの時点、正月もはさんでいるし、子どもも大きい……。どうして亡くなったのか、不思議だと思います」

F氏が面接した十一月十三日には、まだ、すぐ死ぬ、というほど差し迫った状況ではなかった……だから、自分に責任はない、という。

岡田恭子さんは何度か保護を求めに福祉事務所に来ていたのでは……という話を聞いたが、どうだったんでしょう？

「後で聞いた話ですが、上司から、私が（面接を）担当する前には、来たことがあった、と聞いています」

保護を求めに来たのは、あのときだけではないのですね。

「そう、聞いています」

この話に裏付けられるように、やはり恭子さんは病院を休職した頃に来ていたのではないだろうか。

ケースワーカーという仕事については、どう思っていますか?

「やりたい、という人は少ないですね。感じとしては、いい仕事だと思ってる人は少ないですね。私も、そうは思っていません。いろんな人とも接しますから……暴力団員やアル中患者とか……。ケースワーカーにも、一生懸命やっている人がいます。そういう人が事件の後の報道で(自信をなくすなど)かわいそうでした。一方で、一部のまじめにやらない人もいる……」

Fさんは、どのタイプのケースワーカーだったんですか?

「私は、中間ですね。どちらでもない、ちょうどまんなかへん……」

事件のショックは?

「新しい職場で忙しくて、前のことを振り返ってる余裕ないですね……(一年以上たって)ようやくこのごろ落ちついてきた、という感じです。……事件のことで上からアレコレいわれることはありませんし、私もいうことは全部上にいいましたし……。もう忘れたいことです……」

F氏が話している間、うしろで女の子が楽しそうにピアノを弾くのが聞こえていた。明るい声の夫人が娘さんに何か話しかけていた。彼も父親であり一家の大黒柱なのに疑いはなかった。

F氏は、自分の記憶や感じ方を率直に、かつ誠実に話してくれたように思う。言葉遣いも丁寧で、わかりやすい話し方だった。本人が認めるように、ごく普通のケースワーカーという感じだった。私はショックを受けた。F氏が権力をカサに着た冷酷無比な、官僚タイプだった、というのであれば、事の善悪は別として、さもありなんと思えたかもしれない。だがそうではないということはF氏個人の問題というよりも組織全体がそういうふうになっているのだろうか……。

何十人かのケースワーカーに会うたびに、〃F氏の対応〃について聞いてみた。やはり面接では、現在の収入、所持金、国民健康保険証を持っているか、働いているか、健康状態などについて尋ねるのが、最低限必要な原則だという。まずそれをしなければ、話にも相談にもならない、という。

「今、月収は手取りでいくらあるの?」

「〇万円です……」

「じゃあ、それと児童扶養手当を合わせると月××万円ぐらいあるんだね……」

とケースワーカーは面接で質問する——。

ここで「いいえ、児童扶養手当をもらってない」と、相談に来た母子家庭の母親がいったら、その人を、児童福祉担当の窓口へ連れていって、手続きをさせてあげる。市営住宅の減免がないのがわかったら、担当課へ行き、減免の手続きがされるのを見届ける、これらは、本来「あたりまえ」のことだという。

最近の「適正化」の流れのなかで、「とにかく『生活保護は受けられない』からあっち(児童福祉)

の窓口へ行きなさい」といって、追い返すだけの〝指導〟をするケースワーカーが多くなっているが、ベテランのケースワーカーのなかには、「いっしょについて行って、手続きを受けさせてあげるのが、本来の〝指導〟なのであって、口だけで終わったら、そんなのは〝指導〟ではない」とさえ、いい切る人もいた。

まして三人も子どもがいて「体の調子が悪い」ということを聞いているのであれば、申請を受理して、保護の開始をしてから病院にかかるように、〝検診命令〟を出すべきでなかったか、という。

F氏は「生活保護受給歴があるかどうかで判断し、受給歴があると、制度についてはある程度知っているものと判断する（だから児童扶養手当も当然もらっていたはず……）」という。しかし「受給歴のある人が、再び来る場合こそ、むしろ、気をつかわねばならないことが多い」という正反対の話も聞いた。

なぜなら、生活保護の受給歴があって、何度か、保護が必要になってやってくる人は、制度などについてはそれほど理解力があるとはいえないこともある。このため、何度説明しても、児童扶養手当をはじめ、いろいろな救済措置を理解してない場合が多く、だからこそ、何度も、切羽詰まったところまでいってしまうそうだ。

「前にもらっていたから、制度上、当然知ってるだろう」というふうに考えると、見落してしまうことが多い。だから、F氏が恭子さんの収入状況を正確に把握していなかったことの〝言い訳〟は、ベテランのワーカーたちにいわせると、『警告書』で指摘されたように、少しも〝言い訳〟になっていない。

F氏は、恭子さんが「大声で叫ぶとか泣きわめくとか切迫したものがあれば……」というが、ボロボロの乞食同然の服装をしていかなければ、あるいは「泣き叫ぶ」ようなことをしないと「生活に困っている」と認めてくれないのだろうか。そうした〝外見〟だけでは判断するのが難しいからこそ、綿密に、収入状況を聞き、他法活用も考え、児童扶養手当等の、生活保護以外の、救済措置をとっているかどうかを調べなければならないのである。

〝外見〟については、あるケースワーカーはこんな話をしてくれた。

「面接相談で、きちんとしたワンピースを着て、髪の毛を染め、イヤリングやネックレスなんかもした女性(母子家庭の母親)が来たことがあります。収入がはるかに基準以下だったので、すぐに保護を開始したんですが、よく聞くと、この女性は、不安神経症を患い、そのため医師が、生活のリズムをつくる必要があると『着飾りなさい、化粧をしなさい』と指導していました。私もこのケースにあたってからは、みなりで、先入観を持ってはいけないと、自分を戒めています」

いろいろな人たちがやってくるなかで、ウラの事情も推し測ることができるのが、プロのケースワーカーというものであろう。

恭子さんが亡くなる半年前、児童扶養手当の「現況届」を出さなかったことについてはどう考えればよいだろうか?

恭子さんは離婚して以来毎年、四月、八月、十二月に各四ヵ月分、一回の支給で十六万円近くの児童扶養手当を支給されていた。パート収入で細々と生活しなければならなくなった彼女にとって、これは大きな収入源であったはずである。

しかし、六十一年八月（毎年この月に更新の通知がくる）は更新手続きを行なっていない。手続きは、「現況届」という、現在の収入状況や家族構成を書いた書類一枚を福祉事務所に出すという簡単なものである。「現況届」を出さなかったため、児童扶養手当は六十一年八月に四〜七月分を支給されたのが最後になった。十二月にまとまって入るはずの扶養手当を、恭子さんは受けとらなかった。なぜ「現況届」を出さなかったのだろうか？　あるベテランのケースワーカーは、更新時に出し忘れるなど単純な理由で出さない人が「かなりいる」という。

もう一つ、恭子さんの場合、〝サラ金〟ということが十分考えられる。

サラ金業者が金を貸す場合に、とくに担保がない人に対し、預金通帳と実印を預けることを条件に金を貸すことが多い。預金口座には、月々の給料のほか、母子家庭であれば、児童扶養手当が振り込まれる。それをそっくりサラ金業者が受けとることになる。

このように、児童扶養手当を担保にして、貸し付けや立て替えをするサラ金業者については、全国的に問題になっている。

沖縄県では、児童扶養手当支給日の直前に郵便局前でサラ金業者がこんなチラシを配った。「ご存知でしょうか。児童扶養手当、お立替え、ご融資致します」と書かれ、児童扶養手当証書とそっくりの色や形式が使われていた。差し押えを禁じた法律に違反して、証書をサラ金業者が本人から持っていくなどのケースも目立つ、と県では問題視している。

（沖縄タイムス　昭和六十一年四月二十二日付）

恭子さんもサラ金から借金をしていた。もしも、預金通帳を預けさせられていたとしたら、四ヵ月ごとに入る児童扶養手当を、どうせサラ金業者にとられるぐらいなら、と思ったかもしれない。預金通帳をサラ金にもっていかれた、と考えると、恭子さんが転々とした三つのパートの給料支払いをすべて日払いにして現金でもらっていたこと、七月にもらった病院の退職金も、現金払いにしてくれるよう、病院側に頼んでいたことも、すべて説明がつく。

私は、二月に病院を休職せざるを得なかったことも、末っ子の明君の登校拒否という理由の他に、サラ金の問題もあるのかもしれないと推測している。給与は銀行振込みになっていたので、恭子さんは自分が働いて得た収入を、引き出すことはできなくなり、別の手取り収入を求めて喫茶店勤めを始めたのではないだろうか。喫茶店や居酒屋へもサラ金らしい男から電話が来ていたことを考えると、病院にもサラ金の催促が及びそうになったことがあるかもしれない。

児童扶養手当の場合、現況届を出さなくても、二年以内に提出すれば、さかのぼって手当をもらうことができる。そこまでは恭子さんも知らなかっただろうが、少なくとも、サラ金に渡すぐらいなら――という一種の意地を通して「現況届」を出さなかったとは想像がつく。

借金と〝うそ〟のやりとりの生活に、疲れ果ててしまい、現況届を出すという、いわば、「焼け石に水」のような行為をあえてする気力も起きなかったのだろう。

F氏が児童扶養手当について「今まで支給されていた」と、聞きもしなかったこと、また、「サラ金業者が児童扶養手当を担保にすることはできない」(F氏)と、法律論は承知していても、現実にそうしたことが広く横行している事実を知らなかったことなどその仕事振りに対する疑問がわいてくる。ケースワーカーたちが、日々の仕事を重ねながら身につけるべき、こうした知識や経験が、職場で先輩から後輩へと受けつがれていないのだろうか?

前日に訪れた地区担当ケースワーカーS氏がF氏に引き継ぎをしていなかったのも大きな問題である。

ケースワーカーたちに聞いてみると、地区担当者が通報を受けて、保護を受けていない人を家庭訪問するのは「よほどのこと」だという。こういう訪問を〝出張面接〟と呼び、入院中の人とか、病状の重い人など、自分で身動きできない人に対して行なう。この際、申請書に記入してもらい、申請を受理することが多い。相手が困窮して、しかも体の調子を崩していたのなら、なぜS氏が〝出張面接〟で保護をしなかったのか、とワーカーたちは首をかしげる。

その時F氏ら面接担当に引き継ぐことはもちろんのこと、後日、自分が訪問までしたあの人はどうなったかを確認し、来なかったのなら再びコンタクトをとる。来ていたら、様子を面接した担当者と話し合う、などのフォローは当然行なうべきことであるという。それなのに……事務所組織全体の問題が浮かび上ってくる。

さらに、恭子さんが十一月十三日の面接後、二ヵ月近くも生きていた、生活できたではないか、まだほんとうに死ぬか生きるかという極限状態ではなかった……というF氏の言葉。

「……二ヵ月も生きていたから……責任を問われても……」という彼の考え方には、ケースワーカーとしてはもちろん、一人の人間としての感性の欠如、マヒを疑わざるを得ない。

自分の日々の仕事が、人間の生き死にを預っているという〝おそれ〟の感情はないのだろうか？自分の対応がもう少し配慮のあるものであれば一人の人間の死を避けることができたのではないか、三人の子どもたちといっしょに築いた家族の絆を壊さずにすんだのではないか、という後悔はないのだろうか？

私は、F氏だけでなく、S氏にも、また札幌市の幹部や担当管理職、厚生省の担当者たちにも、同質の印象を受けた。

長期に渡る徹底した「適正化」の流れのなかで、生活保護行政の担い手たちは、多少厳しくしても、ほんとうに生活保護が欲しければ、泣き叫ぶか、二度、三度とやってくるだろう、見た感じ、元気なようだったら、まだまだ死ぬことはない、働いてもらうか、どれだけあるのか知らないが〝資産活用〟をしてもらうか、兄弟や前の夫に〝扶養義務を履行〟してもらえばまだまだ生きていけるだろう……という考え方・感じ方を、身につけてしまっているのではないだろうか。

行政は変わらず

▨「切り捨て」のマニュアル

岡田恭子さんの餓死事件は、新聞、テレビなどマスコミに生活保護行政の現状を告発するきっかけをつくった。死後一年間ぐらいの間は何かの折りにたまにとりあげられたり、市民団体や組合も集会を開くなど、事件の〝余波〟がしばらく続いた。

しかし、「適正化」推進を打ち出す厚生省など国の姿勢は、残念なことにまったくといってよいほど変わっていない。むしろ、ますます上からの締めつけが行なわれ、事態は悪くなっている。

餓死事件の起きた六十二年、秋になって札幌市内の福祉事務所の生活保護担当ケースワーカー全員に、一冊の本が、市当局から配られている。

『指導監査からみた生活保護の実務』という一冊二千八百円の本で、「監修　厚生省社会局監査指導課長　塩崎信男」となっている。

この本では、「扶養義務の履行」や「就労指導」「母子世帯に対する対応」「自立助長の促進」などについて、厚生省のメガネにかなった実務を行なっている自治体のとりくみを載せている。

「扶養義務の履行」についてみると、まず、塩崎課長(というか、厚生省)の方針が書いてある。いわく、

「公的扶助に先立ち、私的扶養が優先されることを要保護者や扶養義務者に十分認識させ義務の履行の徹底を図る必要がある。」

「家庭裁判所に扶養義務履行について調停又は申立てをするよう指導する」(扶養義務者が福祉事務所の再三の指導指示に従わない場合は、看過することは許されず)「福祉事務所が自ら(家庭裁判所へ扶養義務履行の)申立てを行うべき」

こうして、従来にもまして厳しく扶養義務履行徹底の必要性を述べたあと、事例紹介として、徳島県の「県外在住扶養義務者に対する扶養履行調査」などの実践例をあげている。この徳島県の例は、千百四十一世帯を調査して三十五の保護廃止を成しとげたのだが、こうした事例を紹介しながら、保護廃止を増やすような「成果」を期待している。

また、「札幌市白石」がとりくんでいる事例紹介として、「前夫に対する扶養紹介の例である。相手側の状況について具体的に記載を求めるよう工夫されている」と、白石区福祉事務所が、夫の行方不明について使用している〝様式〟(次ページ)を掲載している。

保護を受けようという母子家庭の母親にとっては、この書類を渡されては「夫の行くえがわからないときに、警察に捜索届を、あらかじめ出してなければ、生活保護はもらえないのか」という疑問を

夫の行方不明について

私こと夫　　　　　　　と昭和　　年　　月結婚、夫は

その収入で生活していたところ、　　年　　月　　日夫が家出行くえ不明となりました。その後、手を尽くして捜しておりますが所在がわかりませんので、　　年　　月　　日　　警察署に捜査願いを出しました。

所在がわかり次第お届けいたします。

昭和　　年　　月　　日

住　所

氏　名

印

福祉事務所長　　殿

（『指導監査からみた生活保護の実務』より）

抱かせるであろう。

このように、各自治体や福祉事務所が、厚生省の意向に沿って、むしろ争うかのようにその意向を先取りしているとりくみぶりが、載せられている。

この本のなかでは、面接の際の露骨な申請抑制の例もいくつか紹介されている。たとえば、札幌市東区福祉事務所では、面接段階でケースワーカーが確認しなければならないマニュアルをつくっている。ここには面接担当者が留意すべきチェックポイントが羅列されている（次ページ図参照）。

申請をする前に、これだけの要件を整えさせられたら、困窮具合がいちじるしく、今日、明日の食費にも事欠く人たち

「I」一年半後

面接相談用のチェックポイント

（札幌市東）

生活困窮　病気、離婚、失業、事故、その他

一般に生活に困ったら生活保護と言われますが？

資産の活用	土地・家屋（居住用を除く）、自家用車、ピアノ、ステレオ、ビデオ、電子レンジその他高価なもの、生命保険（貯蓄的なもの）は処分すること
能力の活用	能力に応じて仕事につくこと
扶養義務	民法上の扶養義務者の援助を受けること 夫婦相互間、親子、兄弟、姉妹
他の社会保障制度・施策の活用	児童扶養手当等各種の手当て 貸付制度、減免制度、奨学金制度、高額医療助成制度、老人医療、母子医療、重度医療助成制度、生命保険入院給付金、雇用保険、社会保険、各種年金制度

生活保護制度 ― 自己努力 ― 法第４条・補足性の原理

あなたは、自己努力をしてみましたか？

（『指導監査からみた生活保護の実務』より）

はいったいどうなるのだろうかという気がする。

問題なのは、こうした実務を、厚生省が認め、指導している点である。

自治労に問い合わせると、この本は、全国各地の自治体が購入し、ケースワーカーたちに配られていた。

厚生省としての、公式な通知・通達ではないが、事実上、各自治体やケースワーカーたちは、塩崎課長のいう「けじめのある制度の運営」「厳正な対応」に邁進すべく、このテキストを読まされ、厚生省の方針を先どりしていくように自分を追いたてている。

保護の抑制はない、というが、申請する前にこれだけのことを行くたび要求されたら保護を求めにきた人たちはますます窮地に追いやられるか、断わられたと受けとるのが当然である。

また、これだけのチェックポイントを機械的にチェックしなければならないケースワーカーにしてみれば、相手の側に立って問題解決にあたるというより、たんなる事務屋と同じような仕事を強いられることになる。生活保護行政においては、たんなる事務屋としての仕事は、場合によっては人の生命を脅かすほど冷酷な対応になってしまうのである。

▨藤本厚相演説

六十三年七月に、初めて経済協力開発機構（ＯＥＣＤ）の社会保障担当閣僚会議（社会保障サミット、二十四ヵ国が参加）がパリで開かれた。開催を提唱したのは日本である。低成長と人口の高齢化、社会保障費の増大という共通の課題を抱えた先進国が、二十一世紀に向けて「活力ある社会」をいかに築くかがメーンテーマである。

冒頭、日本の藤本孝雄厚生大臣（当時）が代表演説を行なった。

藤本厚相は「これまでの社会保障制度が国民の、政府に対する依存心を強め、勤労意欲の阻害や公的部門の肥大化を生み、経済成長を停滞させた側面がある」という考え方に立ち、「個人の自助努力」を強調して、「先進各国の社会保障制度を見直し、再構築すべきだ」と演説した。そして、年金、医療などの公的給付は、受ける側の一部負担を明確に打ち出し、また「民間活力の導入で公的サービスをカバーしていく」との考えを示した。

米、英両国は「藤本演説を評価する」と同調したが、スウェーデンは「公共部門中心で従来どおりやっていく」、ノルウェーも「福祉サービスは政府が責任を持つべきだ」と、ちがう考え方を示し、民間中心の英米型と公的負担中心の北欧型との二つの流れのちがいをみせた。

この演説でも表わされているように、日本（厚生省）は、「個人の自助努力」と「民間活力の導入」という、今の福祉行政の流れに自信をもっており、今後もこの方向で制度を運営していくことに揺るぎはない。「自助努力」「民間活力」というと、字ヅラもいいし響きも悪くなく、もっともらしく聞こえてくるが、しかし、この言葉が実際の福祉現場でどういう意味をもつのか、よくよく考えてみなければならない。

岡田恭子さんの場合のように、死ぬか生きるかのギリギリまで生活困窮者を追い込んでなお、「自助努力」を求めるのが、今の福祉行政の実態である。

（注）

日本政府と同じように「自助努力」や「民間活力」を福祉の分野に導入しようとしているのがサッチャー首相（当時）のイギリスである。

しかし、イギリスでは、政府が進める医療・福祉制度などの「見直し」案は、国会で必ず争点となり、新聞やテレビでもトップニュースとしてくわしく報道されている。

たとえば年金の額がいくらになるかまで報告され、それをチェックする機能が働いているのだが、この点、日本で上からなし崩し的に方針が変えられ、マスコミでも争点とならないのと比べると、大きく異なる。

あるケースワーカーのこと

餓死事件の取材をするようになって一年半。国の「適正化」が強力に推し進められるなかで、実際に生活困窮者たちと接しながら生活保護行政の最前線で仕事をするケースワーカーたちの苦悩を、私にことあるごとに率直に教えてくれたのは北海道の地方都市Q市のあるケースワーカーである。

二十代後半の彼は、生活保護のケースワーカーになって、五年ほど。ベテランといえるほどのキャリアではないが、〝餓死事件〟が起きる前も、いつかこんなことが起きるのではないかとずっと気になっていた、という。

生活保護を受けている世帯を「切って、切って、切りまくるのがケースワーカーの仕事」という職場の雰囲気。新たに受けようと訪れる人には「自立」を指導し、辞退届を書かせて切っていく――こんな実態に、彼は「これが果たして、困っている人たちを助けるという生活保護制度の望ましいあり方なのか」と悩み続けた。悩んだ末、「生活保護法をもう一度きっちり読み直したい」といっていた彼。あれから一年以上がすぎた。どうしているだろうと電話をかけ現状を尋ねてみた。

「あの事件や報道をきっかけに変わったんですよ！」

明るい声が受話器の向こうで弾んだ。

「今は前とちがって、申請の意思があったら、全部受けるようにしています。みんなでいろいろ話をしてみまして『保護してほしい』といって窓口に来た人には、とりあえずみんな申請させよう、ということになったんです」

事件以後、Q市の福祉事務所では、この若いケースワーカーが中心になって何人かの仲間と、生活保護の運営について話し合った。すぐに申請を受けないで相談段階で返していると、その間に来なくなる人たちのなかには、サラ金に手を出したり、ゴミ袋をあさるような生活を強いられ、生活と健康状態が悪くなってしまう人もかなりいる。そこで、生活保護法の趣旨にのっとり、まず申請を受けるようにして、そこで要否判定（保護を開始する要件に合うかどうか決めること）をして、生活保護の基準に比べて、収入が少なければ受ける、というふうにしてみた。

最初は、このケースワーカーが仲間の一人に「このままでよいのだろうか」と、悩みをぶつけたのがきっかけだった。議論を繰り返すうちに、しだいに理解者がふえていった。課長や所長も説得した。その結果今ではQ市福祉事務所の生活保護担当ケースワーカー全員が「まず申請を受ける」という考え方で仕事に臨むようになった。

餓死事件のころと比べると、申請を受けた数は倍ぐらいになり、その調査でケースワーカーたちは追われているが、みんな張り切って仕事をしている。

働いてる母子家庭が、「月六万円ぐらいの収入なんですけど生活保護は無理でしょうね」と相談にやってくると、「いや、十分受けられます」と受けさせる。

かつては、「まず働く努力をしないと保護しませんよ」だったのだが、「仕事を一生懸命みつけましょう。みつけるまでは保護しますから」となった。

「仕事を終わると、みんなで酒を飲みに行くんですが、そこで激論が飛びかうんです。自分はこういうケースを持って、こう対処したんだが……というと、他の同僚がそれはちがうと突っ込んでくる。もめて、『お前はケースワーカーというものがわかってない』なんていって大げんかになるんです……」

ケースワーカーたちが集団で飲んで議論し合うというのは、珍しいことである。ふつうは同僚の仕事ぶりに関心もないし、ましてや意見を言い合うことなどない。

はじめのうちは孤軍奮闘という感じで、たった一人で頑張っていたが、今ではいい仲間ができた。

「大げんか……」と彼は嬉しそうな声で話した。

仲間の一人が、担当している世帯のなかで暴力団員による悪質な不正受給を見つけ、摘発した。上（厚生省など）が、「不正受給防止」と強調するなら、どのくらいやれば摘発できるものかトコトンやってみようとやってみたら、三カ月かかってしまった。その三カ月間は、他の世帯への通常のケースワークはおろそかになってしまった、という。やっぱり、不正受給摘発に力を入れすぎると、こうなるのかと、また酒を飲んで激論を交わす——。

「面接の段階では、ほとんど申請を受けつけていますから、餓死事件のような心配はなくなりました。基準以下の収入だったら、『とりあえず今は困ってるんだから、一、二カ月は保護しよう』と保護してみる。保護の開始が多くなったかわりに、廃止も多くなりました。それでも雇用情勢がややよくなったせいか、保護率はそれほど上がっていません」

先日、Ｑ市の福祉事務所に監査が入った、という。監査官があるケースに目をとめた。申請したときに預金や生命保険を隠していたので、彼が生活保護法六十三条で「一部返還」をさせて、保護は継続していたケースについてである。

「これは七十八条（不実な申請などのときには、保護の費用の全部または一部を徴収できるとする）

を使って〝不正受給〟だとして全額徴収をちらつかせることで、保護を廃止できたケースではないか」と監査官はいった。

軽微な所得隠しの場合に、保護受給者に対して「これは不正受給だ。不正受給したんだから自立しなさい」といって、保護を打ち切ることは、ケースワーカーがよく使うテクニックである。

しかし、彼は反発した。

「切ってしまったら、この人は生活できない。生活できないと、またすぐ生活保護しか頼るものはなくなります。それが明らかなのに、切るんですか？　この人が再び来なくて、餓死してしまったとしても責任が持てますか？」と。

監査官は一瞬気色ばんだが、それ以上何もいえなくなってしまったという。

「僕ら、いろいろ話しているんですが、たとえ七十八条該当者（不正受給者）だということになっても、それで本人が生活していけない状態だとしたら、生活保護を続けて認めるべきではないかと話し合っているんです」

最近彼は、受持ちの母子家庭の子どもの登校拒否に悩んでいる。中学生の息子が、学校へ行くたびに、不良にタバコの火を手に押しつけられていじめられる。それで学校へ行かなくなってしまったので、日曜日や平日の夜などに、その家庭へ行き、その男の子と何度も話をした。学校の先生にも呼ばれて、「何でアンタが口をはさむのか」と、不快そうにいわれた。彼は「私は教育者じゃありません。でも、この世帯の悩みを解消するのが私の役割です。そのためなら毎日でも通います」と押し通し訪問を続けている。

つい最近、その子が学校へ行ってくれた。そのことが嬉しくて、嬉しくて……福祉の仕事って人を生かすためにやってるんだってやっとわかってきました、という。

彼に、岡田恭子さんのケースを、どう思うか改めて聞いてみた。

「生活保護を最初に受けてた頃の記憶、そして切られたときの印象、その後で相談に行ったときの拒絶的な応対……それがたび重なって、生活保護に対して、かなりの不信感があったんじゃないでしょうか。その不信感や失意を、福祉事務所側が見抜けなかったことが問題です。想像しようともしなかった……」

「けっきょく、この仕事（ケースワーク）は、自分が感じとってやらなきゃいけない。それだけに恐ろしい面もあります。受けとめ方を一歩間違えるだけで相手が死んでしまう可能性があるわけだから……。でも相手のことをいっしょに考えてやろうという姿勢を持っていると、必ず向こうも心を開いて話してくれます。ある程度、経験を積むとウラの事情も想像がつくようになります……」

相手の生活がいかなる状況にあるかを思い、感じとるイマジネーション（想像力）。相手の身に、わが身を置いて考えようとするやさしさ。それが、人を助けるケースワーカーにはたいせつだと彼は強調した。

一人で声を出しながら、少しずつまわりを変えていった彼の存在は、ケースワーカー一人ひとりに、問いをつきつけているように思う。

それは一人ひとりが自分を賭けて仕事をしているかどうか、生活困窮者の立場に立っているかどうかという問いである。そして小さくてもいいから、少しずつまわりに声を出して叫んでいるのかどうか、という問いである。

ケースワーカーは、国の法令・方針の執行者としての〝顔〟と、生活困窮者たちを援助し、その生活を保障していく〝顔〟といつも二つの〝顔〟のはざまに立っている。

個人としてどちらを選んでいくのか——。


「こういっちゃあナンですけど、我々公務員は偉くなってもならなくても給料はそれほど差があるわけじゃありませんからね……。僕もケースワーカーをやっていられるのは多分、あと一、二年だと思いますが、せめてその間は、受ける側のこと考えて仕事していきたい。それでクビになるわけじゃありませんしね……」

爽やかに笑いながらQ市のケースワーカーは電話を切った。

彼のような人が、少しずつでもふえたら——そう思わずにはいられない。

[II] 私たちに問われること

事実を明るみに

岡田恭子さんの餓死事件を調べれば調べるほど、国による巧妙な生活保護行政の「見直し」、すなわち「適正化」がその背景に浮かび上がった。

しかし彼女の死後しばらくすると、この問題はマスコミで取りあげられることも少なくなった。ほとぼりがさめると何一つ変わらないことは明らかだった。

こんなことが許されてよいのだろうか？

彼女と同じような境遇で苦しんでいる人たちのことを世間にもっと知ってほしい。何よりも母親の死で心を傷つけられた子どもたちの「思い」を福祉行政に携さわる人たちにも伝えたい――。

そんな一心でテレビのドキュメンタリー番組を作った。（日本テレビ系ドキュメント'87『母さんが死んだ――生活保護の周辺』昭和六十二年十月十一日全国放送　製作　札幌テレビ放送＝ＳＴＶ）

番組の放送によって、札幌母親餓死事件は、福祉の仕事に携わる人たちに衝撃をもって受けとめられた。現状を問い直す動きが全国規模で広がったのである。

昭和六十二年十二月、自治体職員組合の全国組織である自治労（全日本自治団体労働組合）は、福祉事務所活動者集会で番組のビデオを上映し、「適正化」をどうやって克服するか、参加者たちが熱っぽい議論を夜おそくまで続けた。

ケースワーカーの自主的研究会活動である、公的扶助研究全国連絡会でも、餓死事件を中心に据えて全国セミナーを行ない、番組を材料にそれぞれの福祉事務所の現状を報告し、話し合った（六十二年十一月）。自治労の東京都特別区や神奈川県など都府県レベルの福祉事務所研修会でも同じような動きがあり、大阪で、埼玉で、と全国各地の福祉事務所で番組のビデオをみて話し合う自主的な勉強会が行なわれている。

大学で福祉学を研究する人たちが学術成果を発表し合う「社会福祉シンポジウム」（六十三年三月・東京）でも、この事件が大きく取り上げられ、福祉切り捨てに危機感が寄せられた。

私も可能なかぎり、こうした場に出席して報告をきいたが、北海道で起きているような福祉現場の荒廃は、全国のあらゆるところで、同じように広がっていた。

ケースワーカーたちは、札幌で起きたような事件が自分の勤める福祉事務所でいつ起きても不思議ではない、と口を揃えた。驚いたことに、餓死事件を起こした札幌市よりも、もっと露骨に「保護減らし」を指示している自治体がいくつもあったのである。

▨東京都・荒川区で相つぐ悲劇

「みなさん、どうか助けてください！　私たちの荒川の職員は、もう窒息してしまいそうです」

東京都特別区の組合の集会で、若い女性のケースワーカーからそんな悲痛な声があがった。彼女は荒川区の、異常ともいえる残酷な〝指導〟ぶりと、それに従わないケースワーカーへの〝報復〟の実態を声を震わせて訴えたのである。

東京都のなかでも荒川区の特異さは群を抜いている。生活保護を打ち切られた人が、この二年間に二人も福祉事務所に対する抗議の自殺をしているのである。

六十二年十月末、区内に住む一人暮らしの老婦人（七十八歳）は福祉事務所のケースワーカーから再三にわたりいやがらせをうけて、生活保護を〝辞退〟させられた末、自らの命を絶っている。

福祉事務所あての遺書にはこう書かれていた。

「福祉の○○さん（ケースワーカーの名）

貴方の言われた通り『死んでもかまわない』と申されたように死を選びました。満足でしょう。……福祉は人を助けるのです。くれぐれも忘れませんように」

さらに六十三年十一月にも、生活保護を廃止された七十二歳の老人が、やはり福祉事務所への抗議の遺書を残して自殺していた。

この老人Gさんは、もともと区内の廃品回収店で住みこみで働いていた。しかし肝臓を悪くして働けなくなり病院へ入院、六十二年十月に生活保護を申請し、翌月から保護が開始された。

ところが荒川区福祉事務所は、保護開始後、Gさんの妹（六十八歳、六十六歳）を探し出した。Gさんとは四十年も交流がなかった二人の妹は、それぞれ子どもの家で暮らし、二万七千円、二万二千円の老齢福祉年金が唯一の収入だった。この二人に対し、ケースワーカーが電話を何度もかけ「妹なら面倒をみるべきだ」と強く迫り、六十三年二月には千葉県柏市に呼び出している。そして、それぞれから月々一万三千円と一万円をGさんに送金させることにし、Gさんには「辞退届」を書かせて二月で保護を打ち切った。

この送金の経過について、妹の一人はGさんに手紙で記している。

「福祉の××さんと柏であいました。……月に一万五千円ずつ送ってくれとのことですが……まるで私達をおどかし見《ママ》たいな口ぶりでした」

ずっと音信不通だった、高齢の妹たちの負担に気がねしたGさんの返信——。

「皆々様にめいわくをかけて申（し）わけないからなるべく早く退院してお金を返そうと思います……もう二度と、皆とかほを合わせる事もないでし（ょ）う」

妹たちの、か細い年金収入からの仕送りは当然のようにすぐに途絶えた。五月には、Gさんは医療費の自己負担分（一日四百円）さえ払えなくなり、再び生活保護を受けた。

これも長く続かなかった。Gさんは入院先の病室で現金を貯めて腹まきのなかに入れていた。十月には十八万円になっていたが、ある日訪問したケースワーカーが、これを発見。「生活保護の不正受給だ」と大声を上げ、奪うように全額を持って帰ったのである。

生活保護法にもとづき返還命令を出して、という適法な行為ではなかった。Gさんはその後、病院の職員に毎日のように「ケースワーカーに金をとられた」と無念を訴えていた。

十一月一日、Gさんの生活保護は廃止になった。Gさんが自殺したのはその十日後のことである。遺書には「福祉に十八万円とられたから調べてほしい……」と記され、妹たちにあてた手紙にも「もう生きていくのがつらくなった」とケースワーカーへのうらみの言葉がつらねてあった。

七十二歳の老人に対して、荒川区の福祉事務所がしたことは、弱いものいじめでなくて何であろう。

荒川区の保護率は、昭和五十八年度の一六・四‰（パーミリ＝人口千人あたりの保護人数）から、六十二年度には一〇・八‰まで減っている。受給者でみると、昭和五十九年度は二千五百三十一世帯三千二百二人だったのが、平成元年一月には千四百七十五世帯千六百五十二人と、実に半減している。

ケースワーカーが、乱暴な言葉使いで受給者を威圧し、罵り、脅すのは日常茶飯事——。「てめえなんか、死んでしまえ！」といわれた人もいる。

こうなってしまったのには、荒川区の露骨な人事政策があるようだ。昭和五十八年度に四十八人いたケースワーカーは、六十三年度には三十一人に減り、社会福祉事業法で定められた社会福祉主事の資格保有者の割合も、七五％から四二％に減った。一年未満の経験年数のケースワーカーが、三人に一人を占めるという。

こうした、いわば「素人」当然のケースワーカー集団が、〝保護減らし〟を果たすために人を人と思わないような対応をする。

集会で思わず立ち上がった女性ケースワーカーは、「上から、〝保護減らし〟がノルマのように課せられているんです」と嘆いた。しかも、それに対し、異を唱えるのを許されない空気が職場を支配し、みな口をつぐんでいる。批判めいた事実がマスコミに漏れると、すぐに区長の指示で「誰が漏らしたのか」〝犯人探し〟が始まる、という。

これではとても健全な理念に基づいた福祉行政などできるはずがない。

荒川区の場合、かなり極端で異常な体質があるようである。だが同じような傾向は、多かれ少なかれ、どこの福祉事務所にもある。

生活保護を断られた人が、〝餓死寸前〟の状態で救急車で運びこまれる。途中で打ち切られた人が将来を悲観して命を絶つ。家族を道連れに一家心中を図る。そんないたましい事態は、全国各地で発生している。

『一家心中』『病苦の末の自殺』『孤老の死』『幼女を餓死させた母親』といったショッキングな見出しの事件記事をよく読んでみると、「生活保護を受けていなかった」とか「生活保護を受けていたが○年×月に辞退していた」というケースが驚くほど多いことに気がつく。このことは何を意味するのだろうか?

▨組合の責任、マスコミの責任

自治労は、その『方針』で、「123号通知に象徴される『第三次適正化』が、臨調行革路線の『日本型福祉国家』の形成をめざして進行している」とし、「住民の生存や幸福追求権、平等権の侵害であり、また地方自治権に対する重大な侵害である」と断言している。そして、この「適正化」が「暴力団対策にならず、むしろ権利侵害になっており、通達の撤回を求める闘いを継続的に取り組む」と表明、厚生省に対して保護の抑制をしないようにたびたび申し入れている。

札幌市役所職員組合ケースワーカー部会も、餓死事件の後で、「生活保護におけるケースワーカーの確立にむけてのアピール」というビラを市内の全ケースワーカーに配り、「職場の民主化の実現を通じて人権感覚を何よりも尊重する業務を確立する」ことを提言した。こちらも当局に対し、保護の抑制をしないよう交渉のなかで申し入れてきた。

しかし、生活保護行政は改善されるどころかどんどん悪い方向へ進んでいる、という現場からの声をきく。

なぜだろうか?

私の印象では、組合の取り組みが、あまりに内部に向きすぎているところに原因の一つがあるように思う。対政府、対自治体（市など）との交渉をする。組合員に向けてアピールをだす。それはそれで必要なことなのだが、市民に対して開かれていない。どちらかといえば組合内だけの儀式として行なわれてしまっている。

もっと市民（国民）に対して、組合が情報を提供したり、意見を示してもよいのではないだろうか。とくに生活保護については、国（厚生省）は、「不正受給の調査結果」を大々的に発表し、一種の世論操作を行なっている。他方で制度について「国民に知らせたくない」という姿勢である。それならばなおのこと。国民に対するアプローチが組合に求められてくる。

国民は、〈どんな場合に生活保護を受けられるか、その基準はどのくらいか〉ということについて国から知らされていない。受けたいと思う人も、基準がどのくらいかということや、誰でも申請をすることができるということをほとんど知らない。実際に申請をしたら基準に照らして十分に受給資格がある人も、〝相談〟段階で、ケースワーカーから、いろいろな条件を出され帰されているのが実態なのだから、組合はその〝違法性〟を世に問うべきだし、受けに来た人たちに、「誰でも申請はできる」と国民向けのアピールをすべきではないだろうか。申請するのは「権利」であるとはいいながら実態は権利とはほど遠いのである。肩身の狭い思いをして戦々恐々とやってくる人たちに「権利ですからもっと楽にして」とわかりやすくPRしてほしい。

またケースワーカーの苦悩を、国民にもっと明らかにしてもよいのではないだろうか。ケースワーカーたちのアンケート調査をして、「適正化」によって現場がどう変わってしまったかを、市政の記者クラブ、県（都道府）政の記者クラブ、厚生省の記者クラブで発表することもできるはずだ。

生活保護には自分自身あまり関わりがない、という人たちに対しても〝不正受給〟をあまりに強調しすぎるとそれが厳しい対応につながり、むしろ受ける側を追い込み悲劇につながりかねないこと、そして、生活保護はみんながいざ困った時には生活を守ってくれる頼もしい制度だということ、厳しい目を暖かい目に変えてほしいと働きかける訴えができないものだろうか。組合側のそういうアクションがあれば、マスコミもそのことに注目して取り上げるに違いない。

マスコミで働く人間として残念に感じるが、「生活保護」についてニュースを伝えるとき、材料となるのはいまのところ、行政官庁からの情報がほとんどなのである。

国は不正受給、つまり濫給（本来は受けるべき資格のない人に保護費を支給していること）については、熱心に調べてごく軽微なものでも大きく発表しているが、他方で漏給（本来は受けるべき資格のある人が保護費を受給していないこと）が一体どれだけあるのかは調べようとしない。おそらく〝漏給〟を綿密に調査したら、生活保護を受ける資格のある世帯は、現在の数十倍から、数百倍になるのではないだろうか。行政改革で、支出を抑えなければならない国が〝漏給〟の調査をするのは期待できないが、悲劇をなくすため組合が調査し公表することはできるはずである。

亡くなった岡田恭子さんのケースは、典型的な〝漏給〟のケースだった。

もう一つ、生活保護を受けようとして受けられないとか、受けていて切られた、という人たちの苦情相談をどう吸い上げるか、という問題がある。私の勤める放送局には、いっとき電話がパンクするぐらい、行政に対する不満の声が殺到した。その声の多くは、恥をしのんで保護を求めに行ったのにケースワーカーに非人間的な扱いをされた、という経験談であった。

こうした電話の声を当のケースワーカーたちにぶつけると、みな意外な顔をする。「まさかそれほどまでにひどい対応とは……」と。

福祉事務所においては、面接室という個室でさえぎられ、あるいは家庭訪問という形でケースワークや相談が行なわれているために、同僚のケースワーカーがどんな対応をしているか、ほとんどが互いに知らないのである。

現に、餓死事件の起きた札幌市白石区福祉事務所において、F氏やS氏のケースワーカーぶりを同僚たちに尋ねると「よくわからない」という答しか返ってこなかった。仕事の後で酒をくみ交わすのでも何でもいい。ワーカー同士よく話をし、議論をし合うことが必要だ。

一方で、「ケースワーカーにこんなひどい対応をされた」という人たちの声を、どこかで聞き、それを日々の業務にフィードバックするシステムを確立すべきである。役所の中には「市民の声を聞く課」というのがあるが、生活保護に関しての相談はほとんど来ないし、担当者も福祉についてはあまり知識がないのが通常である。市民団体では共産党系といわれる「全国生活と健康を守る会連合会」が、それぞれの地域に、「生活と健康を守る会」をつくり、そこで苦情相談を行ない、場合によっては、福祉事務所との面接にも同行している。現状では生活保護など貧困層の問題にただひとつ、熱心に取り組んでいる組織といってよい。しかし、政治的な信条のちがいへの抵抗感もあるだろうし、必ずしも、すべての苦情を処理しているとはいいきれない面がある。

各自治体の組合レベルでも、国民の苦情相談などの実績をつくっていかないと、国の〝不正受給キャンペーン〟に対抗する材料も集められない。ましてや、国民の信頼にたえうる組合とはならないのではないだろうか。

テレビに対する多くの反響の電話や手紙が物語っているように、貧困の問題、生活保護の問題は決してマイナーな問題ではなくむしろ国民は〝そのこと〟を知りたがっているように思う。ただ、これまでは知らされないできただけである。国民から何を聞き、さらに国民に対して何を語っていくか組合の体質が問われている。

この点、札幌市で事件後芽生えかけたように、市民と職員が、ともに福祉について考え、語り合う集会を持つのはよいことだと思う。市民は市民としての苦悩、ケースワーカら職員は職員の苦悩を互いにぶつけ合う、よい機会だった。残念ながら、札幌でも尻すぼみに終わってしまったきらいがある。組合と市民との間に風穴を開けなければならない。

「生活保護」についてのここ数年の見出しをみていると、「生活保護見直し」「生活保護支給基準に甘さ」「チェック甘い生活保護費」「生活保護不正受給史上最高の十億円」……世間に〝厳しい見方〟をするようにしむけているような記事ばかりが目につく。

ほとんどが国が発表した〝官製記事〟である。

しかし内容をよくよく読んでみると、「生命保険を申告しなかった」「近親者が近くにすんでいた」などというものがほとんどであり、これを暴力団員などによる悪質なケースと一緒に大々的に新聞発表するのがよいのかどうか疑わしい気がする。

国（官庁）が調べ、発表する内容を、官庁の記者クラブに常駐している記者たちが、広報から配布される資料をもとに原稿を書く。知らず知らずの間に、マスコミは、官製のスポークスマンにさせられている傾向がある。

生活保護の「チェックの甘さ」や「不正受給」「見直し」の記事を、そうした官製情報をもとに書くのは記者としての仕事である。国がそう発表しているのは事実なのだから。しかし、それならば他方で、「不正受給のチェック、摘発はかんたんなのだろうか」「不正受給に対して厳しくするあまりに、本来もらうべき人がもらえなくなる、ということはないのか」「そもそも、生活保護を必要としている人たちはどこにどれだけいるのであろうか」と批判的な眼で調査報道をしっかり行なうのが、ジャーナリストとしてのバランス感覚であろう。

こと「生活保護」に関するかぎり、行政機関による情報に偏りすぎて、実態を調査報道するという、〝取材力〟がなくなってしまったのが、現在のマスコミの姿である。ケースワーカーに生活困窮者の痛みがわかる〝想像力〟を求めたのが、同じことは記者たちにもいえるような気がする。

自分の書く「不正受給〇億円」の記事を、生活保護を受けている人たちがどう感じとるか想像してほしい。そういう記事がでると一カ月くらい外出をしたくなくなる、という受給者は多いのである。

この取材を通して、わたしは日本社会が「豊か」などころか、虚飾の布切れ一枚の裏側で、ジワジワと見えにくい「貧困」が進んでいることを思い知らされた。

東京一極集中によって疲弊し沈下した地方の貧しさ。構造不況による倒産・失業。（とくに女性の）パート労働の低賃金——。

これらと決して無縁でない、人びとの過重労働・病気・離婚・低学歴・サラ金苦……。いろいろに絡み合った貧しさのなかで、身動きできずにいる人びとが増えている。

小・中学校では、片親の家族が増えて親が働きに出るため、子どもたちの養育が不十分なケースが目立つ、と教師たちは頭を悩ませている。

一方、母親が外へ働きに出ても低賃金のパートでは〝かけ持ち〟を余儀なくされ、子どもと一緒の時間を削らねばならない現実がある。それを解消できるはずの生活保護の受給は年々厳しさをますばかりだ。

自営業者や年金生活者など未組織の人たちが加入する国民健康保険の保険料は、赤字解消のため高くなる一方である。低所得層のなかにはこれを払えずに滞納する人がふえている。行政はここでも、厳しくのぞみ、保険証をとり上げるなどの強行手段に訴えている。この結果、保険証のない人たちが、実費負担を要求されて病院にもかかれず、瀕死の際で救急車で運ばれる、という事態が出てきた。病院関係者も危機感を強めている。

みんながうすうす感じはじめた現代の「貧困」。行政は救済するどころか、「自立自助」「受給者負担」のかけ声の下に人びとをさらに窮地へと追いこむ。この国では行政の救済制度の貧弱さが「貧困」の誘因となってさえいる。

カツカツの生活で行政不信に陥った人たちが、行政から保護を受けている人たちに「自分はもらってないのに！」と厳しい視線をつきつける。貧しい者同士が孤立し、疑心暗鬼になって監視しあう

――そんな社会になってきた。

複雑にいりくんだこの「貧困」の問題、それを明るみにひっぱり出さなければならない。

見えにくいだけに、学校、福祉事務所、病院などの異なる分野で働く人たちが、問題の「断面」を集めて情報交換し、ネットワークをつくっていくことが何よりもいま必要なことではないだろうか。

ともに時代を生きる者として

▨遺児たちの春

雪がとけ、土の香りがまたただよいはじめた。岡田恭子さんが亡くなって二度目の春がめぐった。

昭和六十三年四月――。

新しい年度を迎え、札幌市内の養護施設で暮らす三人の遺児たちも、人生の階段を一歩ずつのぼり始めた。

長男・貴資くんは高校生になった。

成績が良く、恭子さんの自慢だった貴資くんも母親の衰弱と死を目のあたりにして一時はとても受験勉強どころではなかった。入学試験の結果、志望していた公立高校は残念ながら不合格だった。私立高校へ進んだ貴資くんは一念発起運動部に入り、放課後は部活動で汗を流している。

次男の耕次くんは中学生になった。

一年前にはまだあどけなさが目だった耕次くんは背がのびて顔つきがすっかり大人っぽくなった。浅黒い肌に、真新しい紺のブレザー、白いワイシャツという制服姿がよく似合う。毎朝ふくらんだ肩かけカバンをゆっさゆっさ揺らせて登校しているが、友だちに囲まれ、いつも白い歯をみせて笑っている。

末っ子の明くんは小学六年生。

養護施設に来てまもなく、彼は転校したばかりの小学校に通えなくなってしまった。激しい環境の変化に、幼い心が耐えきれなくなった末の登校拒否だった。しかし施設での共同生活を通じ仲間とうちとけるようになると、次第に学校へも通えるようになった。今では最上級生として年下の子どもの面倒をよくみるお兄さん役である。

餓死事件の直後、三人の子どもたちはいっとき児童相談所へ身を寄せた。その間これからどうやって暮らしていくか、児童相談員と恭子さんのきょうだい数人が話し合った。

恭子さんのきょうだいにもそれぞれに家庭があり、遺児たちをまとめて引き取れるほど経済的余裕のある家はなかった。だから、子どもたちにとって選択肢は、「おじさん」「おばさん」の家へ別々に引き取られるか、養護施設へ行くか、そのどちらかしかなかった。

相談員は、貴資くん、耕次くん、明くんの三兄弟を一人ずつ個室に呼び、どうしたいかを尋ねた。子どもたちの心はひとつだった。

「バラバラになるのは絶対にいや！　三人いっしょに暮らしたい」

別々に尋ねたのに、遺児たちは口を揃え、養護施設へ入ることを希望した。

北海道に短い夏がようやく到来したころ、富良野市に住む恭子さんの長兄・義昭さんを訪ねた。義昭さんは三人兄弟の親代わり——後見人である。

一面に広がるラベンダー畑は、薄紫の花を咲かせていた。遠くに目を移すと、大雪山連ぽうが、透きとおるように青々と浮かび上がっていた。焦点は遙か遠くで像を結び、吸い込む空気はすがすがしい。そんな富良野は、広いといわれる北海道でもとりわけ大地の大きさを感じさせてくれるところである。

義昭さんも、どっしりとした印象の人だった。実際、面とむかうと胸板の厚い、偉丈夫だった。居間のソファに腰をおろし私を見据える黒目がちの瞳が、実直な人柄を物語っていた。

一年前の妹・恭子さんの餓死——。

義昭さんにとっては、まったく寝耳に水の出来事だった。札幌に駆けつけた義昭さんは、妹の突然の死を目のあたりにして、「なぜ?」という疑念を確かめる暇もなく、後始末に追われた。葬式や納骨、借金の清算、市営住宅からの撤去、子どもたちの今後の養育など、すべてを一身に背負った。

合い間に恭子さんがかつていた職場や近所を訪ね、「恭子がお世話になりました……」と挨拶した。白石区福祉事務所でも、大きな体を「く」の字にして頭を下げた。

「肉親がいながらなぜ救えなかったのか!」

妹を失った悲しみのなかで、そんな世間の声を何度も聞いた。

そのころ義昭さんの家では、体が弱り老人性の痴呆症が悪化していた父親・栄次郎さんの看護で家中が疲れ切っていた。なにもかにも栄次郎さんのことだけでせいいっぱいだった。このところ恭子さんから連絡がないのも、こうした事情を察してなのだろうと、義昭さんもあえて気に留めてなかった。そこへ突然の訃報だった。

恭子さんの一周忌の頃、栄次郎さんが亡くなった。

不幸が続くうえに、身内から餓死者を出した、という負い目がいまも肉親たちを苦しめている。義昭さんと一緒に暮らしている母親は、一歩外に出るだけで、「餓死者の身内だと知っている人がいるのでは――」と、人びとの視線が気になり、顔をあげられないという。きょうだいたちも、それぞれ身をこごめるようにして暮らしている。

恭子さんの死については、義昭さんの胸のうちで、割り切れない思いが揺れ動いているようだった。話を聞いている間、重苦しい沈黙が続いた。義昭さんは何度かタバコに火をつけ、遠くを見るような目でふーっと長く煙を吐いた。額には険しい皺が刻まれていた。

そんな空気が少しゆるんだのは、子どもたちの近況に話が移ったときだった。

「いやあ、子どもの進学でまいったよー」

貴資くんの高校進学のことである。私立に入学したので費用を用立てるのには本当に苦労したという。

「とにかく高校ぐらいは行かせておかないと、と思ってね……。でも私立だとけっこうかかるよ。あと二人子どもがいるけど、はたして高校へ行かせてやれるかどうか……。『お前たちは必ず高校へ行け』と口うるさくいってるんだけど、下の二人はあまり勉強しなくてね……」

困ったもんだ、と呟きながらも義昭さんは目の奥を少し光らせ、照れたような顔になった。

遺児たちの親代わりの義昭さんには、どこまで子どもたちの将来に責任がもてるか、不安だらけである。だから厳しいのを承知の上で、子どもたちには会うたびにこういっている。

「三人とも頭の出来が悪いんだから、体だけは鍛えておけよ。社会に出たっておまえらには体を使う仕事しかないんだから……」

体が細く中学時代は引っ込み思案だった貴資くんに、高校で運動部に入るよう強く勧めたのは義昭さんである。ハンドボール部に入部した貴資くんはこの頃日焼けしてだいぶたくましくなってきた。耕次くん、明くんは施設のグランドで毎日のように仲間とサッカーや野球に明け暮れている。

「どんなことがあっても自分の力で生きていける人間になりなさい！」

義昭さんは、正月、富良野に泊りにきた三人兄弟を正座させ、大きな声で諭した。母親の悲劇はもう忘れさせたい。それよりも子どもたちがどう生きていくかを大事に見守りたい。義昭さんの心からの願いである。

三人の兄弟が生活している札幌市内の養護施設では、夏の日差しが若葉を鮮やかに色付させていた。北海道の夏特有の目に染みる青空が広がり、赤茶けた古いモルタル造りの建物の脇では、幼児たちの洗濯物が大量に干されていた。黄・赤・緑……、小さなズボン、スカート、トレーナー、靴下などが幾列にもカラフルに重なり、揃って光をうけ風に揺れていた。

横のグランドでは、放課後になって施設へ〝帰宅〟した男の子たちが次々にグローブを手にし、野球を始めていた。

年が近い者同士三～四人が一グループになり、それぞれ投手、打者、野手という役割でボールを投げては打つ、という遊びを繰り返していた。グループは七～八あったが、そのなかに耕次くんの姿も見えた。彼は野手をしていた。

「だからさー、そっちへ打っちゃダメだってばー。もう、やんなっちゃうよー」

口をとがらせて、あさっての方向に転がるボールを追いかけ、声を張り上げていた。

明くんは打者。ボールが振り回すバットになかなか当たらず、アレッと首をかしげていた。

そよそよと、梢をやわらかく揺すらせ、風が流れた。子どもたちの髪も一瞬ふわっと浮かせ、頬をくすぐった。あたかも子どもたちを包みこむ母親の吐息のように――。

ポーンと球の弾む音。一喜一憂する幼い歓声。それらが次第に暗さを増す夕暮に反響して溶けていった。

▨子どもたちからの手紙

「僕たち兄弟は元気に暮らしているので、母さんも元気で……」

ドキュメンタリー『母さんが死んだ――生活保護の周辺』は、恭子さんの遺児・耕次くんの母親に対するモノローグで終わっている。

温みを忘れた福祉行政が、子どもたちの運命を踏みにじった――。

そのことへの、怒りと、悲しみを私は伝えたかった。

番組放送後、みてくださった方々から激励の手紙や電話がたくさん寄せられた。たれ流しが宿命のテレビ番組、それもたった一回の放送に対して、考えられないほど大きな反響だった。そのなかには、子どもたちからの手紙もあった。

東京の男子高校生は、大人への怒りを記してきた。

「ボクは高一の男子です。テレビを見ました。つぎの日学校の先生にテレビの事を話したら『先生も見た。これから全員であのテレビの事について話し合いをしよう』といい、ボクたちのクラスだけでなく他のクラスの者にも集まってもらいイロイロ話し合いになってしまった。二時間も——先生たちも四人ぐらいになって大激論をしてしまった。………………自民でも社共など野党どこでもいい。だれでもいいから本気で一番身近な事福祉の事をやってくれる人がいないのかな？　先生をはじめボクたち全員大人になって、どんな選挙にもぜったい行かない事にした。水島さん政治て何ですか？　都庁だって今のままだって十分だと思う。何も何億もかけて新宿にうつることはないと思う。ジェット機一機買うお金でどのくらいの人々が助かる？　こんなかんたんな事がなぜわからないの。イロイロ考えるとヤになる。水島ディレクターがあんなに一生懸命やっても無駄かもしれないのだ。それを思うとハラが立つ。頭にくる。テレビ局の人全員新聞社の人たち、もっと大きく取り上げてください。貿易法案。土地。税その他イロイロある中でイの一番にやる事それは水島さんがやった事だ。政治家（大人）の人たち口先だけで何一つかいけつできない。国民全員もっとオコレといいたい！」

一通、読み返すたび心を洗われる手紙がある。北海道・十勝の農村に住む女子中学生が、ニュースで事件をとりあげたとき、受験前の寸暇も惜しいときにもかかわらず綴ってくれたものである。

「事件について、とても電話では伝えきれないと思い手紙にかえさせてもらいました。

私は中学生で、どう上手く表したらいいのかわかりません。しかし、今回の餓死事件はとてもショックでした。何故、まだ若い母親が餓死しなければならなかったのか？　何故、まだ若いというだけで生活保護を受けさせなかったのか？

全く、腹が立ちます。それだけ、日本という国は福祉という事に無関心なのだと思えます。日本は世界でもお金持ち国です。しかしその国民の中にお金持ちな人々もいるでしょうが、その裏には今回の事件をまた起こすかもしれない人々もいます。何故、その人々に救いの手を差し出せないのか？日本は人権尊重という事が実際には行なわれてないとさえ思います。

本当に人が、人の命が大切ならば、何故、もっと福祉に予算をかけないのか？　私があまり口をはさむ事ではありませんが、予算に対して、社会というものに対して疑問、怒りを感じるのです。日本という国は、非戦争国、軍力を持たないというのを、私さえ知っています。そして、自衛隊への予算はＧＮＰ一％枠内ということも知っています。しかし、何故今年から一％枠突破という事ですが、これにも怒りを感じます。日本は平和国家であるのなら、自衛隊の予算など、一％どころか、〇・五％未満でも結構だと思います。日本は平和国家だというのですから。そして、その分、福祉へ回せば、生活保護を受けられる人々も増える……そう思えます。

実は私の家も生活保護を受けていました。今は受けていませんが、やはり、ない分少し生活が苦しいです。

現在、我が家は長男の兄が、母、下の兄、そして私を養ってくれています。兄の給料は安くないのですが、やはり、私達三人養なうとなると生活は苦しいです。

まだ二十歳を過ぎて数年もたっていない兄には、とても負担の様に思え、こんな時生活保護を受けられたら、かなり生活も楽になるのではと思えます。しかし、兄という働き手がいる為か、受ける事はできないそうです。

それから、母が働き手であった頃、受けた生活保護の事も知らせます。

私が小学校卒業まで、我が家は生活保護を受けていたそうです。しかし、子供三人居るとなると、安い生活保護のお金では足りず、役場には内緒で働きに行っていました。そのうえ、私達三人もそれぞれ、新聞配達等アルバイトをして、なんとか生計を立てていました。生活保護のお金といっても、当時それ程生計の足しになっていなかった……そう思えます。

それに、私が生まれ育った××市という町の事も知らせます。この町の役場にもたしかに親切な方は居ました。しかし、一部には、今でも根に持ちたくなる様な人も、居ました。

その人は、母が過労で入院する度、私達兄弟に冷たい言葉をあびせました。

『生活保護を受けながら、仕事をするなんて、まるで馬鹿だな』

しまいに母は、心身共に病気になってしまったのが、私が小学六年の春でした。その時は、末の私一人親類の家で半年余りを過ごしました。正月に、また、元の家へもどれました。しかし、母の病気が再発し、今度はたった四ケ月でまた親類の家に行く事になりました。一年以上を過ごしました。もし、あの時、役場側の理解と援助があったら……肩身のせまい中の親類周りをせず、兄と暮らせていたかもしれない。そう思います。

こんな風に、役場側の理解がなくて、あの札幌の方は運悪く亡くなってしまった。三人の子供を残して……。丁度、私達と似ています。我が家は幸いにも母が私達を残して先に亡くなりませんでしたけど。

本当に他人事とはとても思えませんでした……。

現在、お子さん方は、施設に入ったとの事ですが、この先数々の事がある中で、母の死、それも餓死だったというのは幼な心にも残るだろうと思います。しかし、がんばってほしい！

私はただ、それしか言えません。

いずれ、私も社会人となり母となるのかもしれません。しかし、生活保護を受けれずに亡くなってしまう不幸な人々が居るかもしれません。もしかしたら、私自身そうなってしまうかもしれません……。

もし、できる事なら私はこんな福祉のあり方を数多くの人々に知ってもらい、腐っている部分を取り除きたいと思っています……。何事も数多くの人々に知ってもらうのが先決だから。

長々と汚なく拙い文章で申しわけありませんでした。私なりに、私の思いを書いたつもりです。受験眼下という中でのこの事件、忘れないでいようと思います。

どうぞ、スタッフの方々、これからも見易く道民になじみ易い番組作り、がんばって下さい。私自身、テレビの前で応援しています。

風邪などひかず、健康に注意して下さい。

追伸

残された子供達へ数多くの人々が、たくさんの善意を寄せているのを見て、今の時代にもそんな心を持っている人々が居て、安心しました。」

六枚におよぶ白い便箋には、読みやすい字がていねいに書かれていた。「とても他人事と思えませんでした……」という彼女は、母子家庭の生活の苦しさと福祉に対する思いを、心のまま綴ってくれた。

保護を受けていたとき、生活費が足りず母が内緒で働き、無理を重ねて「心身共に病気になってしまった」こと——。（これこそ国が「不正受給」として発表するものの本当の実態であろう。）

一番上のお兄さんが二十数歳の若さで、母親と二人の弟妹を養って働いていること——。

そんな家族をいたわる気持ちが、文面全体から伝わってくる。

十五歳の彼女は、恭子さんの境遇に「もしかしたら私自身そうなってしまうかもしれません」と気持ちを重ねている。そして、遺児たちの心の痛みを察し、「がんばってほしい!……それだけしか言えません」と言葉少なに励ましている。

自分も同じような苦しみを味わっているのだから、母親の餓死という悲劇を、遺児たちとともに担い、心に刻みつけて生きていこう——。

そんなけなげな「決意」さえ読みとれる。

「やさしさ」とは、この少女のように、自分も悲しみを背負いながら、なお相手の痛みを理解することをいうのではないだろうか。澄んだ眼差しで共感しようとする心の働きをいうのではないだろうか――。

この手紙を読み返すたび、私はそんなことを感じさせられる。

いまどきあまりに純粋でマトモすぎる感受性さ、と笑う人がいるだろうか？　けれども、この女子中学生の手紙のように、傷つきながらも、まっすぐに物事をみつめていこうとする「やさしさ」にふれると、私たちの時代がいつしか、とてもマトモじゃないところへ足をふみいれていると思い知らされる。

しかし、子どもにこんな思いまでさせている今の「福祉」とはいったい何なのだろう？

▨現状を変えるものは……

力の弱い人びとに「自立自助」を求めてつき放す、冷たい「福祉」の時代がやってきている。政府が行政改革を通して築きつつある「日本型福祉社会」――。

臨時行政調査会や臨時行政改革推進審議会を牽引車にして強力に押しすすめられた行革は、福祉の現場を大きく変えた。なにより変わったのは現場で働く職員たちの意識である。

生活保護の「適正化」は、通知や監査、補助金などによって地方自治体を縛りつけ、さらに福祉事務所やケースワーカーをがんじがらめにしている。この、国ぐるみの「保護減らし」は、「相談制度」や「辞退届」という法律上にない手続きをとることで、形の上ではあくまで本人の自発的な意思によって、行なわれている。法律にのっとった手続きではないから、不服申立てや訴訟などで是非が追及されることもない。恭子さんの事件後、市役所側が「一般的な生活相談」でしかなかった、と責任逃れに終始できたように――。

けっして証拠を残さない、巧妙な手口である。

貧困は、社会全体の「病気」だといわれる。しかし、病気に苦しむ患者にとって、治療してくれるはずの「医師」＝ケースワーカーは、疑うことばかり強いられ、やる気のない作業ロボットのようになってしまった。「病院」であるはずの福祉事務所は、苛酷な取調べの場所でしかない。気がついたら、福祉の職場はそんなふうになっていた。

福祉の制度は、いつか自分にもアクシデントがあるかもしれないが、そうなったときのために――と備える、社会全体の「保険」である。とりわけ生活保護は、年金などの諸制度によっても生活困窮が解消されない場合の、最後の救済手段である。これによって救われない人はもう救済されようがない。

みんなのための「保険」だから、いざとなったとき、これを受けることは権利である。法律もそれを保障している。

だが、日本では、福祉については権利というより、国から恩恵的に与えられるもの、という前の時代からの考え方・感じ方がまだまだ根強い。国による「福祉の見直し」や「適正化」は、こうした感情を巧みに操作し後ろ盾にしながら、実際の運用面で権利性を骨抜きにしているのである。

一般の国民ばかりでなく行政を担う人びとのなかにさえ「福祉」の精神的な土壌のないこの国において、「自立」ばかりを求めるとどうなるのか――餓死事件はそのことを象徴的に教えている。

明るく豊かにみえる消費社会。その砂上楼閣のうす皮一枚隔てたところで、貧困というガン細胞が国民を徐々に蝕んでいる。暮らしに不自由しない「中流」の家庭も、離婚や事故、病気や老いなどのきっかけ一つで、生活苦へと転げおちていく。

行政が救おうとせず、ますます増幅される貧困のひずみ。それが、地方へ、母子家庭へ、老人へ、子どもたちへ、と力の弱いところへ一気に押しよせている。

実際の生活の苦しさや不安と、モノの消費を通して買う「豊かさ」の幻影が交錯するなか、人びとの心までいつしか変わりつつある。

政府・自民党によって着々とすすめられている「福祉の見直し」。そのいきつくところは、戦後にできた福祉制度や法律などの全面的な「見直し」であろう。そのうち生活保護法そのものも「見直」され「改正」される日がやってくるにちがいない。

これに対し反対する声も大きく聞こえてこない現状では、今の政策の流れを変えうる要素はほとんど見い出せない。

反対する側は、これまで「老人・子どもへの福祉予算を削って戦闘機を買う自民党は許せない」といった政治イデオロギーのレベルで福祉を論じ、絶えず政治や政党の影をひきずり、その思惑のなかで「反対」してきた。だが、「福祉を守る」はずの職員組合内で政党色の濃い主導権争いにきゅうきゅうするなど、「福祉の見直し」を進める側のしたたかさに比べ、無力さばかりが目につく。

政治的に、あるいはイデオロギー的に「福祉切り捨て」を食い止めようとする人たちは、餓死事件を知ったとき、どれほどわがこととして危機感を抱いただろう？　恭子さんの遺児たちの悲しみに思いを馳せ、涙を流した人がどれほどいただろうか？

今の日本で、福祉行政に携わる人びとや福祉について語る人びとが、軽視し、失いつつあるもの――それは個々人の生活のいとなみや感情を見つめる、ミクロの視点である。

いみじくも子どもたちが手紙に綴り送ってきたような、自分と同じ人間たちの生活や生命に対する眼差し、感受性である。

相手と同じ位置に自分の身を置いて、共感し、理解しようとする、やさしさとイマジネーションである。

岡田恭子さんが実際に生きた生活の営みから離れたところで、建前でいくら「対決」を叫んでみても、誰も心を動かされないし、まして「福祉見直し」政策の大きな流れや現に進みつつある福祉現場の寒々とした状態は克服できるものではない。

むしろ、もし何かを変えるとしたら——

それはひとりひとりの人間の心のレベルの問題、決意——なのではないだろうか。


生活に追いつめられた、岡田恭子さんのような人びとの、悲しみや苦しみ、願いに共感し、閉ざしがちな心を想像していこうとする「やさしさ」。

そして、自らを問い直し、できることをしていこうとする「決意」。

ネアカの仮面の下に不安を隠し、性急に人を追いたてる時代の風潮が見落としがちなこうした感受性は、福祉の現場だけでなく、さまざまな生活の場で、すでに失われつつあるのかもしれない。

それでも、いろいろな立場で気がついた人が、貧困の底にあえぐ人たちの「声なき声」に耳を澄ませ、自分のまわりを実際に変えていくこと、それ以外に福祉の現状を変える方法はないように思う。

餓死のニュースを聞いて、北海道Q市の小さな福祉事務所で働くひとりの若いケースワーカーが、相手の立場になって「人を生かす」仕事をしていくことを「決意」し、職場を変えていったように——。

その気になれば、たったひとりでも戦えるのに違いない。私の知る彼は、政治主義の発想とはおよそ無縁の、傷つきやすい臆病な青年である。ただ彼には、心情の深いところで、餓死した恭子さんや自分が日々出会う生活困窮者たちへの共感があった。学生時代に恋しい人を病気のために亡くした経験があるといっていたが、人一倍、他人の不幸や死に対する敏感な感受性があった。そして自分を賭けて本気で声を出していったのである。

ふり返ると、この一年半余りの間に、私はさまざまな人びとの、「思い」にふれた。

恭子さんの肉親たちの、今も続く苦しみ、親しかった友人たちの、自らを苛む後悔の念。遺児・耕次君が、母さん涙がきらいだったから泣くのをこらえていました、という思いの切なさ。

電話をくれた人びとの、ずっと心の奥底にしまってきた、涙が出るほどくやしい思い。

「一日一食」の生活から脱したとき、うれしそうに天プラを揚げていたＩさんの、なお続く「地獄」。

まとわりついて離れなかった養護施設の子どもたちの淡い笑顔。

手紙をくれた女子中学生が胸に抱いている悲しみの深さ。

どの人も、傷ついて、苦しみのなかにいながら、それでも、曇りのない、信頼に満ちた眼差しで世の中を見つめていこう、と心から願っていた。

恭子さんもそんな願いを抱いていた一人だった。

母子家庭だからと、世間に後ろ指をさされないよう、弱みをみせず必死に働き続けた恭子さんの気持ち。それでも生活苦から借金を重ねて、親しかった友人たちも、自分の意志に反して次々失っていったときの追いつめられた気持ち。

その「思い」に心を重ねようとするたび、私のなかに、哀しみとも怒りともつかない重苦しい感情が、沈澱していった。

この世に、無駄な人生などあってたまるか、と思う。

だが恭子さんの三十九年に及ぶ生涯は、いったい、何だったのだろうか?

餓死という凄絶な最期を思うとき、私はそこで立ち止まってしまい、どうしても、前へ進めなくなってしまう。

恭子さんの死のうしろには、人びとの苦しみや無念の声が、累々とこだましていた。

日本の福祉!!

全身を怒らせ、相手にぶつかっていこうとする私の目の前に、無限のブラックホールが立ちはだかり、底なしの闇と格闘しているような絶望的な気持ちに何度も襲われた。

そんなとき、一人の子どもから送られてきた手紙が、私の眼頭を熱いものにし、心をとかし、やさしく励ましてくれた。

「忘れないでいようと思います」(女子中学生の手紙)

まるで祈りの言葉のように
少女は小さな声で決意をしめしてくれた
明るい眼差しで
私も決意しよう
岡田恭子さんの餓死事件を、けっして忘れはしない、と

貧しさのため、命をなくすひとが
もう　いなくなるように
つらい思いをする子どもたちが
もう　いなくなるように

どんな　福祉の社会を
わたしたちは　願い　築いていくのだろう

どんな眼差しで
どんなことを
わたしは　あなたは

おとなのひとりとして　していくのだろうか

冬の寒い夜
三人の子どものそばから　永遠に消えていった
お母さんの
かけがえのない　いのちは
ひとり　ひとりに
問いかけている

あとがき

母親餓死事件という札幌で起こった痛ましい事件について、私がニュースのなかで報道し、またドキュメンタリー番組をつくるにあたって、最も心にひっかかったのが、遺された三人の子どもたちのことでした。

一番上の男の子は、すでに高三になり、次男、三男とも中学生で、それぞれ多感な時期を過ごしています。

「この子たちは、おとなになって母親の死をどのように受け止めるのだろうか?」

本を出版するにあたっても、彼ら三人の〝気持ち〟を考えるとどうしても筆が重くなってしまいます。〈いったい、何のためにこのことを書き記そうというのだろうか?〉自分でも胸を張って彼らに明確にいえないけれども、何かが私をつき動かしました。

餓死事件に、結果として最も深く関わってしまったジャーナリストとして、やはり、書かなければならない。でも、それは、遺族の方々にとっては辛いことには違いないだろうと思います。だからせめて自分が最後まで心に留めおこうと考えていたのは、子どもたちへの手紙のようなつもりで、文章を書こうということでした。あなたたちに、いつか事実を知ってほしい、辛いだろうけど、大きく強く育ってほしい、関わってしまった大人の一人としてあなた方がいつか読んでも、気持が伝わるようなものを書きたい、と思いました。

事件については、「真相」だとして写真雑誌や女性週刊誌にスキャンダラスな記事が出たり、また札幌市当局もことあるごとに「個人のプライバシーを守るうえで公表はできないが、ほんとうはいいたいことがある」といい続けるなど、実にさまざまなことが憶測でいわれました。

市の当局は、けっきょく、恭子さんが福祉事務所に来たのは、「一般的な相談だった」という姿勢に終始し、「生活保護を求めに来たわけではない」と追及をかわしました。しばらくたって事件のほとぼりが冷めると、今度は「恭子さん本人の性格等、むしろ特殊な事情によって起きた事件」という言い方をして、責任を認めませんでした。

生活に困窮した母子家庭という一つの〝家族〟が、母親の餓死という最も悲惨な結末で破綻した。そのシワ寄せを受けたのは、育ち盛りの三人の子どもたちです。報道によって私たちのもとによせられた電話や手紙は、子どもたちへの激励や彼らへの共感といった人間らしい温みに満ちたものがほとんどでした。一方、札幌市当局や厚生省、それに残念ながら組合も、そういった「人間としての感性で発せられる言葉」を最後まで聞かせてくれませんでした。

それぞれが、自分の立場を守るべく、虚しい言葉を口にしただけでした。

「飽食の時代」の〝餓死〟といわれたこの事件は、普通に暮らす家族がちょっとしたきっかけで生活苦に陥ってしまう、現代社会の貧困と福祉行政の貧弱さを浮き彫りにしました。〝中流〟意識といっても、実はいかによるべのないものであるかを痛感させました。

事件から一年半も経過したところで、あらためて取材にいくと、人々は口々に言いました。

「餓死事件はたしかに大きな出来事かもしれないが、亡くなったお母さんのことよりも、三人の子どもたちのことを考えてあげてください。多感な思春期を迎え、それでなくても母親の死で心に傷を負った子どもたちの気持ちを考えて……。あの子らの目にふれる可能性のあるものは、世に出さないで、どうかそっとしておいてください……」。

事件について心を痛め、子どもらの将来を思う人ほどそういいます。まったくそのとおりだと思います。

一方で私は、今までに新聞やテレビ、週刊誌で伝えられた「事実」だけではけっして割り切れないものを感じてました。


一人の女性が、母親として、子どもたちを育て、生きた、悩みや苦労、そして、夢といった、人であれば誰しもが持っているはずのものがそこからは見えてこなかったからです。その「人間」としての営みの部分を軽視して、福祉行政の後退だ、と声高に叫んでみても、何もならないのではないか。

一日一日、彼女が積み重ねていった生活の歴史を、まわりの人たちが、福祉事務所のケースワーカーが、札幌市が、厚生省が、理解していたら、そして共感していたら、はたして彼女は死んだでしょうか?

「福祉は心」といいますが、その場その場の「服装」や「態度」がどうみえたか、ということで、人が人を断罪するかのように保護したり、しなかったり……、そんなものが福祉ではないはずです。

取材を終えてあらためて思いますが、彼女は、一生懸命に生きようとした一人の女性でした。若いころは、恋もしたし、離婚後は働き通して三人の子どもを育てあげることだけを楽しみにしていました。その人が、少しずつ重なっていった借金と疲労から生活することに追いつめられ、精神的にも余裕がなくなってしまった。途中、何度か、福祉＝生活保護に助けを求めたのに、拒まれ、ますます追いこまれていったのです。

事件の数カ月のちに札幌市や厚生省にいくと「もう、あの事件はすんだことではないですか」と不機嫌そうに担当者はいいました。事件が起きると、「遺憾です」とさえいっておいて、ほとぼりがさめるまで待てばいいのだ、自分の責任はない、という態度です。

対照的だったのが、彼女の友人たちでした。母子寮時代の友人や病院の同僚、近所の主婦などは、事件から一年以上たった今も、後悔の念を引きずって暮らしています。

「あのとき、私が気づいていれば……」と。

みな、共通して、「ごめんね、わかってやれなくて。でも、どうして一言いってくれなかったの?」と自らをさいなんでいました。彼女の死を理解しようという人間らしい気遣いがそこにはありました。

これに比べると、行政担当者たちの反応は何とクールなんでしょうか。

「この事件は、忘れてはならない。けっして忘れさせてはならない」そんな思いが体の中にたぎりました。


彼女の〝死〟については明らかでない部分はまだたくさんあります。でも、一人の女性が母親として誠実に生きようとした。そのことへの共感を取材してる間ずっと感じました。

遺された子どもたちが、母親の面影を胸に刻みながら、強く生きられんことを、心から願ってやみません。

一九八八年十月一日

(本書では、亡くなったお母さんはじめ、お母さんにかかわる方の氏名及び個有名詞は、行政関係者を除き原則としてすべて仮名にいたしました。)

復刊にあたって——生活保護制度の危機に

餓死事件から二十七年が過ぎた。一九八七年の真冬に札幌で起きた出来事は、ローカルテレビ局の一記者に過ぎなかった自分が最初に出会った大きな事件だった。その後、海外特派員、東京キー局のドキュメンタリー番組のディレクター、報道局の解説委員、大学教員と立場は変わったが、ジャーナリストとして「生活保護」がもっとも気になるテーマであり続けていることに変わりはない。

『母さんが死んだ〜生活保護の周辺〜』は自分自身の最初のテレビドキュメンタリーであり、その後、テレビ報道一筋となる人生を方向づけた。その取材をまとめた本書『母さんが死んだ〜しあわせ幻想の時代に〜』には、三十歳を過ぎた頃の問題意識が濃密に反映されている。まさに〝原点〟といえる作品だ。読み返すと文章表現のぎこちなさや過剰な感情移入、生硬さが目につくものの、「ジャーナリスト」とは何なのかを必死に、若い感性で考えた問題意識の方向は、その後の報道記者としての経験を通じて、確信のようにより強いものになっていった。

本書は一九九〇年に「ひとなる書房」から刊行され、その後、一九九四年に社会思想社の「現代教養文庫」で「佐高信のノンフィクションシリーズ」の一冊として文庫版が出版された。その社会思想社が倒産し、ひとなる書房版も長い間品切絶版状態になっていたが、復刊で再び日の目を見るにいたったことは感慨深い。

最近になって、若い頃にこの本に出会って感銘を受けた、という職業人に出会うことがある。この本に触発されて、生活弱者にかかわるジャーナリストを志すようになり、生活保護の報道を続けているという新聞記者。出版社に入って雑誌ジャーナリズムの一翼を担っているという編集者。労働組合で様々な非正規労働者などの「小さな声」を拾い集め、その代弁者として活躍する活動家など。

本を出すという営みが、社会という広大な畑に種を蒔くように、ささやかであっても、書いた人間の思いが誰かの心に届き、受け継がれていく。そんなドラマが実際に存在することを目の当たりにしてきた。今回の復刊で、再びそうしたドラマがこれからも続くとしたならこれ以上のことはない。その可能性を作ってくださった皆様に感謝したい。

▒「札幌母親餓死事件」の今日的な意味

一九八七年から餓死事件を取材し、本書を書いた頃、私は自分が立ち向かっているのが「生活保護」の問題だとばかり考えていた。日本における「生活保護」が持つ様々な側面を知れば知るほど、問題の深さに身がすくむ思いがしていた。

その後、イギリスで実はこれは社会の「貧困」の問題だと気づかされ、さらに貧困にどう対処するかという「国のあり方」、そして、社会に潜む問題や弱者について人々がどう考えるのかという「国民の考え方」の問題だと思いいたる。それは今もなお、日本における貧困問題の前に大きく立ちはだかる厚い壁でもある。

復刊にあたって、この本に関する「その後の反応」も記しておく必要があるだろう。九一年、第二十二回大宅壮一ノンフィクション賞の選考において、候補作品の一つとなって審査員間でこの作品に賞を与えるかどうかで激論が交わされたという。「本を読んで、これほど怒りを覚えたのは久しくなかったことである。日本の社会はなぜいつの間にこれほど狂ってしまったのか。いったいこれは誰の責任なのか。元へ戻ることは可能なのか」と推してくれた立花隆氏の意見があったものの、最終的に選から漏れた。

その記憶が出版ジャーナリズム界に残っていたのか、前年の受賞者である久田恵氏による『「母さんが死んだ」の嘘』という表題の記事が九二年八月号の月刊『文藝春秋』に掲載されている。

私の仕事は、最初の札幌での餓死事件をきっかけとして、いろいろな人たちから「寄せられた声」を検証取材し、同じ様な生活保護の窓口抑制が全国に広がっている実態を明らかにしたものだが、久田氏は最初の餓死事件の報道が「嘘」だとし、「『正義』のために『事実』を捨てた報道の恐怖」などと表現して作品全体を全否定した。

八七年当時は生活保護に関して、当事者の側に立って行政と交渉したり、問題点を訴えたりする運動側の力は弱く、報道するジャーナリストも少なかった。構造的な問題を男女間などの属人的な問題に矮小化する久田氏の記事に対し、会社組織に所属していた私は組織の規則で反論文を発表することもできなかった。しかし、私が提起したのは今にもつながる構造的な「社会」の問題だ。

▒「水際作戦」の横行と相次ぐ餓死

一九八七年当時、生活苦に陥った人が生活保護を受給しようとしても、福祉事務所の窓口では「相談」と称して、申請書を書かせようとしない対応が札幌市ばかりか全国各地で横行していた。いったん生活保護を受けるようになった人に対しても、病院からの退院をきっかけに一方的に生活保護を廃止したり、就労自立を迫り、「辞退届」を書かせたりするケースも後を絶たなかった。こうした対応は、「水際作戦」と名付けられて、生活保護法に保障される「申請する権利」を侵害するとして、その違法性を訴える弁護士や司法書士らの運動が次第に広がっていった。その後、生活保護に関連した餓死事件として私が取材したものだけでも次のようなものがある。

一九九九年、京都市山科区で三十八歳の元会社員の男性が病気で入院中に受けていた生活保護を退院と同時に廃止されて餓死。裁判で廃止処分は違法だと認定された。

二〇〇六年、北九州市門司区で障害を抱える五十六歳の男性が餓死。生活保護を求めて二度にわたって福祉事務所を訪れたが、申請書さえ手渡されなかった。

二〇〇七年、北九州市小倉北区で五十二歳の元タクシー運転手の男性がミイラ化した餓死状態で発見。男性は肝臓を患って保護を受給したが、受給一ヵ月でケースワーカーから「就労自立」を求められ、受給三ヵ月後に「辞退届」を書かされて保護廃止になった。当時、水道もガスも止められたままだった。

男性は保護廃止から死までの間、日記に悲痛な言葉を書き残していた。

「身体がきつい、苦しい、だるい。どうにかして」

「せっかくガンバロウと思っていたやさき、切りやがった。生活困窮者は、はよ死ねってことか」

「小倉北のエセ福祉の職員ども　これで満足か。貴様たちは人を信じる事を知っているのか。三月家で聞いた言葉忘れんど。市民のために仕事せんか。法律はかざりか。書かされ、印まで押させ　自立指どうしたんか」

「午前二時　腹減った。オニギリ腹一杯食いたい。体重も六十八キロから五十四キロまで減った。身体の動きが鈍い。何もかもなくなりました。全部自分の責任です。だけど汚い人間多かったナ」

「午前三時　人間食ってなくてももう十日生きてます。米食いたい。オニギリ食いたい」

「午前三時　ハラ減った。オニギリ食いたーい。二十五日米食ってない」

事件後、この男性が住んでいた家を訪れてみたが、ボロボロに朽ち果て、あちこちに穴が開き、極端に粗末な物置小屋のような感じだった。

北九州市では、保護件数の削減を個々の職員に対して求める「数値目標」が課せられていた。各区ごとに生活保護の「開始件数」、「廃止件数」、「開廃差」の実績や見込みの数値が示されていたのだ。市長交代後に市から検証を委託された有識者による「北九州市生活保護行政検証委員会」は『最終報告書』で「数値目標」について以下のように記している。

「ここに見られるのは、明確なノルマである。かつて暴力団員らから脅迫されながらも『不正』防止に懸命に取り組んできたことが、結果的に生活保護費全体を抑制することになった。この『伝統』が脈々と伝わっているのではないか。まさに『北九州方式』である。

今回の検証事例でも、相談者（要保護者）の困窮状態や急迫した状態を認識しながら手を差し伸べることがなかった不適切な対応は、これらの『目標』が実態として職員を縛っているのでは、との強い疑念を持たれるのはやむを得ない。いくら『業務の適正な運営のため』といってもなかなか通る説明ではないだろう」

こうした「水際作戦」は他の自治体でも枚挙にいとまがない。二〇〇五年に埼玉県三郷市で発覚した水際作戦。家計の中心だった夫が白血病になり、妻と子が生活保護を求めたが、一年半も申請をさせなかった。弁護士が同行して申請し、受給が開始されると、市外への転出を強引に勧めた。三郷市のケースは、その後、裁判で市が敗訴している。

▒貧困と「ネットカフェ難民」

本書のなかでも触れた通り、母親餓死事件の直後、私はロンドンで特派員として四年を過ごすことになった。その後、札幌で報道部のデスクを務めたのちベルリン特派員に出た。欧州での経験は、私にとって本格的な取材の出発点だった札幌母親餓死事件が「社会の貧困」の象徴であることを痛感させた。

人が何らかの理由で生活困窮にいたり、その果てに人間関係からの孤立・疎外に陥った時、どうやってその人を支えるのかという問題。失業や病気などの際に人が命を失わなくても済むように、社会には安全網（セーフティーネット）が二重三重に張り巡らされている。人生をサーカスの綱渡りにたとえるならば、何からの理由やきっかけで転落しても大事にいたらぬよう下に張り巡らされている安全網。健康保険や雇用保険、年金、児童扶養手当、就学援助などの数々の安全網でも転落を支えきれない場合、最後の最後に、一番下の安全網として張られているのが、生活保護だ。それゆえ「最後のセーフティーネット」と言われる。

その人自身の「命」を救うだけでなく、社会全体で見た場合、追い込まれた人が増えると社会の不安定にもつながってしまう。イギリスではそうした問題は「貧困問題」として頻繁に報道されていた。「貧困問題」では生活困窮に陥った当事者に対する蔑視や差別、スティグマ（負の烙印）をなくすこともテーマとされ、それをいかになくすかという課題もテレビや新聞で議論されていた。報道の分野で「政治」「経済」「環境」「軍事」「司法」などと並ぶジャンルとして「貧困」が存在したのである。かくして私は、餓死事件をきっかけに取材し報道を続けた仕事が、はからずも「貧困」の報道だったことにイギリスで気づいた。個人の責任を問う自己責任のジャーナリズムではなく、社会のありようを問うジャーナリズム。まさに日本社会に決定的に足りない視点だった。

そして、日本においても「貧困」の報道を定着させたい、という思いが強まっていく。東京のテレビ局でドキュメンタリー番組のディレクターになった際には意識的に「貧困」という言葉を使い、そうしたテーマを取材することにした。

二〇〇六年一月のNNNドキュメント『ニッポン貧困社会〜生活保護は助けない〜』は、その先駆けになった。これはまさに生活保護の水際作戦の様子を記録した音声を元に報道した。

生活困窮に陥った畳職人の男性「申請書をもらえんですかね、申請書を……」

区役所の職員「それよりもあなた、たとえば息子さんに面倒見てもらうことはできないんですか？」

申請書を出して、生活保護の審査の手続きにのせてほしいと意思表示をしても職員が巧妙に話をはぐらかす。北九州市の区役所での出来事だった。

香川県高松市では、福祉事務所の生活保護の窓口に香川県警の暴力団担当だった警察官が、いったんは警察を退職した形を取っているものの「事実上の出向」（福祉事務所長の説明）という身分で配置されていた。取材してみると、生活保護の窓口の最前線に座って相談者に応対していた。ホームレス男性に対して「家がない人間は生活保護を受けられない」などと追い返していた。

こうした「水際作戦」の実態を報道する一方、二〇〇〇年代後半になって露わになった若い世代の貧困を、『ネットカフェ難民』という造語によって可視化させる報道にも着手した。家族の支えがなく、低い学歴、仕事は日雇い派遣などで不規則、低収入で生活も不安定。サラ金、ヤミ金などの金融業や「ゼロゼロ物件」などの脱法的な不動産業の貧困ビジネスによって住所を失うなど追い込まれた人たちがネットカフェなどを転々とする様子をドキュメンタリー番組やニュースなどで明らかにした。

（二〇〇七年、ドキュメンタリー『ネットカフェ難民〜見えないホームレス急増の背景〜』など）

不安定な仕事で住居を失った人々。彼らが貧困の連鎖から抜け出すために、ほぼ唯一の手段は生活保護制度しか見当たらなかった。私が取材した住居喪失者たちの少なくない人々が生活保護で当面の窮状を脱し、住まいを確保することができた。二〇〇八年の後半に起きたリーマンショックとそれに続く大量の「派遣切り」。その年末行われた「年越し派遣村」でも他に頼るものがない人たちにとって、いざという時の「最後のセーフティーネット」はやはり生活保護制度だった。

▨生活保護制度と「子どもの将来」

生活保護をめぐっては、資産や収入を隠して受給する「不正受給」の事件ばかりが報道されがちだが、生活保護費そのものを組織的に〝食いもの〟にする「生活保護ビジネス」の問題は明らかにされる機会は少なく、実態把握も進んでいない。生活保護ビジネスとは、ホームレスなどに声をかけてかき集めて、共同住宅に集団で住ませ、住居と食事などを提供する代わりに生活保護費から「施設料」等を徴収する業態である。首都圏で一人暮らしの男性であれば住居費込みで生活保護費は月額十二万円ほどになる。元ホームレスらを集団で住まわせ、「施設費」「食費」などで九万円ほどの費用を取り、本人の手元には二、三万円しか残さないことが多い。住居も元あった部屋をベニヤ板で仕切った粗末なものも多い。このうち、無料低額宿泊所は「第二種社会福祉事業」として福祉分野に分類され、届け出制ながら自治体も立ち入り検査できる対象になっている。無届けの施設になるとどこにどれだけ施設があるのかも把握するのは困難だ。

ホームレスの人たちに「生活保護」について聞いてみると、「どこの生活保護なら手元にいくら残る」などという話になる。生活保護＝施設がピンハネするもの、という意識が強く染みついている。

二〇〇九年に放送したNNNドキュメント『生活保護ビジネス～福祉施設の〝闇〟に迫る～』では千葉市内にある二つの施設を取材した。入居者が知らないうちに預金口座を作られ、通帳が管理される、など違法な実態を暴《あば》いた。逆に言えば、入居者の自由意思でそういう形にした、という契約書があれば、行政も踏みこみにくい。手元に金が残らないから自立も難しい。こうした問題は、たまに悪質な業者が見つかって散発的に報道されても根本的な解決にはほど遠い。

私自身は、生活保護を受けている家庭の「子ども」の問題に目を向けるようになった。二〇〇九年のNNNドキュメント『十八万人の政権交代～母子加算はこうして復活した～』で、生活保護を受ける母子家庭に支給されていた母子加算が自民党政権下で消滅したのを、政権交代によって民主党政権下で復活させるプロセスを子どもたちの目を通して描いた作品だ。短くなった鉛筆や拾ったおもちゃを大事に使う子どもたちの健気さが印象的だった。

二〇一一年のNNNドキュメント『奇跡のきょうしつ～子どもの貧困をなくす～』は、生活保護受給家庭の子どもたちを対象に埼玉県が開始した無料学習塾の取り組みを追った。生活保護を受けている家庭は、全日制の高校進学率も平均に比べて一〇ポイント以上低い。取材してみると不登校や発達障害などの困難さも抱える子どもたちが目立った。そうした子どもに居場所を作って、勉強を教えて、自信を回復させる取り組みだった。小さなきっかけで子どもたちが見違えるように元気になっていく現場に立ち会うことができた。

現状では「生活保護家庭に育った子ども」が「大人になってから生活保護を受給」という連鎖は四分の一ほど。それをなくして「将来の生活保護受給者」を減らしていくのが目的。大人の励ましで子どもたちが変っていくのが日に日に実感できた。

生活保護制度で、子どもたちが「よりマシな人生」に向かってポジティブに支えられていると実感する取り組みで、全国に広げていく必要があると感じた。

▒「生活保護バッシング」の暴風

二〇一二年、「生活保護バッシング」の嵐が起きる。きっかけは人気芸人の母親が生活保護を受給していると伝えた女性週刊誌だった。その後、芸人の名前が「次長課長」の河本準一さんだとネット等で明かされ、自民党の片山さつき議員が「不正受給の疑いがある」と厚労省に調査を要請した。他のメディアも追いかけ、五月二十五日昼、河本さん本人がテレビカメラの前で謝罪の記者会見をする。民放ニュースは「人気お笑いコンビ『次長課長』の河本準一さんがきょう記者会見を行い、母親が生活保護を受給していたとして謝罪しました」と伝えた。生活保護を受けたことが謝罪すべき事柄のような取り上げ方だった。「不正受給では？」とレポーターが質問する声がそのまま流れ、「不正受給」の字幕が強調された。

河本さんは五千万円の年収があると言われながら母親が生活保護を受給していた点が問題視された。私人に過ぎない母親のインタビューも放映された。それ以降、テレビは、河本会見の映像をきっかけに「生活保護不正受給のあきれた実態」などの特集を連日流した。

生活保護を短縮した呼称、生保（せいほ）を「ナマポ」と読み、簡単に受給できる裏マニュアルが販売されていて、申請書もついてくるという「実態」がニュースで特集される。「もらい得」「ギャンブル」「酒」さらに「無料でもらった薬品横流し」まで、生活保護に対するネガティブ情報ばかり。最後のセーフティーネットとして、困窮した人が助けられたなどというポジティブなエピソードはまったく出てこない。

私自身、札幌母親餓死事件以降、テレビというメディアの中で「生活保護」について生活困窮者の側に立った報道をするように心がけてきたが、放送枠を取る難しさにいつも直面した。生活保護はマイナーなテーマで制度も複雑だ。貧困に関して局内や視聴者の関心は低く、針の穴を通すように報道の機会を探る日々だった。年に一度ほど三〜四分の企画ニュースを、数年に一度、深夜ドキュメンタリーを三十分程度放送できれば良い方というのが実感だった。

ところが「生活保護バッシング」では、かってないほどの時間が生活保護にさかれた。「不正受給」が強調され、「制度として見直すべき」という大合唱。元々あった偏見や誤解、無理解を増幅する報道だった。人気タレントの事例から「生活保護」＝「正直者がバカをみる」というイメージが拡大。一般人には分かりにくい生活保護が、怒りの対象へと一気におどり出た。

ワイドショーやニュースでの「不正受給」特集。大阪市西成区の受給者たちの様子を撮影した映像にボカシを入れて、保護費を受け取った受給者がパチンコに行くなどの実態を伝えた。保護費でパチンコに行くのもコップ酒で酔うのも、品行方正とは言えないが、不正受給とは呼ばない。不正受給は、資産や収入を隠した、病気を偽って受給していたなど、露見すると刑事罰を伴い、悪質な場合は詐欺罪で立件される犯罪行為だ。これらの番組が不正受給だとして報じた中身は、厳密な意味で不正といえないものや「そんな話を聞いた」という程度の伝聞情報など、報道として未熟なものが目につく。しかも生活保護受給者の大半が西成のドヤ街居住者から選ばれ、子どもを抱えた母子家庭や、年金額が低いために受給する高齢者や障害を抱えた人などの困窮生活について手間暇かけて取材したルポは見あたらなかった。報道としては未熟で、一日二日で終わる安直な取材ばかりだった。

発端になった河本準一さんのケースは不正受給とはいえない。肉親として扶養義務を果たしていないという事案だったが、扶養義務者が相応の収入があるのに援助しないケースは実際少なくない。肉親間にはそれぞれ個別の事情があるからだ。特に貧困層の場合、子ども時代の虐待や夫婦間のＤＶが目立つ。親子関係が断絶して援助はしたくない、という人も多い。こうした事情から扶養義務者が義務を果たさないことは、生活保護を受ける上での前提条件、つまり「要件」とはされてこなかった。にもかかわらず片山議員が使った「不正受給」という言葉がメディアで引用され、「扶養義務」が要件であるかの報道が続き、生活保護と不正受給の重なりを強く印象付けた。

テレビ番組でも「不正受給が多い」と怒りながら伝える出演者が目立った。画面上の字幕は「働かず年収四百万円相当」「正直者がバカを見る」など怒りを煽る文字が続く。

今回の河本問題の報道では、濫給《らんきゅう》ばかりが強調され、漏給《ろうきゅう》をどうするのか、という本質的な点を問いかける報道はなかった（濫給、漏給については本文三五二ページを参照）。

現行の生活保護制度には改善すべき点があることは筆者も異論はないが、「不正受給が多い」という濫給の観点だけで捉えるのは問題の一面しか見ていない。報道そのものが、生活保護受給者へのスティグマ（負の烙印）形成に寄与する「加害性」をはらむ点も見過ごせない。生活保護を受ける人は、ずるい人、だらしない人、というスティグマがメディアによって「作られる」。生活保護を求める人に対する世間の目を厳しいものにさせ、心を萎縮させてしまう。

生活保護を受けている人たちから「不正受給ではないかと疑いのまなこで見られるのが恐くて神経が細る」「マトモな人間なら働くのが当たり前と繰り返し言われて、マトモじゃないという劣等感でいっぱいになる」と心理状態をたびたび聞いた。「容疑者みたいにいろいろ疑われる。そのたびに絶望的な気持ちになる。近所の人からも監視されたり密告されたり……」。生活保護という福祉制度を利用しているというだけで負わされるスティグマだ。

問題のひとつに貧困の重なりへの無理解がある。生活困窮者が働けない理由には、低学歴や労働経験の欠如、様々な（知的、精神などの）障害、（アルコールやギャンブル等への）依存症、家族との断絶、意欲や金銭感覚の喪失など、いろいろな問題が絡むことが多い。俗に言う「貧すれば鈍す」で、一般社会の規範やマナーから見れば、「だらしない」と見えるケースも少なくない。それらを含めて、どうやって社会が包摂《ほうせつ》していき、社会全体をより安定したものにするかを議論すべきだが、その「だらしなさ」をあげつらい、けしからん、救うべきでないなどと、一刀両断で切り捨てる報道に終始する。視聴者は溜飲を下げるが、問題そのものは解決しない。

かつて大手デパートの社員だった五十代の男性は、親の介護のために退職して以来、生活困窮に陥り、野宿生活を経験して、ボランティア団体の支援で生活保護受給にいたった。しかし、毎週のようにハローワークに通って、就職の面接にこぎ着けたのは二年間で一社だけ。その一社も面接で「自分は現在、生活保護を受けている」と話したところ、先方の態度が豹変し不採用になった。生活保護受給者に対して、何かズルをしているのではないかという偏見や誤解の大きさ。あるいは、得体のしれない後ろ暗い人間というスティグマを感じるという。

二〇一二年六月、東大阪市の職員三十人の親族が、生活保護を受給していることが新聞報道された。ほとんどの職員が、親や子、兄弟姉妹に関し「扶養できない」と回答したという。平均年収七百万円の公務員がなぜ仕送り出来ないのかとテレビも糾弾した。全国の市町村の中で最多の受給者がいる大阪市でも受給者の親族について経済状況を調査すると発表した。扶養義務を果たせという論調一辺倒だが、冷静に見渡せば親が子に対する扶養義務を除いて、欧米諸国で肉親同士の扶養義務を強化した国はない。個人主義が進む現代において肉親の扶養義務を強化させることは前時代への逆戻りだ。しかしメディアは、芸能人なら、公務員なら、扶養できる「はず」と批判を強め、スティグマをあおっている。受給者やその肉親たちに「監視する」「密告する」と無言で脅しながら。

テレビのコメントにも「生活保護を受けるのは恥ずかしいこと」という報道側の価値観が見え隠れする。フジテレビのワイドショーで出演者の一人は「生活保護を受けることは恥ずかしいことだという原点を忘れている」と発言した。餓死などの背景に存在するスティグマを、報道を通じて形成していることにメディアの人間はあまりに無自覚だ。

厚労省や全国の市役所には「あの人は不正受給ではないか」「貯金があるのは間違いない」などの密告や通報が相次いでいる。「不正受給が多いのは役所の審査が甘いからだ」という制度批判の電話なども多いという。

テレビ画面からは「生活保護についてどう思いますか？」という街頭インタビューが今日も流されている。「不正受給が多い」「怠けている」「家族が援助すべき」。そんな声を聞きながら、当の受給者たちは布団をかぶって震えている。

生活保護受給者の自殺率は、日本人の平均の倍も高いというデータが厚労省にもある。

二〇一二年九月五日、私は小久保哲郎弁護士と東京・千代田区にあるＢＰＯ「放送倫理・番組向上機構」を訪れ、五月から六月にかけてお笑い芸人の母親に関する生活保護報道を行った民放テレビの番組に関し、「放送倫理違反」があったとして、同機構「放送倫理検証委員会」に対して、審議入りを求める要請書を手渡した。小久保氏は、大阪で生活保護に関する様々な相談活動を行っている弁護士だ。失業の長期化や派遣切りなどで生活困窮した人が生活保護制度を利用しようとしても、申請書さえ書かせてもらえずに正式な手続きにのせてもらえない「水際作戦」が行われる実状に対して、生活保護法や憲法に則った運用を求める弁護士や司法書士らで作る団体「生活保護問題対策全国会議」（以下、「全国会議」）の中心メンバーでもある。私は「全国会議」から相談されて一連のテレビ番組をチェックした。その上で「公正な報道と言えない」というケースが多数見つかったため、日本民間放送連盟の放送基準やＮＨＫと同連盟が共同で作った放送倫理基本綱領と照らし、一つひとつを弁護士らと検証した。

私たちがＢＰＯに審議を要請したのは民放テレビの報道番組やワイドショーだ。「生活保護は恥ずかしい」などとスティグマを増幅させ、法律に明記された権利である生活保護の受給を、モラルの問題にして「受給の抑制」を求めるような流れ。こうした流れは今回の番組に大筋で共通する。

一連の「バッシング報道」には、こうした生活保護のテーマ特有の問題に加えて、テレビ報道で長いこと放置されたままで正面から議論されてこなかった問題がいくつも重なっている。例を挙げるなら、視聴者の感情をあおるような出しっぱなしテロップ。報道なのに音楽で感情を誘導する制作手法。テロップ多用で視聴者に考えさせるのでなく「一定方向に誘導する報道」。一部の人たちのケースを強調し全体的なイメージを決定づける「誇張」報道。いつの間にか事実をすり替える「羊頭狗肉」報道。倫理と権利をごちゃごちゃに論じる報道。伝聞そのままでウラ取りしない報道。データの虚偽。コメンテーターの差別的な発言。問われているのは、これらの是非である。

ＢＰＯに審議を要請したのは以下の六番組八放送だ。

1、テレビ朝日「ワイド！スクランブル」（二〇一二年五月二十五日、二十八日、三十一日）

2、テレビ朝日「報道ステーションSunday」（五月二十七日）
3、TBS「ひるおび！」（五月二十五日）
4、TBS「情報7days ニュースキャスター」（五月二十六日）
5、フジテレビ「新報道2001」（六月三日）
6、フジテレビ「ノンストップ！」（五月二十四日）

さて、1の「ワイド！スクランブル」は、五月二十五日の放送で「不正受給疑惑」（傍点筆者）という言葉を再三にわたって使った。河本さんのケースは扶養義務の問題であり、不正受給の問題ではない。法律違反を意味する不正受給の「疑惑」とは、名誉毀損といえる。河本さんの謝罪会見でも「不正受給とは違う?」などのテロップで、不正受給を強調して報道した。この問題を訴える自民党の片山さつき議員を生中継で一方的に語らせ、不正受給について公表データ（金額では全体の〇・四%に過ぎない）をなんら検証することなく、司会者が片山議員の言葉のみを根拠として「氷山の一角」だという前提で進行していた。片山議員に反対する見解を伝えないので番組全体の流れが片山議員の主張で作られていた。

同番組は五月二十八日には、「追跡〝不正受給〟問題の闇」というテロップをスタジオ部分で出した後で、VTRを流した。しかし、このVTRには厳密な意味で不正受給と呼べるケースは一件も出てこない。内容は、生活保護の支給日に大阪・西成区の受給者を追いかけると、パチンコしていた、酒を飲んでいた、などという話だった。褒められる行状ではないが、不正受給ではない。野宿生活が長い人などにはアルコール依存やギャンブル依存が深刻なケースが多いが、今の生活保護のケースワークでは専門的な治療などの支援に結びつけられないことが専門家も問題視している。その点には触れず、番組では「支給日の泥酔・パチンコ……生活保護〝受給問題〟の闇」というテロップを出しっぱなし。生活保護受給者のネガティブなイメージを流し続けた。西成区は日雇い労働者の街・通称「釜ヶ崎」地区を抱え、アルコール依存などと貧困が複合的になって自立を妨げている人が多い地区だ。なぜ住民のだらしない側面だけを強調するのか。生活保護の実態を専門的に見ても偏りが顕著だ。生活保護費急増の背景になっている高齢者も、母子家庭も障害者も登場しない。

番組では東京の通称「山谷」地区の映像を背景に、二〇〇五年と二〇一〇年の生活保護世帯別のグラフが出て来る。二〇〇五年は「高齢者四五%、障害者など三九%、母子九%、その他一一%」。二〇一〇年は「高齢者六〇%、障害者など四七%、母子一一%、その他二三%」。それぞれ合計すると一〇四%と一四一%になる。重複しない世帯別の分類は合計一〇〇%になるはずだが、番組中に訂正は入らなかった。

伝聞情報もそのまま事実のように伝えている。秋葉原で街頭インタビューをして、「友だちが就職なくなってから（生活保護を）受けたという話は聞きました」と回答した若者から、その友だちが「二十歳。仕事辞めちゃって」「まだ働けた。まあ、働けたかなって」と言わせ、別の若者に「よく聞くのは働けるのに働かないという人とかよく聞きますね」「だから不正受給が多いんですよね」と言わせている。それを受けて、スタジオで司会者が「若い人の間で生活保護が軽く捉えられ、もらわなければ損という考え方が広がっている」とコメントした。

ＶＴＲを受けてのスタジオトークなのに、ＶＴＲ中に不正受給している人や軽く考えて本当は働けるのに働かずに生活保護をもらっているという「当人」が一人も登場しない。直接、当事者を取材せず伝聞を元に、不正受給の問題として報道する。報道の基本動作の∧事実をきちんと裏付けをとって伝えられることを伝える∨を放棄している。ウラが取れていない「伝聞」の報道だ。伝聞は他の場所にもあった。保護費で酒を飲んだりしているのは「七割か八割かな」と飲んでる本人が言った言葉をそのまま流す。七割八割という数字も検証されたものではない。

五月三十一日には、「キングコング」の梶原雄太さんの母親の生活保護受給が問題となった特集の後のスタジオトークで、こんなやりとりがあった。

川村晃司・テレビ朝日コメンテーター
「やっぱり受け取る側のモラルというのも。やっぱり本当はきちっと仕事を探してということなんですけれども、安易に受け取らないということも必要なのかもしれない」

ゲストの古賀茂明・大阪市顧問（当時）

「ちょっとかわいそうという人はたくさんいるんですよ、今。でもちょっとかわいそうぐらいで助けていたら、もう回らないので」

生活保護法が保障する法的な権利があっても「もらわないモラル」をテレビが求める。生活保護を必要とする人にとって、受給それ自体が今も高いハードルで、餓死などの悲劇が相次いでいるのに。

ギリギリまで我慢して屈辱的な思いをするぐらいなら死んでも受けたくない、という人がいるのも現実なのに。心理的なハードルをさらに上げるようとする。

2の「報道ステーションSunday」は、テレビ朝日の看板番組で、司会者の長野智子キャスターともども社会的な信頼が厚い。だが、放送を見る限り、テレビ報道としてのお粗末さはワイドショーと変わりない。

一連の河本準一さんの母親をめぐる報道の中では、唯一、母親の顔写真をボカシも入れずに放送している。生活保護を受けている事実は、本人にとって通常もっとも世間に知られたくないプライバシーだ。この番組では、河本さんが以前出版した本の写真を使って母親の顔をそのまま放映した。生活保護を受給する人たちの「人権」を番組制作者がどう考えているかを象徴する出来事だった。

データの誇張もあった。長野智子キャスターが「九割は生活保護が本当に必要な人、残り一割……。制度を揺るがすこのようなケースが問題になっています」とコメントすると、タイトルテロップ「揺らぐ生活保護　不正受給〝悪質手口〟の実態」が大きく表示され、不正受給に関するＶＴＲにつながった。誰が見ても生活保護の一割が不正受給だと理解する他ない流れだ。しかし、政府の統計では不正受給は生活保護費総額の「〇・四％」だ。明らかな誤報だが、訂正しなかった。

ＶＴＲでは不正受給をしているという大阪・西成区の三十八歳の男性が登場した。受給しながら日雇いで働き、収入の申告をしていないという。その人物が「七対三で不正の方が多い。働く気がない」と語る。この男性は、他にも偽装離婚で、妻が児童扶養手当をもらい、夫が生活保護を受けて実は一緒に住むケースがあるなどと証言する。彼の言う言葉（伝聞情報）がそのまま、テロップで強調されて放映された。彼が言ったままを垂れ流し、「七対三で不正の方が多い」という不確かな情報を流す。これでは視聴者は「不正受給の方が本当は多いのだ」と思うだろう。確認の取れない不適切なデータを使って、不正受給が不正でない受給よりも多い、と印象づける。制作者側がふだん思っている偏見や誤解、無理解や不勉強を映像化したルール違反の報道だ。

ここでも片山さつき議員一人だけを生中継で登場させ、一方的に主張させている。また「（生活保護は）毒饅頭」、「生活保護のお金は基本給」など、自称・不正受給者の証言をテロップで煽り立てて強調していた。

3の「ひるおび！」も一時間四十分にわたって生活保護問題を特集した。

報道の仕方が「羊頭狗肉」。河本準一さんのケースは明らかに不正受給と言えないケースだったが、河本さんの会見をＶＴＲの導入部に使って、「不正受給」の特集につなげる、という流れ。さらに河本さんを問題視する片山さつき議員を主に登場させる、というパターンも共通する。不正受給でない話から不正受給の話に問題がすり替えられていく。テレビ制作者がなんとなく思っていた生活保護についての素人的な「疑惑」を、不正受給問題とした片山議員に便乗し検証もせずに集中的に報道している。

もう一つはテレビ業界で「アイキャッチャー」と呼ばれるＶＴＲ上の出しっぱなしテロップの存在。ザッピング（チャンネルをひんぱんに変えること）しながら見る視聴者に「より分かりやすく」という理由で、ニュースもワイドショーもよく使うが、複雑な事情を抱える問題を単純化してミスリードしてしまう装置にもなっている。

特集では「不正受給で財政圧迫　生活保護が抱える問題」というテロップを出しっぱなしにした。「実態　正直者がバカをみる⁉　生活保護の現状」というテロップも出しっぱなし。これを見ると、生活保護制度は、「最後のセーフティーネット」として、いざという時に頼りになる大事な安全網なのだ、などとは誰も思わない。問題ばかりのいい加減な制度、と印象づける。以後、テロップは「正直者がバカをみる……」と「不正受給で財政圧迫……」が複数回繰り返される。貼り出しボードにも「働かなくても年収四百万円相当　働く方が困難？　生活保護の矛盾」「働かない方がトク？」「正直者がバカをみる制度になっていませんか？」という文字が繰り返される。生活保護へのネガティブなイメージばかりだ。

「ひるおび！」に戻ると番組内では（生活保護費は）「返さなくて良い」という点を強調していた。生活保護について、スタジオで住民税、水道基本料などの各種控除があることを説明した後で、司会者が発言する。

「働いたら返さなくていいの？」

ゲストの大塚耕平・民主党議員（元厚労副大臣）

「返さなくていい」

司会者「えーっ！」と驚いた声。

司会者「働いたら、ありがとうと返すものじゃないの?」

大塚議員「働いたら、納税で返すというのが現行制度」

コメンテーターたち
「返さないといけなくなるといつまでも制度から抜けられなくなる人が出る」

「日本人の弱い者へのいたわりが良くない方向で出ている」

「こんなに優遇されていると逆に生活保護から抜けたくなくなる」

司会者やコメンテーターが繰り返し、感謝の意として生活保護費を返還することが正しい道徳であり、返還を前提にした制度が望ましいとコメントする。しかし、現行の法制度とかけ離れた返還をモラルとして求めるコメントは、現実に受給している人たちのスティグマを必要以上に強調したものだ。全体として、生活保護を受ける人たちが様々な困難な事情で受けるに至った事情への理解がなく、モラルばかりを求め、偏見や誤解を助長する報道だった。

受給者を実際に取材した上でなく、〈本当は働けるのに働かないで生活保護を受けている怠け者の若者〉が、出演者たちの頭の中で「生活保護受給者」のイメージとされて議論していた。

6「ノンストップ!」は、「せきららボイス」というコーナーで、生活保護受給者に関する目撃情報を呼びかけて、投稿された内容を読み上げた。

「生活保護家庭の同級生が毎日タクシーで通学していた」「ブランド物で全身を固めた母子が生活保護受給者用の無料乗車券交付の申請に来ていた」「生活保護を受けて、ガールズバーに毎日のように飲みに来る人がいた」など。これもウラの取れていない「伝聞情報」の報道だ。事実と確認されないのにズルしている人がいる、不正な人がいる、というネガティブ情報。生活保護受給者は、周囲の厳しい視線にさらされて、それを避けるようにひっそりと暮らす人が多い。それなのに何らかの事情で困窮に陥った人々を監視し、密告するような社会をテレビで奨励していた。

ＢＰＯに書類を提出した日、私は「生活保護問題対策全国会議」の弁護士らと「厚生労働記者会」などの記者クラブで記者会見を行った。テレビ報道の問題点や放送倫理については私が説明し、生活保護制度の問題、なかでも生活保護の漏給と濫給の問題については、元厚生省保護課のキャリア職員で「全国会議」代表幹事の尾藤廣喜弁護士が説明した。新聞各社の記者もいて、翌日小さな記事になった。テレビも各社の記者がいたのにニュースは流れなかった。

ＢＰＯの「放送倫理検証委員会」は二〇一二年十月、私たちの要望を退け、「審議入りしない」という決定を下した。それぞれの放送は「編集権の範囲内」だという理由だった。第三者機関であるＢＰＯが放送局に対して監督機関であるかのようにふるまうことは、放送局を委縮させ、健全な報道の発展にとって逆効果だという意見が出たという。

しかし、一連のバッシング報道は、生活保護制度について取り返しのつかないネガティブキャンペーンだった。ＢＰＯが問題にしなかったことで、政治や行政においては「生活保護バッシング」が現実の政策につながることになった。現在、大学で「テレビ報道」を研究する私にとっても痛恨の極みだ。

▒自民党への政権交代

二〇一二年十二月総選挙での自民党の圧勝と、再びの政権交代。有権者にとって最大の争点は経済政策だったが、自民党の安倍晋三総裁は「正直者がバカをみない生活保護を」という言葉を連発、生活保護制度の「改革」を訴えた。

背景としては厚生労働省が発表する生活保護の受給者数が毎月のように「過去最高」となっているため、受給者を減らし、生活保護費全体を抑制したいという政策判断が働いていることは間違いない。二〇一三年十一月現在、生活保護受給者数は二百十五万人。支給総額は三兆八千億円になっている。安倍政権が真っ先に着手したのが「生活保護を受けた場合の支給額」である「保護基準」の切り下げだ。二〇一三年一月に生活保護基準のうち、生活費に相当する「生活扶助」基準の引き下げを決定。三年間で最大一〇％支給額を減らすという引き下げが八月から実施された。

特に子どもが多い多子世帯では影響が大きい。基準の引き下げは戦後、二〇〇三年、二〇〇四年に実施されたが、最大一〇％という大幅ダウンは初めてだった。

厚生労働省は、引き下げの理由として「消費者物価の下落」を挙げている。物価が下がったのに、生活保護基準が下がっていなかったので下げる、という理屈だ。

厚労省は「前回見直し（平成二十年）以後、基準額は見直されていないが、その間デフレ傾向が続いている。このため、実質的な購買力を維持しつつ、客観的な経済指標である物価を勘案して基準額の改定を行う」と説明。物価の根拠にしたのが「生活扶助相当ＣＰＩ（消費者物価指数）」という数字で、二〇〇八年から二〇一一年にかけて三年間で数字が四・七八％下がったとしている。ところが、厚労省の算出は、総務省が採用する消費者物価の算定基準年を二〇〇五年とする方式とは違って二〇一〇年を基準年にする独特なものだった。総務省の基準を使うなら三年間の物価の下落率は二・二八％に過ぎない。

厚労省の数字に学者やマスコミからも疑問の声が上がっている。厚労省の言う「ＣＰＩ」の数値は物価が大きく下落したようにみせるものだった疑いが浮上している。この問題を暴いた中日新聞の白井康彦記者は「三年で五％近く物価が下落するなんてありえない」「厚労省による過大偽装の疑いもある」と言う。最初から結論ありき、つじつま合わせの計算では、という数字操作の疑いが浮上している。

生活保護受給者への厳しい視線は、地方自治体へも波及している。兵庫県小野市の異常な条例もその一つ。小野市は「福祉給付制度適正化条例」を二〇一三年三月の市議会で成立させ、四月から施行した。生活保護費をパチンコなどで浪費することを禁じ、生活保護受給者がパチンコしているのを目撃したら市の当局に通報せよと市民に求めるものだ。パチンコの他に、「競馬、競輪、賭博など」への浪費も明記されている。

生活保護受給者だけでなく、児童扶養手当などの受給者も対象だ。生活保護受給者らへの監視と通報を求める、人権侵害の疑いが濃厚な条例だ。この種のものはこれまでなかったが、一地方とはいえ、こうした条例案を成立させてしまう「空気」が生活保護バッシングによって広がった感じだ。

▒母親餓死事件から二十五年経った冬

その後も餓死や孤立死は各地で繰り返されている。

二〇一二年一月二十日、かつて母親餓死事件が発覚したのと同じ真冬の札幌市白石区。あるマンションで、四十二歳の佐野湖末枝さんと四十歳の佐野恵さんの姉妹が遺体で発見された。妹は知的障害があって一人では生活が困難だった。姉が遺体発見の一ヵ月ほど前に脳内血腫で病死し、残された妹は自力で生活が出来ず、その後に凍死したとみられている。電気とガスは止められ、暖房器具のガスストーブは使えず、姉は室内なのに厚着をしていた状態だった。

二人は道北・滝川市で育ち、両親が早くに死亡し、産業が衰退するなか、姉の勤務先である地元デパートの倒産で札幌へ出てきた。二ヵ月に一度入る妹の障害年金が主な収入だった。

姉は三度、生活保護の「相談」で白石区福祉事務所を訪ねている。相談記録では「仕事も決まっておらず、手持ち金もわずか」(一回目)、「手持ち金一千円、食料も少ない。一週間の生活が困窮。国民健康保険未加入。公共料金の支払いは待ってもらっている、家賃も未納。非常用パン十四缶を支給」(二回目)、「求職活動しているが決まらない、依然国保未加入、社会保険喪失、生命保険解約、家賃・公共料金の滞納、手持ち金も残り少ない」(三回目)と記されている。

相談記録では区の側が「保護の要件である、懸命なる求職活動を伝えた」と書かれている。一生懸命に仕事を探しなさい、という意味だ。生活保護受給の要件と担当者が考えていたように読み取れる。手持ち金もわずか。体調も悪い。仕事を探しても見つからないので困っている、と訴える相手に「懸命なる求職活動」を求めていたのだ。

区の幹部は、地元テレビ局のインタビューに「(生活保護の)押し売りはしていません」と答えている。申請してくれれば自分たちは手を差し伸べた、といわんばかりだ。申請の意思を示さなかった本人の問題だと突き放す。区の担当者と佐野湖末枝さんとの間に実際どんなやりとりがあったのか。客観的にみて八七年の札幌母親餓死事件と同様、相当に「急迫」した状態だったと思われるが、二十五年経った今も生活保護をめぐる行政の対応は変わっていない。そのことに思い至り、愕然《がくぜん》とする。

■戦後初めて、生活保護法が「抜本改正」

安倍政権の意をくんだ厚生労働省が基準引き下げの後に取り組んだのが生活保護法の改正だ。一九五〇年に制定されて以来、生活保護法はこれまで一度も抜本的な改正をされたことがなかった。本書の中で詳しく引いた『生活保護の解釈と運用』の著者で厚生省の初代保護課長、小山進次郎の制度設計が時代の変遷に耐えうる絶妙なものだったからだとも言われる。

しかし、「生活保護バッシング」の流れで、扶養義務の強化や不正受給対策の強化を求める世論が作られ、特定秘密保護法を度重なる強行採決で成立させた同じ臨時国会で戦後初の大がかりな生活保護法改正も実現した。立法以来、守られてきた生活保護法の実質的な制定者、小山の精神は変革を余儀なくされた。

　生活困窮者自立支援法とセットになった生活保護法の改正によって、生活保護の受給にたどり着くまでのハードルは以前よりも高くなった。大手新聞やテレビなどのニュースは「不正受給対策の強化」などとしか報じないので一般の人には内容がよく伝わらない。しかし、改正内容は多岐に及び、主な改正だけでも次のような内容になる。

・これまでは申請は「口頭」でも可とされてきた。しかし、例外をのぞいて「文書が原則」になった。
・申請の際には申請書だけでなく、収入や資産についての書類も添付することが法律で義務づけられた。さらに法令で添付書類の種類を指定できる。
・申請があったら扶養義務者（＝家族）に、特別な事情がない限り通知する。
・扶養義務者に対して資産や収入の状況について報告を求めることができ、官公署にもその資料の提供や報告を求めることができる。
・過去の生活保護利用者およびその扶養義務者の保護期間中の資産・収入等についても官公署に資料の提供や報告を求めることができる。

　これらの「改正」は何をもたらすのか。これまでの水際作戦が事実上「合法化」されるのは間違いない。結果として、生活保護という「最後のセーフティーネット」を必要とする人たちが制度を使えなくなる。

所持金も底を尽き、当面の食事と住居を必要とするほど、追い込まれた人が「収入」「資産」などを証明する書類を用意できないとして申請をあきらめる。

ホームレスやDVで逃げてきた人のように必要書類を所持していない困窮者も少なくない。それらの人が「書類不備」を理由に申請を拒否される可能性が高くなるだろう。DVから逃げている女性が夫などへの連絡を恐れて申請をしないという選択をするケースも増えるに違いない。

他に収入の当てがなく困窮している人が、親族に連絡され、迷惑になるぐらいなら、と躊躇《ちゅうちょ》して生活保護を申請しないケースも出てくる。

本文中に登場した岡田恭子さんや二〇一二年に遺体で発見された佐野湖末枝さんが、手持ち金がわずかで精神的にも追いつめられた時、こうした条件を課せられて、なお「生活保護を申請する」と言い張るだろうか。

自治体の職員からすれば（八一年の「123号通知」の際にも起きたが）、生活保護の開始決定前に調査・確認すべき事項が飛躍的に増えて、事務作業が複雑化するので、今まで以上に申請してもらいたくない、できるだけ「相談」段階で諦めて帰ってもらいたい、というインセンティブ（誘因）が働く。

ホームレス支援団体がこれまでやってきたように申請書をファックスで福祉事務所に送って申請を

する、という手段も使えなくなり、困窮者への支援も大きな制約を受ける。万一、餓死事件などが起きた際にも（札幌市白石区での姉妹孤立死事件のように）自治体側が「相手に申請する意思がなかったので手を差し伸べられなかった」とか「書類が足りなかったので間に合わなかった」など弁解する口実を与えてしまい、責任を問いにくくなる。

▩受給者のカミングアウトと支援者の広がり

生活保護法の改正については、同時期に特定秘密保護法案の審議が行われている臨時国会で審議されたため、ほとんどニュースにならなかった。それでも首相官邸前や国会周辺では、生活保護受給者などによって「このままますすむと困っちゃう」アクションの集会やデモが行われ、生活保護を受ける当事者自身が境遇を語り、意見を表明するようになった。また、生活保護の基準切り下げについても審査請求や訴訟を起こす全国的な行動が弁護士らの支援で起こされている。

一九八七年の札幌母親餓死事件の当時と比べ、制度はより厳しくなり、生活保護をめぐる状況は悪化している。「最後のセーフティーネット」は、必要とする人にとってますます利用しにくいものになった。それでも少しずつではあるが、生活保護も「生活に困ったら利用できる普通の制度」として、胸を張って利用しようという運動もかつてと比べものにならないほど、様々な分野の専門家たちの連携とともに広がっている。

■餓死事件から二十七年が経った。

札幌の餓死事件の背景となった母子家庭の母親の貧困問題は、シングルマザーと言い換えられるようになって、「女性の貧困」として時折、メディアで特集されるようになった。政府が発表した、母子家庭を含む「ひとり親世帯」の貧困率は、実に五割を超える。長い間、夫婦と子ども二人、夫は大企業で終身雇用という理想形で考えられてきた日本型家族モデルはもはや崩壊し、ひとり親世帯がふたり親世帯に比べて生活苦に陥りやすい現実には世間の目が向けられるようになってきた。

本書に登場した恭子さんがパートの掛け持ちで対応しようとして体調を崩すまでに追い詰められていった生活環境の悪化は、平成時代の今日、多くの人にとってますます他人事ではなくなっている。

あの餓死事件が、日本という社会の貧困を照射し、日本人が貧困をどう見るか、最後のセーフティーネットである生活保護制度をどうみるか、という根源的な問題を今も射つづけている象徴であることに変わりはない。

水島　宏明

二〇一三年十二月

生活保護法が制定以来、初めて「改正」された夜に。
法案審議に要した時間は衆議院三時間、参議院八時間半。

水島宏明（みずしま　ひろあき）

法政大学社会学部教授。

1957年北海道生まれ。1982年札幌テレビ放送に入社。

1988年～92年、ＮＮＮロンドン特派員、1998年～2003年ＮＮＮベルリン支局長。

2003年、日本テレビ放送網入社、「ＮＮＮドキュメント」ディレクター兼解説委員などを務める。2008年、芸術選奨・文部科学大臣賞受賞。2012年3月、日本テレビ退社。

主な著書として、

『ネットカフェ難民と貧困ニッポン』（単著、日本テレビ　2007年）

『テレビはなぜおかしくなったのか』（共著、高文研　2013年）等。


著者水島宏明氏がディレクターとして制作にたずさわった番組、札幌テレビ制作「母さんが死んだ～生活保護の周辺」は、日本テレビ系列ドキュメント'87で全国放映され、多大な反響を呼び、ギャラクシー賞（87年度）、地方の時代優秀賞（88年）、世界テレビ映像祭海外審査員賞（88年）等を受賞した。

母さんが死んだ——しあわせ幻想の時代に——

1990年2月10日　初版　発行
2014年2月25日　新装増補版　発行

著　者　　水　島　宏明
発行者　　名古屋　研一

発行所（株）ひとなる書房
東京都文京区本郷2-17-13
広和レジデンス
TEL 03-3811-1372
FAX 03-3811-1383
e-mail：hitonaru@alles.or.jp

印刷・製本／中央精版印刷株式会社